GWINLLAN A RODDWYD

HANES Y CYLCH CATHOLIG

GWINLLAN A RODDWYD

HANES Y CYLCH CATHOLIG

I O A N   R O B E R T S

Golygyddion
Llew Goodstadt a Sue Roberts

y **Lolfa**

Argraffiad cyntaf: 2021

© Hawlfraint Ioan Roberts a'r Lolfa Cyf., 2021

Mae hawlfraint ar gynnwys y llyfr hwn ac mae'n anghyfreithlon
llungopïo neu atgynhyrchu unrhyw ran ohono trwy unrhyw
ddull ac at unrhyw bwrpas (ar wahân i adolygu) heb gytundeb
ysgrifenedig y cyhoeddwyr ymlaen llaw

Dymuna'r cyhoeddwyr gydnabod cymorth ariannol
Cyngor Llyfrau Cymru

Cynllun y clawr: Y Lolfa

Rhif Llyfr Rhyngwladol: 978 1 80099 110 1

Cyhoeddwyd, rhwymwyd ac argraffwyd yng Nghymru gan
Y Lolfa Cyf., Talybont, Ceredigion SY24 5HE
gwefan www.ylolfa.com
e-bost ylolfa@ylolfa.com
ffôn 01970 832 304
ffacs 832 782

Cynnwys

Rhagair

NATUR UNRHYW HANES yw ei fod yn newid, weithiau'n gyflym iawn, oherwydd digwyddiadau sy'n creu hanes yn y lle cyntaf.

Wrth iddo weithio'n drwyadl ar hanes y Cylch Catholig am flynyddoedd, roedd hi'n ergyd i ni fel Cylch, ac, wrth gwrs, i'w wraig Alwena a'u teulu a'u ffrindiau oll, glywed bod yr hynod alluog a dawnus Ioan Roberts wedi marw, heb rybudd, bedwar diwrnod ar ôl y Nadolig 2019. Heb ei allu ef, ni fyddai gan y Cylch lyfr sy'n hawdd ei ddarllen ac sy'n dangos cymeriad byw yr holl bobl sydd wedi ymrwymo i ddatgan eu Cymreictod yn y byd Catholig.

Ar Ŵyl yr Holl Saint, 1 Tachwedd, 2019, daeth pennod arall o'n hanes i ben gyda marwolaeth yr Esgob Daniel Mullins. Fe welwch o ddarllen y llyfr hwn fod ei ddylanwad arnom ni fel Eglwys yma yng Nghymru yn hynod. Goroesodd ddegawdau a'i ddylanwad yn amlwg, nid yn unig fel bugail i'w braidd, ond gyda'i frwdfrydedd i sicrhau bod gennym lyfrau gwasanaethau yn y Gymraeg i hwyluso'n dathliadau ac i'w lledaenu i bob plwyf.

Edrychaf ar yr hanes hwn fel darlun o'r aelodau a ddaeth â'r Cylch yn fyw ac sy'n dal i wneud hynny. Roedd cyfraniad pob un yn unigryw a phob un wedi datblygu'r Cylch yn ei ffordd ei hun dros y blynyddoedd. Gwelaf hwy fel 'tystion ffyddlon' yn adlewyrchu cariad Duw trwy eu bywydau yn llafurio yng ngwinllan eu Tad: 'Am hynny, gadewch i ninnau hefyd, gan fod cymaint torf o dystion o'n cwmpas, ... redeg yr yrfa sydd o'n blaen heb ddiffygio, gan gadw ein golwg ar Iesu, awdur a pherffeithydd ffydd.' (*Hebreaid* 12.1-2)

Dichon dweud yn y fan hyn bod ein hanes yn dal i gael ei adeiladu. Mae pobl yn mynd ac yn dod, ond mae'r sylfaen yn dal yr un fath, sef, drwy weithred y Tad, ein Harglwydd Iesu Grist. Eiddo Ef yw'r deyrnas. Mae'r llyfr hwn yn dangos gweithredoedd ei ddisgyblion yn ystod bron i ganrif o waith i adleisio Actau'r Apostolion er mwyn i 'bob un glywed yn ei iaith ei hun.' (2.8)

Edwin Regan, Esgob Emeritws

Y dechrau dirgel

Sefydlwyd y Cylch Catholig Cymreig ar Ŵyl Saith Dolur Ein Harglwyddes, Medi 15, 1941. Arwyddair y Cylch yw: 'Veritatem facientes in caritate' ('Gan gyflawni'r gwir mewn cariad' Effesiaid iv.15).

ROEDD Y CYLCH Catholig Cymreig yn bedair oed erbyn i'r cyhoeddiad uchod am ei enedigaeth gael ei gyhoeddi. Daw'r dyfyniad o erthygl yn rhifyn 1945 o'r *Efrydiau Catholig*, cylchgrawn blynyddol y Cylch, oedd yn cael ei gynhyrchu gan Saunders Lewis. Cyn hynny doedd fawr ddim sôn am fodolaeth y mudiad yn y wasg Gymraeg nac yng nghyhoeddiadau'r Eglwys Gatholig. Doedd dim gair am ei sefydlu yng ngholofn wythnosol *Cwrs y Byd*, a ysgrifennai Saunders Lewis i *Baner ac Amserau Cymru*, nac yn *Y Ddraig Goch*, wythnosolyn y Blaid Genedlaethol yr oedd Lewis yn ei olygu. Ychydig gopïau o gylchlythyr mewnol i'r aelodau yw'r brif ffynhonnell wybodaeth sydd ar gael am weithgareddau'r Cylch ym mhedair blynedd cyntaf ei oes.

Hyd yn oed yn yr adroddiad yn yr *Efrydiau Catholig*, does dim manylion am sut y daeth y mudiad i fodolaeth. Y dyddiad yw'r unig ffaith bendant. Pwy oedd wedi trefnu cyfarfod i'w sefydlu, pwy oedd yn bresennol ac ymhle y'i cynhaliwyd? Ai pryder ynghylch ymateb y Gymru Brotestannaidd a barodd i beth bynnag a ddigwyddodd ar y pymthegfed o Fedi 1941 gael ei gadw'n gyfrinachol?

Yr amcan oedd sefydlu cymdeithas a fyddai'n ganolbwynt

y gallai Catholigion Cymreig a dychweledigion gyrchu ato er mwyn cadw eu diwylliant Cymraeg.

'Dychweledigion', yn ôl eu disgrifiad eu hunain, oedd y rhan fwyaf o aelodau gwreiddiol y Cylch: delfrydwyr oedd wedi troi oddi wrth y traddodiad Anghydffurfiol yn ôl at hen grefydd y Gymru Ganoloesol. Wedi'r Diwygiad Protestannaidd yn yr 16eg ganrif roedd Catholigiaeth wedi diflannu bron yn llwyr o'r rhan fwyaf o'r wlad. Dim ond mewn pocedi, yn bennaf ymhlith teuluoedd cefnog yn y de ddwyrain, yr oedd yr Hen Ffydd wedi goroesi. Dros y canrifoedd dechreuodd egino eto mewn rhai ardaloedd, a chynyddodd y broses honno yn sgil y Chwyldro Diwydiannol wrth i fewnlifiad o weithwyr a'u teuluoedd heidio i'r ardaloedd glo a dur. Yn eu plith roedd llu o Babyddion o Iwerddon, Lloegr a gwledydd eraill, ac yn fuan gwelid eglwysi'n cael eu codi ar eu cyfer. Doedd gan y rhan fwyaf o'r Catholigion newydd fawr o ddiddordeb yn yr iaith Gymraeg, a delwedd estron oedd i'w Heglwys yng ngolwg y rhan fwyaf o'r Cymry. Roedd y Cymry a ymunai â hi yn wynebu rhagfarn ac weithiau ddicter ffrindiau a theuluoedd. Ond doedden nhw chwaith ddim yn gartrefol yn nieithrwch ieithyddol eu cartref crefyddol newydd. Mewn darlith yn 1966, dywedodd Victor Hampson-Jones o Faesteg:

Being a Welsh speaking Welshman to whom the language and literature of Wales is of more than antiquarian interest, I belong to a linguistic minority; being a Catholic I belong to a religious minority. And that is not all. Being a Catholic Welsh-speaker, I am one of a very small religious group within a linguistic minority and as a Welsh speaking Catholic, I belong to an even smaller linguistic group within a religious minority. A religious oddity to a Welsh speaking Welshman, a linguistic fanatic cum heretic to Catholics, I am unacceptable to the Welsh and publicly condemned by the Catholics.

Daeth Joe Brown o Langollen yn ysgrifennydd y Cylch yn yr 1950au ar ôl i lawer o'r sylfaenwyr ddechrau ildio'r awenau. Roedd Dr Brown yn perthyn i garfan wahanol o aelodau: Catholigion o'r crud, oedd wedi dysgu Cymraeg a thrwytho'u hunain yn ei diwylliant. Mewn cyfweliad â Trystan Owain Hughes yn 2000, dywedodd:

Yr hyn oedd yr hen Gylch mewn gwirionedd oedd hafan i nifer o rai oedd wedi troi, ac ar goll yn llwyr o ran Cymreictod yn yr Eglwys yr oedden nhw wedi ei derbyn am resymau diwinyddol.

Erbyn i'r Cylch Catholig gael ei sefydlu, roedd Catholigiaeth ar gynnydd mewn rhannau o'r wlad lle nad oedd ganddi fawr o bresenoldeb cyn hynny. Mewn rhai ardaloedd cefn gwlad, Cymraeg eu hiaith, hwn oedd y tro cyntaf i lawer o'r trigolion ddod i gysylltiad ag unrhyw Gatholigion. Mewnfudwyr, unwaith eto, oedd yn gyfrifol am y newid; pobl a phlant yr oedd eu bywydau wedi eu trawsnewid yn sgil yr Ail Ryfel Byd. Yn eu plith roedd ffoaduriaid a charcharorion rhyfel o gyfandir Ewrop, aelodau o'r lluoedd arfog yn cyrraedd gwersylloedd hyfforddi, ac yn fwyaf amlwg, plant o ddinasoedd Lloegr yn cael eu hanfon i ardaloedd gwledig i osgoi bomiau'r Almaen. Roedd cyfran sylweddol o'r noddedigion neu 'faciwîs' yn Gatholigion. Pan symudwyd plant o Lerpwl i ardal Cyngor Dosbarth Gwledig Wrecsam, gwnaeth yr Eglwys Gatholig arolwg a ddangosodd fod traean o'r newydd-ddyfodiaid yn Babyddion. Yr her i'r Eglwys oedd ceisio darparu gwasanaethau eglwysig ac addysg Gatholig i'r rhain o fewn cyrraedd i'w cartrefi newydd.

11

Roedd rhai esgobion ac offeiriaid Pabyddol yng Nghymru wedi sylweddoli gwerth cenhadol yr iaith Gymraeg cyn i'r Cylch Catholig roi ffocws i'r ymdrechion i Gymreigio'r Eglwys. Yn bennaf ymhlith y rhain roedd clerigwyr o Iwerddon oedd yn siarad y Wyddeleg ac yn gefnogwyr brwd i'r Gymraeg. Ac roedd eu hymdrechion yn dechrau dwyn ffrwyth mewn rhai ardaloedd. Yn Nhachwedd 1941 cafwyd adroddiad yn *Y Cymro* dan y pennawd, 'Eglwys Babyddol – Cynnydd ym Môn':

Derbyniwyd 219 o blant ym Miwmares yn aelodau cyflawn o'r Eglwys Babyddol gan Esgob Menevia [Mynyw], naw ohonynt yn Gymry a'r mwyafrif o'r gweddill yn noddedigion. Wedi'r gwasanaeth yn yr eglwys rhoddwyd te i tua 250 o blant yn neuadd y dref.

Dywedodd y Tad Brady fod peth cynnydd yn yr aelodaeth yn y sir yn ystod y deng mlynedd diwethaf. Y rhif ar hyn o bryd oedd tua 750, heb gyfrif noddedigion. A chynnwys y dieithriaid roedd y rhif yn agos i 1,500. Yr oedd cynnydd hefyd yn rhif yr achosion yn y sir. Yng Nghaergybi y sefydlwyd yr eglwys gyntaf, ac yna yn Biwmares ac Amlwch. Yn ddiweddar agorwyd achos ym Mhorthaethwy, ond nid yw'r eglwys wedi agor yno eto.

Credai'r Eglwys yn gryf mewn gweinidogaeth Gymraeg a bu cyn-Esgob Menevia yn gryf o blaid hyn, ac anogai'r gweinidogion [sic] i ddysgu'r iaith er dod i'r afael â bywyd Cymru a chymeryd rhan ynddo. Gallai'r Esgob presennol, Dr Hannon, siarad Cymraeg a rhoes anerchiad yn yr iaith frodorol pan sefydlwyd ef ym mis Mai diwethaf. Credai yntau hefyd mai trwy hyn y llwyddai'r Eglwys yng Nghymru.

I blant Catholig o Loegr a gyrhaeddai Gymru fel noddedigion, profiad chwithig oedd cael eu hunain heb fawr o rybudd mewn gwlad ddieithr o ran crefydd ac iaith. Anfonwyd dau gant o ddisgyblion lleiandy yn Croydon i ardal Llandeilo. Mewn cofnod ar-lein gan Alan Randall (llandeilo.org/catholic3.php) cawn ddisgrifiad o'r grŵp yn cyrraedd Dyffryn Tywi:

> A tired and bedraggled group arrived late at night walking in procession along the one street to a large hall, to be sorted out and taken to allotted billets. Curious faces appeared at doors and windows eager to see Roman Catholic nuns and Convent school girls, never had such appeared in that vicinity and villagers were eager to see what they looked like... The hosts and hostesses were certainly very kind and helpful, but it was a strange experience for Sisters who had spent five or ten or more years within the Convent precincts to find themselves adrift in a strange world. There was no Catholic Church in the area, or parish priest to advise.

Yn ystod hydref 1941, yr union adeg pan sefydlwyd y Cylch Catholig, bu dadl yn corddi am rai wythnosau ar Gyngor Tref Rhuthun ynglŷn â sut i ymateb i blant Catholig oedd newydd gael eu hanfon i fyw yn yr ardal. Doedd Catholigiaeth ddim yn beth cwbl newydd i'r dref, ac roedd ysgol Gatholig yno'n barod. Mae adroddiadau'r *Cymro* yn rhoi syniad o'r dryswch a achosodd eu presenoldeb ymhlith y trigolion:

> Bu'r Cynghorydd Rowland H. Jones, sy'n ddiacon yn Eglwys Bethania (M.C.) yn amddiffyn gwaith amryw o Brotestaniaid yn y dref yn gwrthod derbyn noddedigion oeddynt yn Babyddion i'w tai.
>
> Gwnaeth hyn wedi i'r Henadur Joe Roberts feirniadu yn lled llym y rhai hynny oeddynt yn gwrthod derbyn y plant 'am nad oeddynt yn cytuno â'u credo'. Sylwai'r Henadur ymhellach fod y plant wedi eu hanfon ar y cyntaf i ardal wledig, ond oherwydd bod yn rhaid iddynt gerdded yn ôl ac ymlaen i'r Ysgol Babyddol yn Rhuthun bob dydd, teimlai

13

Pwyllgor y Noddedigion mai gwell fyddai eu symud i gartrefi yn y dref. Drwg ganddo ddweud y methwyd sicrhau cartrefi i 95 y cant o'r plant. 'Y mae rhai o'r bobl yn gwrthwynebu cymryd y plant am na allant eu cymryd gyda hwy i'r capeli,' ychwanegai, 'ond nid ydynt yn gwrthwynebu i dadau'r plant ymladd drostynt a wynebu peryglon ar fôr, yn yr awyr ac ar dir.'

'Paham y maent yn beio'r Protestaniaid am y mater hwn?' gofynnai'r Cynghorydd R. H. Jones. 'Y maent wedi symud y plant o gartrefi da, lle y cymerid gofal mawr ohonynt, a dod â hwynt i'r dref gan ddisgwyl i ni eu cymryd. Deallaf i un gŵr a gymerodd blentyn yn perthyn i'r Pabyddion i'w dŷ gael ei rybuddio nad oedd ef ar un cyfrif i gymryd y plentyn hwnnw i'r capel gydag ef.' Yr oedd yr enwadau eraill yn cydweithio ac ni welai ef (Y Cyng. Rowland Jones) pam na allai'r Pabyddion wneud yr un modd. Nid oedd neb yn awyddus i droi'r plant oddi wrth eu ffydd: y cwestiwn oedd o fynd â'r plant i'r capel am nad oedd gan y rhai oedd yn gofalu amdanynt neb adref i edrych ar eu holau. Gwnaeth pobl y dref eu rhan yn anrhydeddus yn y ffordd o ddarparu lle i blant y Pabyddion a'u hathrawon yn y gorffennol a gobeithiai na fyddai i'r Cyngor geisio gorfodi Protestaniaid i gymryd rhagor o blant yn perthyn i'r grefydd honno i'w tai.

Rhagfarnau digon diniwed oedd y rhain, heb ddim o'r casineb sectyddol a welid yng Ngogledd Iwerddon, Glasgow neu Lerpwl. Ond er nad oedd gwrth-Gatholigiaeth yn creu gwrthdaro agored yng Nghymru'r 1940au, roedd amheuon yn dal i ffrwtian o dan yr wyneb. Yn ôl yr awdur a'r hanesydd crefyddol, Dr Trystan Owain Hughes, roedd yr agweddau gwrthwynebus wedi cilio o'r rhan fwyaf o Loegr erbyn dechrau'r ugeinfed ganrif, ond yn dal yn gyffredin yng Nghymru hyd at yr 1960au. Ymddengys mai gweinidogion a blaenoriaid oedd yn bennaf cyfrifol am borthi'r rhagfarnau. Er bod y capeli'n colli tir yn gyson ar ôl ymchwydd byrhoedlog 1904-5, roedd yr enwadau'n dal yn ddylanwadol mewn rhannau helaeth o'r wlad. Gyda'u gafael yn llacio, teimlai rhai o arweinwyr y capeli dan fygythiad wrth weld Catholigiaeth ar gynnydd. Fyddai clywed Pabyddion yn sôn am 'ailgoncro Cymru' yn gwneud dim i dawelu'r ofnau, ac yn yr hinsawdd honno nid yw'n syndod nad oedd y Cylch Catholig ar y dechrau yn orawyddus i dynnu sylw at ei weithgareddau.

Yr oedd y rhagfarn yn dal i flodeuo a'r penbleth hefyd. 'Dim Pabyddion yma medd Ymneilltuwyr' oedd y pennawd ar stori yn *Y Cymro* (Medi 11, 1958). 'Cyngor Eglwysi Efengylaidd Llwynhendy yn galw ar Gyngor Tref Llanelli i wrthod caniatâd i'r Eglwys Gatholig godi addoldy ar ystâd adeiladu helaeth yn yr ardal honno', meddai'r erthygl. 'Nid oeddent am yngan gair yn erbyn yr eglwys Babyddol, gan y gwyddant am y gwaith da a wnaed ganddynt', rhaid cofio, eithr 'y byddai lleoli Eglwys Babyddol yno yn estron i draddodiad yr ardal'.

Cynnyrch y capeli oedd y rhan fwyaf o'r sylfaenwyr, amryw yn blant neu wyrion i weinidogion. Gallai wynebu dicter a siom teuluoedd fod yn brawf llym ar argyhoeddiad y Dychweledigion. Mor ddiweddar â 1956 honnodd un o arweinwyr y Cylch, Cathrin Daniel, fod llawer o ddisgynyddion ail neu drydedd genhedlaeth rhai oedd wedi troi at Gatholigiaeth yn mynd yn ôl at yr enwadau anghydffurfiol oherwydd rhagfarnau Protestaniaid. Ac mewn llythyr at D. J. Williams yn 1947, sy'n cael ei ddyfynnu yn y gyfrol *Annwyl Kate Annwyl Saunders*, mae'r nofelydd Kate Roberts yn sôn am anghytundeb a fu rhwng ei gŵr Morris Williams a Saunders Lewis. Yn hwnnw mae'n dweud: 'Yr oedd ymddygiad S.L. ar ddiwedd yr anghydfod yn hollol annheilwng o Gristion, er ei fod yn hollol deilwng o Babydd.'

Roedd y criw o Gatholigion Cymraeg a sefydlodd y Cylch Catholig wedi dod i adnabod ei gilydd a dechrau ymffurfio'n gylch anffurfiol o ffrindiau flynyddoedd cyn geni'r Cylch. Roedd llawer o'r rhain hefyd yn aelodau blaenllaw o'r Blaid Genedlaethol oedd wedi ei sefydlu yn 1925 ac un – Saunders Lewis – yn arweinydd arni. Roedd hynny'n ychwanegu at y rhagfarn yn erbyn yr aelodau ymhlith rhai Catholigion di-Gymraeg. Gallai gwrth-Gymreictod y Catholigion hynny fod lawn mor danbaid â gwrth-Babyddiaeth rhai Anghydffurfwyr. 'May the Lord preserve us from all Welsh Nationalists' meddai un offeiriad wrth y Tad Owen Hardwicke mor ddiweddar â 1965, wedi i Hardwicke feirniadu penodiad gŵr di-Gymraeg yn Esgob yng Nghymru.

Roedd y syniad o sefydlu'r Cylch Catholig Cymreig yn cael ei drafod o leiaf chwe blynedd cyn iddo ddod i fodolaeth. Ym mis Hydref 1935, mewn llythyr at R. O. F. Wynne, a ddaeth yn gadeirydd cyntaf y mudiad, ysgrifennodd Esgob Mynyw, Michael Joseph McGrath:

> Re. the Cylch. I quite understand we can't do a lot at first but perhaps we may stir an interest of a practical nature among Cymraeg and specially help some of the most influential of them towards the Church.

Yn anffodus nid yw'r llythyr yr oedd yr Esgob yn ymateb iddo wedi goroesi. Un anhawster wrth olrhain hanes y Cylch yw nad oedd McGrath, a ddaeth wedyn yn Archesgob Caerdydd, yn credu mewn diogelu cofnodion ar gyfer cenedlaethau'r dyfodol. Ychydig cyn ei farw yn 1961 fe'i gwelwyd yn cynnau coelcerth yn ei ardd i gael gwared â nifer o'i bapurau. Er bod rhai dogfennau wedi goroesi, hap a damwain yw dod o hyd i wybodaeth berthnasol. Roedd yr un ysfa i ddifa tystiolaeth yn rhan o natur Saunders Lewis.

Ar ddechrau'r ymchwil ar gyfer y gyfrol hon gofynnwyd i'w ferch, Mair Saunders Jones, a oedd ei thad wedi cadw dyddiaduron. 'Nag oedd,' meddai. 'Neu os oedd e, roedd e'n eu llosgi!'

Y tebygrwydd yw mai yn ardal Aberystwyth y byddai unrhyw gyfarfod wedi ei gynnal i sefydlu'r Cylch Catholig ar Fedi 15, 1941. Yno'r oedd Saunders Lewis yn athro mewn coleg Catholig bychan, Coleg y Santes Fair, ar ôl cael ei ddiswyddo gan Goleg Prifysgol Abertawe am losgi'r Ysgol Fomio bum mlynedd ynghynt. Yr oedd Esgob Mynyw, Michael McGrath, yn ceisio helpu Lewis i ennill tamaid, a chynigwyd swydd ran amser iddo yn yr ysgol breswyl hon oedd yng ngofal Urdd y Carmeliaid o Iwerddon. Yn Aberystwyth, yr oedd offeiriad oedd yn ffrindiau mawr â Lewis, y Dr John Barret, a ddaeth yn un o arweinwyr y Cylch Catholig. Aberystwyth oedd pwerdy deallusol y Cylch cynnar, a byddai'r lleoliad canolog hefyd yn fanteisiol ar gyfer unrhyw gyfarfod pan oedd y rhyfel yn ei gwneud hi'n anodd teithio.

Yr hyn sy'n rhyfedd yw nad oes unrhyw sôn am gyfarfod o'r fath mewn llythyrau sydd wedi goroesi rhwng yr aelodau mwyaf blaenllaw, gan gynnwys rhai a ysgrifennwyd yn ystod y mis Medi hwnnw. Ddeufis yn ddiweddarach fodd bynnag, mewn llythyr arall at R. O. F. Wynne, dywed yr Archesgob McGrath:

Regarding the proposals for the W-Circle. Yes, Fr J.B. Davies put it to me and I gave my full approval and support in an informal way as I feel it needs working out more before I could discuss it with Bishop Hannon and it receives our united approval as such [?]. We badly need something of the kind, as there is no union at all between those of us who are keen on spreading Catholic faith and ways among our Welsh speaking friends.

Y Tad John Barrett-Davies, felly, oedd wedi hysbysu'r Archesgob McGrath fod y 'W-Circle' wedi ei sefydlu. Yr oedd yr Archesgob wedi addo'i gefnogaeth lawn, a dangosodd yn gynnar pa mor bwysig oedd y Cylch newydd iddo. Er gwaethaf anawsterau teithio yn ystod y rhyfel, aeth ef a'r Esgob Hannon, Esgob Mynyw, i'r Ymarferion Ysbrydol bob blwyddyn o 1942 ymlaen. Yn 1944, cyfansoddodd yr Esgob Hannon weddi arbennig i gysegru'r Cylch i'r Arglwyddes Fendigaid. Ni allai'r Cylch fod wedi derbyn anrhydedd uwch yng Nghymru.

'Ffigwr Angenrheidiol'

AR ÔL MARW Saunders Lewis yn 1985 ysgrifennodd y bardd a'r beirniad Tony Conran am ei dröedigaeth grefyddol :

> In restrospect at least, his conversion was spectacular. It flew in the face of several centuries of Welsh suspicion and horror of Papism, and it led other Welsh intellectuals to toy with the idea of Rome and some actually to be received into the Church. After Saunders Lewis, Catholicism was a presence in Welsh life with an importance out of all proportion to its actual numbers.

Camsyniad fyddai gweld y Cylch Catholig cynnar fel band un dyn. Roedd nifer o'r aelodau yn ysgolheigion disglair, annibynnol eu meddwl, wedi eu denu at y Ffydd gan wahanol gymhellion. Ar ben hynny, Catholig gostyngedig iawn oedd ef a fyddai'n trafod problemau, amheuon a siomedigaethau ynglŷn â'r Eglwys efo ffrindiau fel Barrett Davies a Cathrin Daniel. Does dim dwywaith, fodd bynnag, mai Saunders Lewis oedd y mwyaf dylanwadol yn eu plith a'r un yr achosodd ei dröedigaeth fwyaf o gynnwrf. Er bod ei fywyd a'i waith wedi eu dadansoddi'n helaeth dros y blynyddoedd, byddai'r llyfr hwn yn anghyflawn heb fraslun o'i gefndir a'i bererindod grefyddol, yn ogystal â'i waith arloesol dros y Cylch.

Erbyn iddo gael ei dderbyn i'r Eglwys yn 1934 roedd eisoes yn flaenllaw yng Nghymru fel llenor, beirniad ac ysgolhaig ac fel arweinydd y Blaid Genedlaethol. Roedd hefyd yn gymeriad dadleuol, miniog ei feddwl a'i dafod, ac mae'n dal i gorddi teimladau cryfion o'i blaid ac yn ei erbyn. 'A necessary figure' meddai'r llenor Emyr Humphreys amdano. Os oedd hynny'n wir am ei gyfraniad i fyd gwleidyddiaeth a llenyddiaeth, gall fod yr un mor berthnasol yng nghyd-destun ei grefydd. Saunders Lewis oedd y ffigwr y troesai aelodau'r Cylch Catholig ato am arweiniad yn y blynyddoedd cynnar.

Un rheswm am yr ymateb chwyrn i'w dröedigaeth oedd dyfnder ei wreiddiau Anghydffurfiol. Ar ochr ei fam, roedd yn ŵyr i'r Parchedig Ddr Owen Thomas, Lerpwl, diwinydd, awdur ac un o hoelion wyth yr Hen Gorff. Ar ochr ei dad roedd yn ddisgynnydd i genedlaethau o bregethwyr, a'i enw bedydd yn deillio o'r traddodiad hwnnw. Pan oedd y Parchedig Lodwig Lewis yn ddyn ifanc yn Abertawe daeth dan ddylanwad Methodist blaenllaw o'r enw David Saunders. O ran parch at hwnnw y bedyddiwyd ei ail fab yn Saunders.

I rai o'i gydwladwyr roedd cefnu ar dreftadaeth grefyddol ei deulu yn ymylu ar frad. Aeth Saunders trwy wewyr wrth feddwl beth fyddai ymateb ei deulu. Cadwodd ei Gatholigiaeth yn gyfrinach rhag ei dad, y Parchedig Lodwig Lewis hyd y diwedd, fel yr adroddodd Gwilym R. Jones yn *Y Faner*:

Bûm yn dyst o arwydd o'i dröedigaeth at yr Eglwys Gatholig yn angladd ei dad, pan gynhaliwyd gwasanaeth yn y capel bychan ym mynwent Anfield, Lerpwl. Daeth ei gefnder, y Parchedig W. R. Owen, Abergele, ataf a'm cynghori i 'wylio Saunders yn fanwl yn y gwasanaeth'. Gwneuthum hynny, a sylwais ei fod yn gwneud arwydd y groes yn ystod y weddi. Eglurodd y Parchedig W. R. Owen fod ei berthynas wedi hysbysu y byddai'n peidio â chyhoeddi ei fod yn ymuno ag Eglwys Rufain tra byddai ei dad yn fyw.

Gweinidog ar gapel Presbyteraidd Cymraeg llewyrchus Seacombe ar y Wirral oedd Lodwig Lewis pan anwyd Saunders yn 1893, ac ar Lannau Mersi y magwyd y mab. Mynnodd, mewn cyfweliad ag Aneirin Talfan Davies yn 1961, nad oedd ei blentyndod mor wahanol â hynny â phetai wedi cael ei fagu mewn pentref bach yn Sir Fôn. Credai fod can mil o Gymry yn Lerpwl adeg ei fachgendod a bod eu hanner yn uniaith Gymraeg. 'Nid yn Lloegr Seisnig y'm ganwyd i o gwbl ond mewn cymdeithas gwbl Gymraeg a Chymreig,' meddai.

Y tu allan i'r cartref a'r capel, serch hynny, roedd ei ieuenctid yn wahanol iawn i fywydau ei gyfoedion yng nghefn gwlad Cymru. Yr unig ysgol y bu ynddi oedd y Liscard High School yn Wallasey, ysgol breifat Seisnig, uchel ael. Oddi yno aeth i astudio Saesneg a Ffrangeg ym Mhrifysgol Lerpwl, gan adael er mwyn gwirfoddoli ar gyfer y fyddin ar ddechrau'r Rhyfel Mawr. Bu'r gyflafan honno, y lladdwyd ei frawd hynaf ynddi a lle cafodd yntau ei glwyfo'n ddrwg, yn gyfnod pwysig yn natblygiad ei syniadaeth am Ewrop a Chymru.

Wedi'r Cadoediad aeth yn ôl i Brifysgol Lerpwl i ennill gradd dosbarth cyntaf mewn Saesneg, ac MA ar y dylanwad Seisnig ar farddoniaeth Gymraeg y ddeunawfed ganrif. Yn 1922 fe'i penodwyd yn ddarlithydd mewn Cymraeg yng Ngholeg y Brifysgol, Abertawe. Yn y cyfnod hwnnw y dechreuodd rannu'i amser rhwng llenyddiaeth a gwleidydda.

Yn 1925 roedd yn un o chwe dyn a gyfarfu ym Mhwllheli i sefydlu Plaid Genedlaethol Cymru. Y Parchedig Lewis Valentine oedd llywydd cyntaf y Blaid, ond ymhen blwyddyn etholwyd Saunders Lewis i'w olynu, a bu yn y swydd am dair blynedd ar ddeg. Ef hefyd oedd golygydd cyntaf *Y Ddraig Goch* a meddyliwr mwyaf dylanwadol y

Blaid, er bod rhai aelodau'n anghytuno â'i safbwyntiau gwrth-sosialaidd.

Mae pererindod Saunders Lewis tuag at Babyddiaeth yn cael ei holrhain yn fanwl yng nghofiant T. Robin Chapman iddo, *Saunders Lewis: Un Bywyd o Blith Nifer*. Proses raddol a barhaodd flynyddoedd oedd y dröedigaeth. Un profiad a ddylanwadodd ar ei benderfyniad oedd ysgrifennu cyfrol ar William Williams Pantycelyn. Roedd yn gweld yr emynydd, er yn wrth-Babyddol, yn 'fardd Ewropeaidd mawr a berthynai i enaid yr Eglwys Gatholig'. Yn ôl Chapman mae modd darllen ei waith ar Bantycelyn fel 'sylwebaeth hyd braich ar natur argyhoeddiad, ac yn neilltuol felly ar natur ei dröedigaeth raddol ei hun a gyrhaeddodd ei benllanw gyda'i gyhoeddi'. Yr ymarferiad beirniadol-lenyddol hwnnw, meddai'r cofiannydd, 'a'i denodd yn derfynol at yr Eglwys y bu'n chwarae mig â hi o'i ddyddiau coleg'.

Trwy ei ysgrifau, roedd ei gydymdeimlad â'r Eglwys Gatholig eisoes wedi denu sylw darllenwyr craff. Yn *Y Faner* yn 1926 dywedodd mai 'Gwlad ddisagrafen yw Cymru ymneilltuol heddiw' a bod y wlad, wrth golli ei ffydd mewn sagrafen, wedi 'colli ei chwaeth, a cholli cariad at fireinder mewn capel ac addoliad... Aeth Cymru yn arwynebol a materol, yn eilunaddolgar, yn orseddgar, oherwydd colli ohoni'r meddwl sacramentaidd.'

Flwyddyn yn ddiweddarach yn *Y Llenor*, cyhoeddwyd 'Llythyr ynghylch Catholigiaeth', lle mae'n ateb cyhuddiadau golygydd y cylchgrawn, W. J. Gruffydd, fod Lewis a'i gyd-Bleidiwr Ambrose Bebb yn 'neo Gatholigion'. Mae'n cloi'r Llythyr gyda'r geiriau, 'Bydd codi'r gri o "Babydd" yn ddigon i'm damio gan fy nghydwladwyr; ac y mae hynny'n ddigrif a rhyfedd i mi pan feddyliwyf fy mod innau hefyd o blith y rheiny na allant eto dderbyn yr iau, nac ymwrthod â phleserau byd a chnawd...' Dehonglwyd hynny fel arwydd ei fod ar ei ffordd i Eglwys Rufain ond heb gyrraedd eto.

Yn y papur Catholig wythnosol, *The Universe*, y daeth y cyhoeddiad yn Ionawr 1934 ei fod wedi ei dderbyn yn aelod o'r Eglwys Gatholig. Wrth egluro'r dröedigaeth ymhen blynyddoedd, dywedodd:

> Mi drois i'n Gatholig am un rheswm enbyd o syml, fy mod i'n meddwl mai yn offeren yr Eglwys Gatholig y mae Duw yn cael ei addoli fel y dylai ef gael ei addoli gan ddynion. A dyna'r unig reswm i mi droi'n Gatholig.

Yng Ngorffennaf y flwyddyn honno priododd Saunders â Margaret Gilcriest, merch o dras Wyddelig yr oedd wedi ei chyfarfod pan oedd y ddau'n fyfyrwyr yn Lerpwl. Roedd hithau wedi ei magu yn Lerpwl, yn ferch i Brotestaniaid o Swydd Wicklow. Troi'n Gatholig oedd ei hanes hithau, er siom a dicter i'w rhieni. Am flynyddoedd yn ystod y garwriaeth, fe gadwodd Saunders ei dad a Margaret ar wahân, rhag iddo ddod i wybod am ei Chatholigiaeth. Mae darlun byw o'r tyndra teuluol i'w gael yn y gyfrol *Saunders Lewis: Letters to Margaret Gilcriest* a gyhoeddwyd yn 1993, detholiad o lythyrau oedd wedi dod i'r golwg ar siawns mewn atig ar ôl ei farwolaeth, cyn i Saunders gael cyfle i'w llosgi.

Cynhaliwyd y briodas mewn eglwys Gatholig yn Workington, lle'r oedd Margaret yn athrawes. Doedd neb o deulu'r naill na'r llall yn bresennol.

Achosodd tröedigaeth Saunders Lewis gynnwrf mawr ymhlith cefnogwyr a gwrthwynebwyr Plaid Genedlaethol Cymru. Cafodd hynny ei fynegi ar ei fwyaf lliwgar mewn stori y byddai ei ffrind D. J. Williams yn arfer ei hadrodd. Yn ôl D. J. roedd un o'i gyd-athrawon yn Ysgol Uwchradd

Abergwaun wedi dweud wrtho, ar ôl clywed y newydd am Saunders: 'The Pope in Rome has now got Plaid Cymru by the balls!'

Hyd yn oed cyn i'r dröedigaeth ddod yn gyhoeddus byddai ysgrifennydd cyffredinol y Blaid, J. E. Jones, yn ei waith yn ateb honiadau am ddylanwad Catholigion ar y mudiad. Mae'n werth dyfynnu rhai enghreifftiau.

Ysgrifennodd Arthur O. Thomas, 'dyn ifanc o Fethesda': 'Sonia rhai am Mr Saunders Lewis ac am y Blaid fel pe baent yn dermau cyfystyr... Ofnaf fod Mr Lewis am fagu Cymru ar fron y Babaeth.'

Honnodd llythyrwr arall fod y bardd a'r curadur Iorwerth C. Peate wedi gadael y Blaid 'am nad oes ddyfodol iddi oherwydd ei Phabyddiaeth a'i heconomeg gwrth-werinol – a mynegwyd ganddo ef ac eraill hefyd fod S. Lewis y Llywydd â'i holl egni yn ceisio cael yr Athro Daniel o fewn i Eglwys Rhufain, ac yn debyg o lwyddo – felly mai nythle i'r Pab o dan gochl gwleidyddiaeth oedd arweinwyr y Blaid...' Yr Athro J. E. Daniel fyddai maes o law yn olynu Saunders Lewis fel Llywydd Plaid Cymru. Yn wahanol i'w wraig, Cathrin, nid ymunodd J. E. Daniel â'r Eglwys Gatholig.

Mewn llythyr yn *Y Cymro* yng Ngorffennaf 1936, ysgrifennodd 'Cymro o Lerpwl': 'Ofnaf fod gwir yn yr honiad y ceisia Pabyddiaeth ymwthio i mewn i Gymru drwy'r Blaid Genedlaethol. Yn sicr y mae Eglwys Rufain â'i llygad ar Gymru... Bûm i a llawer eraill yn disgwyl datganiad pendant gan arweinwyr y Blaid Genedlaethol ar agwedd y Blaid at Eglwys Rufain, ond yn ofer. Y cwbl a glywais yw bod y naill arweinydd ar ôl y llall wedi ymuno â'r eglwys estron honno.'

Cynigiodd Saunders Lewis ymddiswyddo droeon o lywyddiaeth y Blaid, am y credai fod ei Babyddiaeth yn niweidiol iddi. Gwrthodwyd ei ymddiswyddiad bob tro.

Mewn llythyr at J. E. Jones yn fuan wedi i'w dröedigaeth ddod yn gyhoeddus, dywedodd y byddai'n well ganddo beidio annerch cyfarfodydd y Blaid 'am ychydig' yn y Gogledd, gan ychwanegu, 'Yma yn y De, nid yw'r di-waith yn malio cneuen pe troi pawb ohonom yn Fahometaniaid.'

Ar ôl i'r Weinyddiaeth Ryfel gyhoeddi ei bwriad i sefydlu gwersyll hyfforddi i'r Awyrlu – yr 'Ysgol Fomio' – ym Mhenyberth a Phorth Neigwl ym Mhen Llŷn, sianelodd Plaid Cymru lawer o'i hegni i'r ymgyrch i wrthwynebu hynny. A rywsut, ym meddyliau rhai, cafodd y gwrthwynebiad hwnnw ei gyplysu gyda Chatholigiaeth Saunders Lewis.

Tân yn Llŷn: Cynllwyn Pabyddol?

MAE'R WYTHFED O fis Medi yn un o'r dyddiadau pwysicaf yng nghalendr yr Eglwys Gatholig; diwrnod Pen-blwydd y Forwyn Fair. Ar y dyddiad hwnnw yn 1936 y curodd Saunders Lewis, Lewis Valentine a D. J. Williams ar ddrws gorsaf yr heddlu ym Mhwllheli a gofyn i'r plismon a atebodd am gael gweld y Superintendent. 'Ydi o'n bwysig?' holodd y plismon. 'Ydi,' meddai'r tri. 'Mae Penyberth ar dân.'

Bu rhai o'r farn fod dyddiad y weithred wedi ei ddewis yn fwriadol oherwydd ei arwyddocâd i Gatholigion. Ond yn ôl J. E. Jones, y bwriad gwreiddiol oedd gweithredu ganol haf 1936. Gohiriwyd y weithred am nad oedd digon o goed wedi cyrraedd y safle adeiladu bryd hynny i gynnau tân gwerth chweil. Saunders Lewis ac yntau, meddai J. E. yn ei hunangofiant *Tros Gymru*, oedd wedi pennu'r dyddiad terfynol. Presbyteriad oedd J. E. Jones. Gweinidog gyda'r Bedyddwyr oedd Lewis Valentine, a D. J. Williams yn aelod ffyddlon o'r Hen Gorff.

Yn ei anerchiad i'r rheithgor yng Nghaernarfon, a gyhoeddwyd yn y pamffledyn *Paham y Llosgasom yr Ysgol Fomio*, pwysleisiodd Saunders Lewis dreftadaeth Gristnogol Pen Llŷn a chysylltiad safle Penyberth gyda llwybr y pererinion i Enlli yn Oes y Seintiau. 'Prawf', meddai rhai, o gymhellion Pabyddol wrth wraidd y brotest. Ond talodd deyrnged hefyd i weinidogion anghydffurfiol Cymru 'am mai hwynt-hwy a fu'n fwyaf egnïol yn arwain y protestio ym mhob ardal drwy'r wlad'. Ac eto, pan ddatgelwyd ymhen blynyddoedd pwy oedd wedi bod yn helpu yn y cefndir ym Mhenyberth, daeth yn amlwg fod cyfraniad Catholigion i'r weithred yn fwy nag a sylweddolid ar y pryd, a chryn dipyn yn uwch na chyfran eu presenoldeb ar restr aelodaeth y Blaid.

Yn ogystal â'r tri a ddaeth yn enwog fel Triawd Penyberth, roedd pedwar arall yn y tîm oedd ar y safle y noson honno. Datgelwyd eu henwau yn hunangofiant y cyn-brifathro O. M. Roberts, *Oddeutu'r Tân*, a gyhoeddwyd yn 1994. O. M. Roberts ei hun a J. E. Jones oedd dau o'r rheini, y ddau'n anghydffurfwyr. Robin Richards a Victor Hampson-Jones oedd y ddau arall; dau Babydd. Yn y cefndir hefyd roedd R. O. F. Wynne, ysgweier plas Garthewin, a ddaeth yn gadeirydd cyntaf y Cylch Catholig. Ar dir y plas y cuddiwyd y caniau petrol ar gyfer y llosgi, a Wynne ei hun a ddanfonodd y caniau i Gricieth yn ei gar y noson cyn y weithred a'u trosglwyddo i Saunders Lewis. Roedd Robert Wynne yn un o ddau a safodd feichiau o £25 dros Lewis yn llys ynadon Pwllheli. Felly, gan gynnwys Saunders Lewis roedd pedwar o'r saith oedd â'r cysylltiad mwyaf uniongyrchol â'r llosgi ym Mhenyberth yn Gatholigion. Gallai hynny fod yn gyd-ddigwyddiad neu'n arwydd o ffydd Saunders Lewis yn ei gyd-Babyddion. Ond go brin ei fod yn profi mai cynllwyn Pabyddol oedd y cyfan. Mewn gwirionedd, yr oedd y rhan fwyaf o Gatholigion Cymru yn gwrthwynebu'r Blaid ac yn cael eu tramgwyddo gan gynllwyn yn erbyn y lluoedd arfog dan arweinyddiaeth gwleidydd Catholig.

Daeth Victor Hampson-Jones, athro ym Maesteg, yn aelod blaenllaw o'r Cylch Catholig. Cawn fwy o hanes R. O. F. Wynne ac yntau maes o law. Mae'n werth sôn yma am Robin Richards. Mae ei fywyd cymharol fyr a'i bererindod grefyddol yn enghraifft o'r 'rhwydweithio', fel y byddai'n cael ei alw heddiw, oedd yn digwydd eisoes rhwng Catholigion Cymreig gwlatgar cyn sefydlu'r Cylch Catholig.

Ganwyd Robert Cliften Richards yn 1908 ym Mhenmaenmawr, lle'r oedd ei dad yn ficer. Enillodd ysgoloriaeth i ysgol fonedd Winchester cyn mynd i astudio'r Clasuron yn Rhydychen. Bu'n athro yn ardal Peterborough ac yna yn ysgol breswyl Gatholig y Benedictiaid yn Ampleforth ger Caerefrog. Yno daeth yn ffrind i'r athro hanes Tom Charles Edwards. Roedd Edwards yn genedlaetholwr, yn Babydd ac yn ddisgynnydd i Thomas Charles o'r Bala ac yn ffrind i Saunders Lewis ac R. O. F. Wynne. Pan gyrhaeddodd yr ysgol honno yn 1933 doedd gan Robin Richards fawr o ddiddordeb mewn Catholigiaeth nac yng Nghymru. Newidiodd hynny, mwy na thebyg dan ddylanwad yr athro hanes. Dywed ei ferch, y Chwaer Miranda Richards, 'Mae'n rhaid ei fod o wedi cael tröedigaeth hollol, troi reit rownd! Cyn hynny roedd o fwy neu lai yn Sais. Rŵan roedd o'n darganfod ei fod o'n Gymro. Mi benderfynodd tra'r oedd o yn Ampleforth ei fod o isio bod yn ffarmwr ac nid athro. Ac mi ymunodd â'r Eglwys Gatholig.' Trwy Tom Charles Edwards daeth yntau'n ffrind i Saunders Lewis, gan rannu ei ddiddordeb mewn llên a barddoniaeth a gwinoedd da. Maes o law fe ddysgodd Gymraeg, iaith yr oedd wedi cefnu arni yn ifanc, a daeth yn olygydd y *Welsh Nationalist*, misolyn Saesneg y Blaid Genedlaethol.

Gadawodd Robin Richards Ampleforth ar ôl dwy neu dair blynedd a bu'n gweithio i ganolfan i'r di-waith yn Aberdâr cyn mynd i ffermio ger Cilgerran yng Ngheredigion ac yn ardal Bryngwran ar Ynys Môn. Yn 1939 priododd Gymraes o'r enw Muriel a fagwyd yn Lerpwl cyn i'w theulu symud yn ôl at eu gwreiddiau yn Sir Aberteifi. Bu Muriel yn gweithio yn y diwydiant llaeth yn Llundain ac Abertawe, lle bu'n cydweithio gyda Gladwen Gwent, chwaer Cathrin Daniel a ddaeth yn ysgrifennydd cyntaf y Cylch Catholig. Ganwyd ei ferch Miranda yn Aberteifi a'i bedyddio yn Llanbedr Pont Steffan. Ei mam fedydd oedd Nanette Wynne, mam R. O. F. Wynne o Blas Garthewin, hithau bellach yn byw yn Llanbed.

Yng nghyfnod protestiadau Penyberth roedd y gymuned yn Llŷn wedi ei rhwygo rhwng gwrthwynebwyr y cynllun a rhai a'i gwelai'n gyfle i greu gwaith ac elw. Bu gwrthdaro rhwng y ddwy garfan mewn dau gyfarfod stormus ym Mhwllheli yn ystod 1936.

Yn yr ail o'r rheini, yng nghanol y dref ar Fai 23, roedd miloedd yn bresennol ac aeth pethau'n draed moch wrth i griw lleol fynd ati i dorri cebl uchelseinydd pan oedd Saunders Lewis ar hanner siarad. Cafodd y ffrwgwd sylw mawr ym mhapurau newydd Llundain. Yn y *News Chronicle* soniodd Caradog Prichard am 'pitched battle', gan awgrymu nad oedd heddychiaeth y cyn-baffiwr D. J. Williams yn ddiderfyn:

Mr D. J. Williams, school master at Fishguard, was dragged to the outskirts of the crowd, with the head of one burly interlocutor tightly locked in his arms.

Roedd Robin Richards hefyd yn brysur ar faes y gad, er mawr foddhad i Saunders Lewis. Drannoeth y cythrwfl, ysgrifennodd lythyr ato:

Dear Robin
I searched for you after the Pwllheli show and could get no news of you anywhere. Are you badly hurt? I saw you tackling some four or five roughs at once and that was my only glimpse of you in the midst of some terrific fist-work. I do hope you got no serious injury.

On the whole I'm delighted – that is, if there's no serious harm done to any of our men, – for just what our party lacks is what that Saturday will put into us, some grim fight to take the sentimentality out of us. It will be a tonic.

If you can, let me know how you are.

Yours,

Saunders Lewis

Bu farw Robin Richards yn 1952, yn 44 oed. Ysgrifennodd Saunders Lewis englyn coffa iddo:

Am un annwyl yr wylwn, – i'w eisiau
   Croes Iesu eiddunwn;
  Rhoer er pwrcas y Pasiwn
  Wynfyd Duw i enaid hwn.

O garchar i
Goleg y Santes Fair

YN YSTOD Y saith mis a dreuliodd yng ngharchar Wormwood Scrubs, roedd ei Gatholigiaeth yn rhan ganolog o fywyd Saunders Lewis. Tra'r oedd D. J. wedi cael gwaith yn llyfrgell y carchar, a Valentine yn yr adran oedd yn dosbarthu esgidiau i'r carcharorion, treuliai Saunders y rhan fwyaf o'i ddiwrnod yn gweithio yn y capel Catholig. Ei waith oedd bod yn sacristan a glanhäwr i'r offeiriad, a olygai wasanaethu mewn tair offeren yr wythnos a gwasanaeth bendith ar brynhawn Sul. Mewn llythyr at ei wraig, ei ferch a'i fodryb mae'n honni, 'It's almost a privilege to have come to Wormwood Scrubs to do this – a privilege I'd never dreamt would come my way.' Mae'n cydnabod serch hynny fod glanhau'r capel ac ystafell yr offeiriad, sgwrio lloriau a pholisio a pharatoi tân bob bore, yn lladdfa i un nad oedd wedi arfer â llafur corfforol:

The man who was in the post before me was a strong Irishman who fought with Michael Collins and against the Black and Tans, and he had great energy and strength and made everything look like gold and quite spotless and I'm afraid I'll never be able to keep his standard up.

Doedd dim caplaniaid Anghydffurfiol Cymraeg yn y carchar, a byddai Valentine a D. J. yn mynychu gwasanaethau Saesneg Eglwys Loegr, a chanu yng nghôr yr Anglicaniaid.

Ond i Saunders roedd yr Offeren Gatholig yn yr iaith Ladin yn union yr un fath ag yn yr eglwysi ar y tu allan. A chafodd yntau brofiad cerddorol:

> I am one of the noises in the Catholic choir. Which I regret to confess sounds at times rather like the lusty singing of a public house, especially when a whole chapel full of convicts sings lustily number 145 in the Westminster Hymnal:
>
>> Jesus, my Lord, behold the length of time
>> When I resolve to turn away from crime –
>
> very sincerely sung without a trace of a smile!

Yn y misoedd cyntaf doedd dim caniatâd i'r tri ysgrifennu yn Gymraeg at eu teuluoedd. Pan godwyd y gwaharddiad parhaodd Saunders i ysgrifennu yn Saesneg am na fyddai Margaret, yr adeg honno, wedi medru darllen llythyrau Cymraeg.

Bu ei ffrindiau Catholig yn driw iddo trwy'r carchariad. Byddai teulu Garthewin yn anfon blodau o ardd y plas i addurno'r capel, a Robin Richards, Tom Charles Edwards ac eraill yn anfon llyfrau'n gyson. Ddechrau Ebrill 1937 roedd Saunders yn wael yn ysbyty'r carchar pan gafodd ymweliad gan y Llywodraethwr. Dywedodd hwnnw wrtho fod Esgob Mynyw, Michael McGrath, yn bwriadu dod i'r carchar i'w weld yr wythnos ganlynol, os byddai'r carcharor yn fodlon. 'Of course, I'd regard it as a very great honour,' oedd ymateb Saunders. Cyrhaeddodd yr Esgob yn ei wisg esgobol:

> He came here last Thursday morning, was altogether delightful, approved definitely of the Porth Neigwl action and had let his clergy know so.

Roedd Michael Joseph McGrath yn un o'r Gwyddelod ysgolheigaidd, hyddysg yn yr iaith Wyddeleg, a maes o law yn y Gymraeg, a fu'n allweddol yn yr ymdrech i Gymreigio'r Eglwys Gatholig yng Nghymru. Fe'i ganwyd yn Kilkenny yn 1882 ac ar ôl graddio yn y Wyddeleg aeth i goleg Sant Ioan yn Waterford i baratoi ar gyfer yr offeiriadaeth. Bu'n giwrad ac yn offeiriad yn Iwerddon ac ym Mryste, cyn cael gwahoddiad yn 1921 i weithio yn esgobaeth Mynyw, a gynhwysai bryd hynny Gymru i gyd ac eithrio Caerdydd a'r de ddwyrain. Yn 1928 symudodd i Aberystwyth fel offeiriad plwyf a phrifathro Coleg y Santes Fair, oedd yn paratoi dynion ifanc ar gyfer mynd yn offeiriaid. Ar yr un pryd bu'n dilyn cwrs mewn llenyddiaeth Gymraeg yng Ngholeg y Brifysgol gyda'r Athro a'r bardd T. Gwynn Jones, a ddaeth yn ffrind iddo. Cafodd ei ethol yn Esgob Mynyw yn 1935, ac yn Archesgob Caerdydd bum mlynedd yn ddiweddarach.

Yn sgil y Tân yn Llŷn a dyfarniad yr Old Bailey, penderfynodd Cyngor Coleg y Brifysgol Abertawe yn Chwefror ddod â chyflogaeth Saunders Lewis fel darlithydd i ben. Roedd hyn yn wahanol i agwedd Bedyddwyr Llandudno ac Ysgol Ramadeg Abergwaun, a ganiataodd i'r ddau garcharor arall fynd yn ôl i'w hen swyddi. Achosodd penderfyniad Abertawe rwyg mawr yn y cylchoedd academaidd yng Nghymru.

Roedd cyfarfod ym Mhafiliwn Caernarfon ym Medi 1936 i groesawu'r Tri allan o garchar yn un o'r cyfarfodydd gwleidyddol mwyaf a welwyd yng Nghymru, gyda rhai papurau'n adrodd fod 15,000 yn bresennol. Ond diflannu wnaeth y brwdfrydedd dros y Blaid Genedlaethol wrth i'r Ail Ryfel Byd agosáu. Siomwyd Saunders Lewis gan yr hyn a welai fel difaterwch yr aelodau, ac roedd ganddo'r pryder ychwanegol o feddwl am gynhaliaeth i'w deulu. Sefydlodd y Blaid Genedlaethol gronfa i dalu cyflog i'w Llywydd am y gwaith a wnâi drosti, gan gynnwys golygu'r *Ddraig Goch*. Roedd ei ffrind R. O. F. Wynne yn un o'i noddwyr mwyaf hael.

Cartrefodd y teulu yn Llanfarian ger Aberystwyth, ble trodd y llanc o Lerpwl yn ffermwr rhan amser. Cafodd swydd ran amser arall yn dysgu Cymraeg yng Ngholeg y Santes Fair. Roedd y Coleg wedi ei sefydlu yn gyntaf yn Nhreffynnon yn 1904 gan yr Esgob Mostyn, i'r diben o roi sylfaen yn y Gymraeg i ddarpar offeiriaid ifanc. Symudwyd y coleg yn 1922 i Gastell Brychan yn Aberystwyth, ond fe'i caewyd yn 1934 oherwydd prinder arian. Fe'i hailagorwyd yn 1936 gan Garmeliaid o Iwerddon, pan oedd Saunders Lewis ar fin cael ei ryddhau o'r carchar. Roedd penderfyniad Coleg Prifysgol Abertawe i'w ddiswyddo wedi troi'n fendith i nifer o Wyddelod ifanc a ddaeth i Aberystwyth a chael eu trwytho yn y Gymraeg a'i llenyddiaeth gan un o'i darlithwyr disgleiriaf. Daeth rhai o'r disgyblion yn flaenllaw ym mywyd Pabyddol Cymru, ac yng ngweithgareddau'r Cylch Catholig.

Pymtheg oed oedd Daniel Mullins, a ddaeth maes o law yn Esgob Mynyw, pan gyrhaeddodd Goleg y Santes Fair. Bu'n disgrifio'r profiad yn y *Faner*:

> Y bore cyntaf yn y Coleg, yr oeddwn yn yr ystafell yn aros y wers gyntaf yno pan welais ddyn bychan ac eiddil yr olwg yn rhuthro heibio ac yn troi i mewn i'r capel. Ymhen munudau, daeth y gŵr hwnnw i mewn i'r dosbarth gan ddweud 'bore da fechgyn'. Felly y dechreuais i ar fy ngwers gyntaf yn y Gymraeg. Saunders Lewis oedd yr athro...
>
> Yn ogystal â'r gwersi yn y Gymraeg fe draddododd ef gyfres o ddarlithiau ar hanes a llenyddiaeth Cymru – darlithiau yr oedd athrawon eraill yn y coleg yn eu mynychu hefyd... Profiad gwefreiddiol, ac ysgytwol, oedd gwrando arno'r traethu ar hanes Cymru a'i llên.

Daeth yr Esgob Daniel Joseph Mullins, fel y cawn weld, yn ysgolhaig Cymraeg o fri ac yn un o gefnogwyr cadarnaf yr iaith yn yr Eglwys Gatholig. Parhaodd cyfeillgarwch y disgybl a'r athro am weddill oes Saunders Lewis. Ddegawdau ar ôl eu cyfarfyddiad yn Aberystwyth, bu'r Esgob Mullins yn offeiriad plwyf arno ym Mhenarth am bymtheng mlynedd, a chawn sôn rhagor am y cyfnod hwnnw yn y bennod am yr Esgob. Yn ei bregeth yn Offeren y Meirw i Saunders Lewis yng Nghadeirlan Caerdydd ym Medi 1985 dywedodd:

> Yn 1975, fe'i hanrhydeddwyd gan y Pab Pawl VI gan ei enwi'n Ben Marchog o Urdd Sant Gregori, un o'r anrhydeddau uchaf y mae'r Eglwys yn medru ei ddyfarnu i leygwyr. Ei ymateb ef oedd dychryn. Fe fynnodd ef gael gennyf addewid na fyddwn i ddim yn cyhoeddi'r anrhydedd yn y plwyf ym Mhenarth na dweud wrth neb enaid byw hyd ei farw. Heddiw yr wyf yn rhydd ac fe welwch chwi fathodyn yr anrhydedd ar ei arch.
>
> Yr wyf yn falch fod yr Eglwys yr oedd ef yn aelod mor ffyddlon ac anghysurus ohoni wedi cydnabod ei fawredd tra oedd ef yn fyw.

Flynyddoedd cyn diwedd ei oes roedd Saunders Lewis wedi cilio o weithgareddau'r Cylch Catholig, ac i'w weld yn llai aml yn yr Eglwys ym Mhenarth. Byddai'r Esgob Mullins yn cynnal Offeren i'w wraig ac yntau yn eu cartref. Roedd hynny'n rhannol oherwydd ei lesgedd corfforol, ond roedd hefyd wedi ei ddadrithio gan Ail Gyngor y Fatican ar ddechrau'r 1960au, a roddodd yr hawl i gynnal Offeren yn yr ieithoedd brodorol yn hytrach na'r Lladin. Er bod hawl bellach i gynnal Offeren yn Gymraeg, roedd colli'r Lladin wedi ei amddifadu o un o elfennau mwyaf deniadol yr Eglwys Gatholig. Dyna'r eglurhad am y gair 'anghysurus' ym mhregeth yr Esgob Mullins. Yn rhy hwyr i gysuro

35

SL, etholwyd Pab newydd oedd yn rhannu teimladau Saunders Lewis am iaith yr Offeren. Cyn ei etholiad, bu'r Cardinal Ratzinger yn collfarnu yn llym iawn yr ymdrech i gladdu'r hen Offeren Ladin. Trysor oedd yr hen litwrgi, mynnodd ef, yn aml iawn. Fel Benedict XVI, rhoddodd ef yn ôl i Gatholigion yr hawl i gynnal yr hen Offeren yn ôl eu hewyllys!

Ond mae modd dadlau hefyd fod Saunders Lewis yn well am wthio'r cwch i'r dŵr i sefydlu gwahanol fudiadau nag am ddyfalbarhau pan âi pethau o chwith wrth geisio gwireddu delfrydau cynnar y mudiadau hynny. Yn wahanol i D. J. Williams, roedd wedi digio wrth Blaid Cymru a rhoi'r gorau i weithio drosti yn weddol gynnar yn hanes y Blaid. Ac er mai ei ddarlith Tynged yr Iaith oedd wedi ysbrydoli cenhedlaeth ifanc i sefydlu Cymdeithas yr Iaith Gymraeg, mynnodd roi'r gorau i fod yn Llywydd Anrhydeddus y Gymdeithas yn y saithdegau. Anghytunai â gwrthwynebiad y Gymdeithas i'r ffaith fod y Goron yn Eisteddfod Genedlaethol Aberteifi yn cael ei chynnig gan sefydliad arfau'r Awyrlu yn Aberporth; safbwynt eironig braidd i un o losgwyr yr Ysgol Fomio ym Mhenyberth ond yn ddigon naturiol i ddyn fu'n swyddog y fyddin yn y Rhyfel Byd Cyntaf.

'Deffro'n ysbrydol' yn 10 oed

DOEDD SEREMONI BRIODAS Catherine Hughes a John Edward Daniel yng Nghadeirlan Gatholig Caerdydd ar 30 Mehefin 1936 ddim yn achlysur llawen. Fe'i cynhaliwyd yn gynnar ar fore Mawrth er mwyn osgoi sylw ffotograffwyr barus y wasg. Doedd dim blodau na chanhwyllau yn yr eglwys, er gofid i'r briodferch. Yn waeth na dim, roedd mamau'r pâr priodasol mewn dagrau yn ceisio cysuro'i gilydd, y naill am fod ei merch wedi ymuno â'r Eglwys Gatholig a'r llall am fod ei mab wedi priodi Pabyddes.

Os bu yna achos i wenu o gwbl y diwrnod hwnnw, digwyddodd yn ystod arwyddo'r gofrestr. Gwnaeth yr offeiriad Gwyddelig i'r priodfab arwyddo datganiad ynglŷn â chrefydd unrhyw blant a fyddai'n deillio o'r briodas; roedd y datganiad yn addo y byddai unrhyw blant a ddeilliai o'r briodas yn cael magwraeth Gatholig. Roedd y datganiad yn Lladin. 'You sign there, that it's your duty to bring your children up as Catholics, it's all in Latin but you wouldn't understand that would you,' meddai'r offeiriad, heb sylweddoli bod J. E. Daniel, Protestant neu beidio, yn un o ysgolheigion Clasurol disgleiriaf ei oes.

Nid ar ddiwrnod ei phriodas yn unig y bu tröedigaeth eu merch yn ofid i'w theulu o Anghydffurfwyr. Bu'n esbonio hynny ei hun mewn sgwrs radio a ddarlledwyd yn 1956 a'i chyhoeddi gan y BBC mewn cylchgrawn o'r enw *Llafar* dan y teitl 'Paham yr wyf yn aelod o Eglwys Rufain':

Yr oedd fy nhad yn Weinidog yn enwad yr Annibynwyr,
a dau o'i frodyr yn Weinidogion, un gyda'r Methodistiaid
Calfinaidd yn Llŷn. Yr oedd tad fy mam yn weinidog gyda'r
Annibynwyr yn Sir Benfro, a'i brawd hefyd, ond efo'r Saeson
yn Lloegr. Felly, ar yr olwg gyntaf, ni allech yn rhesymol
ddisgwyl cael Pabydd yn hanu o'r fath gyff. Ond felly y
bu, ac efallai haws fyddai pe ceisiwn yn hyn o sgwrs...
ddangos orau medraf beth a'm harweiniodd i gymryd cam a
ymddangosai'n fradychiad difrifol o wasanaeth cenedlaethau
o'm teulu...

Ganwyd Cathrin Hughes yn Awst 1911 yn Tylorstown
yn y Rhondda Fach. (Er mai fel 'Catherine' y bedyddiwyd
hi, ac iddi gael ei galw'n 'Catrin' ar brydiau, 'Cathrin' oedd
y sillafiad y byddai'n ei arddel gan amlaf yn ei hysgrifau).
Symudodd y teulu i Gaerdydd yn 1921 pan aeth ei thad yn
weinidog ar gapel Minny Street. Yn Tylorstown tua'r adeg
honno, pan oedd hi'n ddeg oed, y teimlodd Cathrin, meddai
yn ei sgwrs radio, y cyffro crefyddol a fyddai'n ei harwain
maes o law at yr eglwys Gatholig. Roedd y capel yn orlawn
ar nos Sul o haf, meddai, pan gododd y gynulleidfa i ganu
emyn 'syfrdanol' Edward Jones:

Pob seraff, pob sant,
Hynafgwyr a phlant,
Gogoniant a ddodant i Dduw.
Fel tyrfa gytûn,
Yn beraidd bob un,
Am Geidwad o forwyn yn fyw.

Mae'n disgrifio'r 'canu mawreddog a'r geiriau beiddgar,
soniarus, ton ar ôl ton ohono'n codi i'r entrychion a'm calon
innau'n codi efo'r gân...'. 'Er fy mod yn ifanc,' meddai,
'credaf imi ddeffro'n ysbrydol y noson honno.'

Yn yr ysgol uwchradd, Cardiff High, daeth dan ddylanwad ei hathrawes Ffrangeg Dr Cecile O'Rahilly, Gwyddeles oedd yn ysgolhaig Celtaidd ac yn aelod o deulu athrylithgar o Swydd Kerry. Roedd ei brawd, yr Athro T. F. O'Rahilly, hefyd yn arbenigwr ar yr ieithoedd Celtaidd tra bod eu cefnder, a gâi ei adnabod fel 'The O'Rahilly', yn Weriniaethwr blaenllaw a laddwyd yn ystod Gwrthryfel y Pasg yn 1916. Bu Cecille yn dysgu Ffrangeg mewn nifer o ysgolion yng Nghymru gan ddod yn rhugl yn y Gymraeg, cyn mynd yn ôl i Ddulyn fel Athro Astudiaethau Celtaidd. Roedd Anna, merch Cathrin, yn cofio'i mam yn dweud wrthi y byddai'n arfer mynd gyda Cecile i ddigwyddiadau Catholig yng Nghaerdydd yn ifanc iawn, a bod hynny wedi chwarae rhan yn ei thröedigaeth. Erbyn iddi gyrraedd tua phymtheg oed, yn ôl Anna, roedd y syniad o droi'n Babydd wedi cael gwir afael ar Cathrin. Byddai'n darllen llyfrau gan awduron Catholig fel G. K. Chesterton a Hilaire Belloc, ac yn eu cuddio yn y toiled rhag ofn i'w mam eu gweld. Dywed ei mab Iestyn iddo glywed gan ei fodryb, Gwladwen Gwent Jones (chwaer ei fam), fel y byddai Cathrin, pan oedd tua 16 oed, yn ymweld ag offeiriad yn eglwys Mihangel Sant yn Heol Richmond, Caerdydd, ac nad oedd ei mam yn hapus iawn ynglŷn â hynny.

Aeth Cathrin ymlaen i Brifysgol Caerdydd i astudio Cymraeg yn adran yr Athro W. J. Gruffydd. Yn syth ar ôl graddio fe safodd yn enw'r Blaid Genedlaethol mewn etholiad lleol yng Nghaerdydd. Er na chafodd ei hethol, mae'n amlwg iddi wneud cryn argraff. 'Girl Graduate as Nationalist Candidate' oedd pennawd y *Daily Sketch*, a'i disgrifiodd fel ' fiery advocate of Welsh home rule'. Mwy na thebyg ei bod eisoes wedi ei derbyn i'r Eglwys Gatholig, ond doedd hynny ddim yn wybodaeth gyhoeddus eto. Mae'n bosib nad oedd gohebydd y *Sketch* yn sylweddoli arwyddocâd ei baragraff olaf:

There are 1000 women voters in the ward and the girl graduate with the face of a Joan of Arc is expected to win their hearts – and votes. The Nationalists also expect that they can rely on the sympathy of strong Irish and Catholic elements.

Does dim cofnod o'i chyfarfyddiad cyntaf gyda Saunders Lewis, ond mae'n amlwg ei bod wedi dechrau closio at Gatholigiaeth flynyddoedd cyn dod i'w adnabod. Serch hynny, yn ôl ei mab Iestyn:

Cofiaf fy mam yn sôn am ddylanwad (diweddarach) Saunders Lewis arni. Dywedodd eiriau wrthi a ddangosodd iddi synnwyr Catholigiaeth a'r argraff sy'n aros yn fy meddwl yw ei fod efallai wedi rhoi iddi yr hwb angenrheidiol i benderfynu'n derfynol ymuno ag Eglwys Rufain. Trodd ef yn Babydd yn 1932 ac mae'n rhaid mai'n fuan wedi hynny y trodd hithau, oherwydd 21 oedd hi ar y pryd ac yn dal yn fyfyrwraig.

Yn eu gwleidyddiaeth a'u crefydd roedd Saunders Lewis a hithau ar donfedd debyg. Mewn llythyr yn 1934 at J. E. Jones, ysgrifennydd cyffredinol Plaid Cymru, mae Saunders yn disgrifio Cathrin Huws fel 'un o feddylwyr gorau'r Blaid'. Roedd erthygl ganddi yn y *Welsh Nationalist* yn 'un o'r pethau godidocaf a ddarllenais yn y *Nationalist* erioed' meddai.

Roedd ei thad, un o weinidogion amlycaf Caerdydd, wedi marw o niwmonia erbyn i Cathrin benderfynu bod ganddi'r hawl i dorri ei chwys grefyddol ei hun a datgan ei Chatholigiaeth i'r byd. Ond gwyddai y byddai hynny'n achosi loes i'w mam ac aelodau eraill o'r teulu. Mae'n disgrifio'r gwewyr yn ei sgwrs radio, gan sôn am 'argyfwng ysbrydol' a deimlai'n ifanc oherwydd na allai gael 'unrhyw athrawiaeth gyson am yr Arglwydd Iesu Grist' yng nghrefydd y capel. Wrth fynd yn hŷn sylweddolodd 'mai amrywiol oedd barn y pregethwyr am natur, person a hyd yn oed swyddogaeth Crist'. Meddai: 'Daeth imi syniad am Grist - y dylai fod yn Waredwr yn ei hawl ei hun ac mai 'ngwaith i, fel credadun, fyddai ei addoli, yn annibynnol ar fympwyon a barn gyfnewidiol dynion.'

Mewn gwers hanes yn yr ysgol, roedd wedi cael golwg ar y ffordd ymlaen:

Cofiaf y fflach a'm tarawodd pan ddywedodd ein hathrawes mai ystyr Eglwys Gatholig oedd Eglwys Gyffredinol ac mai Catholigion fu holl gredinwyr Ewrop cyn y diwygiad Protestannaidd. O'r funud hon, tyfodd fy niddordeb yn Eglwys Rufain. Darllenwn amdani. Awn o gwmpas yr Eglwysi Catholig yng Nghaerdydd... a darllenwn yn astud bopeth a gawn o'i hathrawiaeth.

Aiff ymlaen i sôn am yr effaith a gafodd ei thröedigaeth ar ei pherthynas â'i theulu:

Agorodd gagendor rhyngof i a'm mam. Mor aml yr anghofiwn yng Nghymru i'r Iesu ddwyn cleddyf gydag Ef yn ogystal â geiriau'r Bywyd... Yr oedd angen cledd yr Iesu rhyngof i a'm mam i'n rhyddhau ni'n dwy oddi wrth gonfensiwn o fyw, ac i'n hail-wreiddio mewn moesoldeb bywiol. Yn ei phoen hir, dysgais dosturi ac amynedd, a gwyleidd-dra calon at y Gwirionedd a gynigiwyd imi.

Yn un o ysgolion haf Plaid Cymru y cyfarfu Cathrin yr ysgolhaig o Anghydffurfiwr a ddaeth yn ŵr iddi. Roedd J. E. Daniel naw mlynedd yn hŷn na hi, ac yn ôl ei ferch Anna yn 'dipyn o hen lanc' erbyn hynny. Roedd Anna'n cofio dweud wrth ei mam unwaith, 'Mami, roeddech chi wedi

41

dod i mewn i'r Eglwys dan amgylchiadau dychrynllyd, ac eto mi wnaethoch chi ddewis priodi rhywun oedd ddim yn Babydd.' Yr ateb a gafodd oedd bod y ddau'n gyfartal yn feddyliol, yn dadlau llawer â'i gilydd ac yn mwynhau hynny. 'Roedden nhw'n teimlo ar ôl rhai misoedd na fydden nhw ddim yn gallu byw heb ei gilydd,' meddai Anna. 'Mi oedd yna dipyn o *friction* ond dyna ddigwyddodd.' Hyd yn oed ar eu mis mêl yn Ffrainc roedd y ddau wedi treulio llawer o'u hamser yn dadlau am grefydd.

Roedd 'Jac' Daniel wedi ei eni ym Mangor yn 1902, yn fab i weinidog Annibynwyr. O Ysgol Friars enillodd ysgoloriaeth i Goleg yr Iesu, Rhydychen, lle cafodd dair gradd dosbarth cyntaf, yn y Dyniaethau, y Clasuron a Diwinyddiaeth. Yn 1926, yn 24 oed, cafodd ei wneud yn Athro yng Ngholeg Bala-Bangor, coleg diwinyddol yr Annibynwyr, gan ddysgu athrawiaeth Gristnogol ac athroniaeth crefydd. Ar yr un pryd daeth yn un o aelodau mwyaf blaenllaw'r Blaid Genedlaethol, gan gyfrannu'n rheolaidd i'r *Ddraig Goch* a'r *Welsh Nationalist*, a sefyll mewn pedwar etholiad seneddol. Bu'n is-lywydd y Blaid rhwng 1931 a 1935, ac yn 1939, cafodd ei ethol yn llywydd wedi i Saunders Lewis ymddiswyddo.

Tasg heriol a digon diddiolch oedd arwain y Blaid ym mlynyddoedd cythryblus yr Ail Ryfel Byd. Roedd rhai o'i gelynion yn amau teyrngarwch y Blaid i'r Cynghreiriaid, gan gyhuddo Saunders Lewis ac eraill o wneud datganiadau amwys. Yn achos J. E. Daniel roedd Catholigiaeth ei wraig yn ennyn drwgdeimlad ychwanegol mewn rhai cylchoedd. Am weddill ei oes bu raid iddo wynebu honiadau di-sail ei fod yntau ar fin troi'n Babydd, neu hyd yn oed wedi gwneud hynny eisoes. Roedd sefyllfa'r Blaid mor fregus nes bod amheuaeth ar un adeg a allai oroesi cyfnod y rhyfel. Ymddiswyddodd J. E. Daniel o'r llywyddiaeth yn Awst 1943.

Ganwyd pump o blant i'r teulu, ac yn unol â'r amod briodasol, fe'u magwyd yn y Ffydd Gatholig. Roedd hynny'n dân ar groen rhai yng Ngholeg yr Annibynwyr ac yn yr enwad yn gyffredinol, a gwnaed bywyd yr Athro Daniel yn annioddefol. Y canlyniad oedd iddo adael ei swydd yn y Coleg yn 1946 a chael ei benodi'n arolygydd ysgolion gyda Gweinyddiaeth Addysg y Llywodraeth. Roedd ganddo gyfrifoldeb dros y clasuron ac addysg grefyddol trwy Gymru gyfan. Y polisi bryd hynny oedd symud yr arolygwyr i ardal newydd bob pum mlynedd, a bu'r teulu'n byw am gyfnod yn y Wig ym Mro Morgannwg ac yna yn Nyffryn Clwyd.

Yr oedd magu plant yn Gatholigion yn golygu eu haddysgu, os yn bosib, mewn ysgolion Catholig. Yn ddiweddarach dechreuodd rhai anfon eu plant i ysgolion cyfrwng Cymraeg, gan ofalu am eu crefydd yn y cartref a'r eglwys. Gan ddilyn cyngor Saunders Lewis, anfonwyd dau fab hynaf y Danieliaid, John a Huw, i Ysgol Gatholig Tre-gib ger Llandeilo, ac yna i Ampleforth, ysgol breswyl Gatholig enwog yn Swydd Efrog. Aeth Anna i gwfaint Bon Sauveur yng Nghaergybi. Erbyn i'r efeilliaid, Gwenllïan ac Iestyn ddod yn ddigon hen roedd y pwyslais wedi newid a chafodd y ddau ieuengaf eu haddysg mewn ysgolion Cymraeg.

Cafodd J. E. Daniel ei ladd mewn damwain ffordd yn Helygain ger Treffynnon yn 1961. Bu farw Cathrin Daniel yn 1971. Hi oedd ysgrifennydd cyntaf y Cylch Catholig, ac yn wahanol i rai o'r sylfaenwyr eraill, arhosodd yn un o'i aelodau mwyaf gweithgar ar hyd ei hoes.

'Tân newydd
ar hen aelwyd Cymru'

MAE CERDYN AELODAETH o ddyddiau cynnar y Cylch Catholig (Lleiafswm tanysgrifiad: swllt y flwyddyn) yn gosod amcanion uchelgeisiol i'r mudiad a disgwyliadau uchel ar ysgwyddau'r aelodau. Dewiswyd geiriau o Epistol Paul at yr Effesiaid yn arwyddair: 'Gan gyflawni'r gwir mewn cariad'. Pedwar amcan y Cylch oedd:

- I geisio gan Gatholigion Cymreig roi dychweliad Cymru at y Ffydd yn brif ddymuniad eu bywyd drwy gynorthwyo gwaith Y CYLCH ym mhob ffordd.
- I geisio gan Gatholigion di-Gymraeg yng Nghymru ymwybod â'r angen dost o ledaenu'r Ffydd yng Nghymru, ac i gynorthwyo gwaith Y CYLCH ym mhob ffordd bosibl.
- Gyda'r amcanion hyn mewn golwg dywed pob aelod Y WEDDI DROS GYMRU yn feunyddiol.
- Hyd y bo'n bosibl anogir pob aelod i fynychu enciliad blynyddol Y CYLCH.

Roedd geiriau'r Weddi dros Gymru, y disgwylid i'r aelodau ei hadrodd bob diwrnod, wedi eu hargraffu ar y cerdyn aelodaeth:

O Hollalluog Dduw a ddanfonodd o'th anfeidrol ddaioni, dy unig-anedig Fab i ailagor porth y nefoedd ac i ddysgu inni dy adnabod, dy garu a'th wasanaethu, trugarha wrth dy bobl sy'n byw yng Nghymru. Dyro iddynt y werthfawr ddawn

Ffydd, ac una hwy yn yr un wir Eglwys a sylfaenwyd gan ddwyfol Fab, fel gan arddel ei hawdurdod a chan ufuddhau i'w llais, y'th wasanaethont Di, a'th garu, a'th addoli, yn ôl ewyllys yn y byd hwn, ac felly derbyn ohonynt ddedwyddwch tragwyddol yn y byd a ddaw.

Flynyddoedd wedyn achosodd y Weddi dros Gymru anghydfod rhwng yr Eglwys Gatholig a'r BBC. Roedd y Gorfforaeth wedi gwrthwynebu i'r geiriau 'yn yr un wir Eglwys' gael eu cynnwys mewn gwasanaeth oedd i fod i gael ei ddarlledu o Wrecsam yn 1956, gan ddweud eu bod yn enghraifft o gulni'r Pabyddion. Gwrthododd yr Esgob Petit, Esgob Mynyw, gyfaddawdu, canslwyd y rhaglen o Wrecsam a chafodd darllediadau oedd yn cynnwys y Weddi dros Gymru eu gwahardd o'r tonfeddi radio am rai blynyddoedd.

Roedd aelodaeth o'r Cylch Catholig yn gosod rheolau i offeiriaid yn ogystal ag aelodau. Roedd disgwyl iddyn nhw gynnal offeren unwaith y flwyddyn 'dros dröedigaeth Cymru a thros aelodau ymadawedig'. Byddai Ymarferion Ysbrydol yn cael eu cynnal bob blwyddyn, a hynny oedd prif weithgarwch y Cylch am rai blynyddoedd. Cynhaliwyd y cyntaf o'r rhain ym mis Gorffennaf 1942 yn Eglwys Ein Harglwyddes o Fynydd Carmel yn Llanbedr Pont Steffan, oedd wedi ei hagor flwyddyn ynghynt, ac yno y bu cartref yr ymarferion am rai blynyddoedd. Mae peth o hanes yr ymarferion cyntaf i'w weld yn *Y Cylchgrawn Catholig*, cylchlythyr ysbeidiol oedd yn cael ei gynhyrchu gan y Tad John Barrett Davies. Y cylchgrawn hwnnw, â'i ychydig dudalennau wedi eu teipio a'u dyblygu, oedd prif gyfrwng cyfathrebu mewnol y Cylch nes i Saunders Lewis ddechrau cyhoeddi'r *Efrydiau Catholig* blynyddol yn 1946.

Mewn rhifyn o'r *Cylchgrawn* a ymddangosodd cyn yr

Ymarfer Ysbrydol cyntaf yn 1942, cawn syniad pa mor anodd oedd cael yr aelodau at ei gilydd pan oedd y Rhyfel yn ei anterth. Mae'n dangos hefyd natur fregus y mudiad yn ei flynyddoedd cyntaf. Wrth bwyso ar i aelodau a charedigion y Cylch i ymdrechu i ddod i Lanbed, dywed 'JBD' (sef John Barrett Davies):

Ni eill nad oes anawsterau ar eu ffordd – anawsterau y gwyddom ni oll oddi wrthynt – a diau y bydd yn demtasiwn gadael y peth tan ar ôl y rhyfel. Ond dylid cofio mai dyma'r tro cyntaf i'r 'Cylch' weithredu ar gyhoedd – hyd yn hyn, siarad a wnaethom. Yn wir, o'r braidd y cyfrifwn fod y 'Cylch' yn bodoli o gwbl ar hyn o bryd, ac yr ydym yn edrych ymlaen ar i ryw fath o wyrth ddigwydd – prin y gwna dim llai na gwyrth y tro – yn ystod y tri diwrnod hyn. Gallwn fod yn falch o weld mor wan a diymadferth yr ydym ni aelodau'r 'Cylch'. Ni allwn ni wneud dim tros Gymru, rhaid gadael y cwbl i Dduw, gan hyderu, trwy eiriolaeth Mair a gweithrediad yr Ysbryd Glân, y daw rhywbeth o'n gwendid megis ar ein gwaethaf.

Roedd yr ymarferiad i ddechrau gyda Bendith y Sagrafen Fendigaid am hanner awr wedi saith ar nos Lun, ond gofynnid i bawb wneud ymdrech i gyrraedd i gael te am bump, 'er mwyn inni gael cyfle i ffarwelio â siarad dros y ddeuddydd'. Ond mae rhifyn nesaf y Cylchgrawn yn nodi na chafodd yr aelodau ymgilio oddi wrth y byd yn gyfan gwbl am fod rhaid iddyn nhw aros mewn gwesty a cherdded yn ôl ac ymlaen i'r eglwys. Roedd y Cymry Cymraeg wedi bod yn falch iawn o gael cyfle i weddïo yn Gymraeg ac ni ddefnyddiwyd yr un gair o Saesneg. Ond siomedig braidd oedd yr 'ochr genhadol' medd yr adroddiad. Er bod posteri'n hysbysebu'r digwyddiad wedi cael lle amlwg ym mhrif siopau'r dref, roedd llai na'r disgwyl o bobl o'r tu allan i'r Eglwys wedi derbyn y gwahoddiad i fynychu'r gweithgareddau.

Y flwyddyn wedyn daeth yr aelodau yn ôl i Lanbed ar gyfer yr Ymarferion. Y tro hwnnw roedd yr Archesgob McGrath, oedd wedi ei ddyrchafu'n Archesgob Caerdydd ddwy flynedd ynghynt, yn bresennol, ac fe bregethodd yn Gymraeg. Yno hefyd roedd ei olynydd fel Esgob Mynyw, Daniel Joseph Hannon. Roedd Hannon wedi ei eni yn Rotherham, Swydd Efrog i rieni Gwyddelig, ac wedi astudio mewn colegau eglwysig yng Nghaerdydd, Sbaen a Birmingham. Bu'n byw am gyfnod yn Rhufain cyn symud i Gymru a threulio'r rhan fwyaf o'i oes yng Nghaerdydd. 'Pregethodd lawer tro yn Gymraeg a pharchodd yn ddwfn ac amlwg ddiwylliant a llenyddiaeth y wlad,' meddai'r *Efrydiau Catholig* amdano ar ôl ei farw yn 1946. Ymysg offeiriaid eraill a ddaeth i Lanbed yn 1943 roedd y Tad Diarmuid O Laoghaire o Iwerddon, un o ysgolheigion mawr yr iaith Wyddeleg, yntau'n rhugl ei Gymraeg ac yn aelod o Orsedd y Beirdd.

Mae adroddiad yn rhifyn cyntaf yr *Efrydiau Catholig* am yr Ymarferion a gynhaliwyd yn Llanbed ym Medi 1945. Yma eto roedd Archesgob Caerdydd ac Esgob Mynyw yn bresennol. Ar ôl cyfarfod yn yr Eglwys am 8 o'r gloch ar y nos Lun, cafwyd 14 awr o weithgareddau ar y dydd Mawrth a'r dydd Mercher, y ddau'n dilyn yr un patrwm:

7.00-7.30	Offeren
10.00	Awr Anterth
10.15	Offeren
11.00	Anerchiad a Myfyrdod
12.15	Yr Oriau Bychain
3.00pm	Gosber a Chwmplin
3.30	Ffordd y Groes
5.30	Anerchiad a Myfyrdod, gyda'r Parchedig Illtud Evans o Urdd y Brodyr Duon, Rhydychen.

6.15	Plygain
8.15	Bendith y Sagrafen Fendigaid
9.15	Gweddïau'r Hwyr

Pwysleisiwyd fod croeso i bawb, Catholigion neu beidio, yn yr Ymarferion, a chyhoeddwyd eglurhad byr ar gyfer rhai oedd yn eu mynychu am y tro cyntaf. Esboniwyd fod croeso i bawb fynd a dod fel y mynnent, oedd yn siŵr o fod yn gysur i rai, gyda rhaglen pob diwrnod mor hir a llawn. Ers yr Ymarferion cyntaf dair blynedd ynghynt, roedd canllawiau mwy pendant wedi eu darparu ynglŷn â phryd y dylai'r mynychwyr siarad neu beidio: 'Gofynnir i bawb fod yn brydlon ac osgoi siarad dianghenraid. Caniateir siarad amser bwyd ac wedyn tan y ddyletswydd nesaf.'

Mewn pregeth ar ddiwedd yr Ymarferion yn 1945, croesawodd yr Esgob Hannon y ffaith fod y gweithgareddau i gyd yn Gymraeg, a gwnaeth ddatganiad gobeithiol ynglŷn â lle'r iaith yn yr Eglwys:

Gwyddom oll mai Lladin yw iaith swyddogol yr Eglwys ac iaith ei litwrgïau. Gwyddom y rhesymau am hynny. Ond gwyddom hefyd na olyga hynny fod esgeuluso'r iaith lafar yng ngwasanaeth yr Eglwys. Ple bynnag y dyrchefir lluman y Groes, y mae'r Eglwys yn y fyddin flaen yn cefnogi diwylliant y wlad. Y mae'r Eglwys, fel gwir gynrychiolydd ei Sylfaenydd Dwyfol, yn datguddio ei bod yn y byd nid i ddistrywio ond i adeiladu. Gwnawn ninnau yma yr hyn a wna'r Eglwys ym mhob gwlad arall lle y treiddia ei Llais, sef cysegru'r iaith lafar i addoli Duw ac i gludo'r Efengyl i bob rhan o'r byd. Gyda sŵn y Gymraeg yn ein heglwysi unwaith eto, caniateir inni obeithio bod ysbrydion y gorffennol Cymreig, a fu'n crwydro yn adfeilion ein mynachlogydd drylliedig, yn gwybod bellach gynnau'r tân o newydd ar hen Aelwyd Cymru.

'Rhamantwyr a Delfrydwyr'

MAE EGLWYS FAIR ar Fynydd Carmel, Llanbedr Pont Steffan, lle byddai'r Cylch Catholig yn cynnal ei Ymarferion Blynyddol yn yr 1940au, yn dal yn addoldy llewyrchus. Mae'n sefyll ar fryncyn yn agos at ganol y dref, yn adeilad tal, pigfain â'i bensaernïaeth fewnol yn cynnwys dau fwa hanner-crwn mewn gwaith bric crefftus uwchben yr allor. Ar du mewn y wal gefn mae murlun yn portreadu Dewi Sant, gyda'r geiriau 'BYDDWCH LAWEN A CHEDWCH Y FFYDD' mewn llythrennau bras oddi tano. Ar wahân i hynny, digon prin yw'r Gymraeg o gwmpas y waliau, ond mae presenoldeb amlwg yr iaith Bwyleg yn arwydd fod y gymuned alltud honno'n dal i gadw'i ffydd.

Go brin fod llawer o fynychwyr presennol yr eglwys yn sylweddoli hynny, ond efelychiad yw'r adeilad o hen ysgubor ar stad Garthewin yn Llanfair Talhaearn ger Abergele. Arian Garthewin a dalodd am godi'r eglwys, a thröedigaeth ac argyhoeddiad Gwyddeles a briododd etifedd y stad ddaeth â hi i fodolaeth. Cyn dod yn batrwm ar gyfer yr eglwys yn Llanbed, roedd y sgubor eisoes yn ganolfan a gyfrannodd at hanes diwylliannol a chrefyddol Cymru. Roedd yr adeilad wedi'i addasu'n theatr fach, ac yno y perfformiwyd rhai o ddramâu Saunders Lewis am y tro cyntaf. Yn yr un adeilad, bob noswyl Nadolig am flynyddoedd, heidiai pobl yr ardal i ddathlu'r Offeren Gatholig am hanner nos. A phan gododd y wraig a sefydlodd yr arfer hwnnw ei phac a symud i fyw i Lanbed, mynnodd fynd â darn o'r traddodiad hwnnw gyda hi. Comisiynodd bensaer i godi eglwys yno ar batrwm yr ysgubor a drowyd yn theatr yng Ngarthewin.

Digwyddiad anarferol oedd i neb a fagwyd yn nhraddodiad Protestannaidd llym Gogledd Iwerddon droi at y Ffydd Gatholig. Ond dyna ddigwyddodd i Frances Macrory, neu 'Nanette' fel y gelwid hi gan y teulu. Fe'i ganwyd yn ardal Limavady, Swydd Deri, tref sy'n fwyaf enwog fel y man ble cofnodwyd y dôn 'Londonderry Air'. Roedd tad ei mam yn weinidog gydag Eglwys (Brotestannaidd) Iwerddon, a'i thad yn ddyn busnes cefnog ac yn llywydd Plaid Unoliaethol Gogledd Iwerddon. Yn ail ferch ymhlith pump o blant, ei hunig gysylltiad rheolaidd gyda Phabyddion oedd coetsmon y teulu, oedd yn cael ei adnabod wrth ei gyfenw, Jones. Ar y deuddegfed o Orffennaf, y 'Glorious Twelfth', byddai'r plant yn perswadio Jones i'w gyrru mewn car a cheffyl i'r dref i ymuno ym miri'r Parêd Oren, lle byddai'r torfeydd Protestannaidd yn dathlu eu buddugoliaeth dros y Catholigion ym Mrwydr y Boyne yn 1690. Cofiai i Jones ddweud wrthi'n dawel un flwyddyn, 'I think it's time they let all this drop, Miss Nanette.' Ond doedd Miss Nanette bryd hynny ddim yn cytuno.

Mynnai, serch hynny, nad oedd ei rhieni'n rhannu gwrth-Gatholigiaeth ffyrnig llawer o'u cymdogion. Eu hagwedd oedd bod Pabyddiaeth yn grefydd ddi-fai ar gyfer y tlodion a'r di-ddysg. Cofiai holi ei mam am y Catholigion, a hithau'n ateb, 'Maen nhw'n meddwl mai nhw yw'r unig wir Eglwys ac nad ydyn ni'n ddim byd.' Roedd pererindod ysbrydol Frances, o Brotestaniaeth yng Ngogledd Iwerddon i Babyddiaeth yng Nghymru yn un anarferol a dweud y lleiaf. Mae'r hanes wedi'i gofnodi ganddi mewn dwy gyfrol o'i gwaith, *Eastward of All* a *The True Level*.

Ei diddordeb mawr yn ifanc oedd arlunio, ac yn 21 oed, ar ôl peth hyfforddiant yn Llundain, aeth i'r hyn a ddisgrifid fel Summer Sketching Class mewn tŷ mawr yn Hampshire. Mewn dawns yno y cyfarfu Richard Wynne, oedd ugain mlynedd yn hŷn na hi ac yn byw yn yr ardal honno. Dyn swil, tawedog, oedd Richard Wynne, a thipyn o syndod i Frances pan gyrhaeddodd adref oedd derbyn llythyr ganddo yn gofyn iddi ei briodi. Gwrthododd y cynnig, ond ymhen dwy flynedd aeth yn ôl ar gwrs haf arall yn Hampshire, a'i gyfarfod eto. Y tro hwnnw cafodd Richard wahoddiad i ymweld â theulu Frances yn Iwerddon, a gwnaeth argraff dda ar ei mam. Y prif reswm am hynny, yn ôl Frances, oedd ei fod yn ddyn o argyhoeddiadau crefyddol. Ond doedd ei mam ychwaith ddim yn diystyru'r ffaith fod Richard yn perthyn i deulu cefnog Garthewin, ac y gallai ryw ddydd etifeddu cyfoeth y stad, er mai ei frawd Robert William Wynne oedd yn byw yno ar y pryd. O fewn tair blynedd roedd Richard a Frances yn ŵr a gwraig ac yn byw yn Hampshire. Yno, bedair blynedd wedi'r briodas, y ganwyd eu mab, Robert Oliver Francis Wynne.

Os bu mab erioed yn gannwyll llygad ei fam, Robert Wynne oedd hwnnw. Yn ystod ei blentyndod a'i arddegau bu'r teulu'n symud i fyw o ardal i ardal yn Lloegr, a'r lleoliad bob tro'n cael ei reoli gan addysg y mab. Yn saith oed aeth yn ddisgybl dyddiol i ysgol fonedd Sherborne yn Dorset, ac aeth y teulu i fyw yn y sir honno. Pan aeth Robert ymlaen i ysgol breswyl Clifton ym Mryste, symudodd ei rieni i Wiltshire ac yna i Swydd Henffordd, fel y gallai Robert fynd adref i fwrw'r Suliau.

Oddi yno aeth Robert i Brifysgol Rhydychen i astudio gwyddoniaeth. Pan fu rhaid iddo gymryd seibiant o'i gwrs oherwydd gwaeledd, aeth ei rieni ac yntau ar daith i gyfandir Ewrop i'w helpu i wella. Ar ôl iddo ddychwelyd i Rydychen aeth ei rieni i aros yn yr ardal honno fel y gallai Frances fynd i gadw cwmni i'w mab.

Gadawodd Robert y Brifysgol cyn gorffen ei gwrs, a symudodd ei rieni ac yntau i fyw yng Nghymru. Erbyn hynny roedd Robert William Wynne, sgweier Garthewin, mewn cyflwr gwael yn gorfforol a meddyliol, ac wedi gorfod symud allan o'r plasty. Roedd rhaid i'w frawd Richard gymryd y cyfrifoldeb am y stad, ond gan fod ei iechyd yntau hefyd yn wantan roedd angen help ei fab Robert i adnewyddu'r tŷ. Roedd y lle erbyn hynny wedi dioddef chwarter canrif o esgeulustod. Bu'r teulu'n byw mewn tŷ ar rent yn y bryniau uwchben Garthewin tra'r oedd adeiladwyr yn gweithio ar y plas. Yn Chwefror 1930, aeth y tri i fyw o'r diwedd i hen gartref y Wynniaid ym Mhlas Garthewin.

Er syndod i uchelwyr eraill yn yr ardal, dangosodd y teulu newydd ddiddordeb yn y Cymry o'u cwmpas, gan eu croesawu i'r plas, cynnal partïon i'r plant, a chael band yno i chwarae alawon Cymreig. Ar yr un pryd, roedd Frances a'i mab yn ymddiddori fwyfwy mewn llenyddiaeth a syniadau Catholig. Doedd dim ymgais i guddio'r diddordeb hwnnw oddi wrth Richard, oedd yn cydymdeimlo er nad yn deall. Un prynhawn Sul, ar ôl i Robert a'i fam fynd am dro i'r mynyddoedd uwchben Betws-y-coed, awgrymodd y mab eu bod yn mynd adref trwy Fae Colwyn a galw mewn gwasanaeth yn yr eglwys Gatholig yno. Dywed Frances:

A few days later Robert told me he intended to become a Roman Catholic. My own reactions were quite unemotional. I felt it was a good and rightful decision and not surprising. I knew I had not arrived so far myself, but I felt so glad for him because he was young and had his whole life in front of him. At my age it seemed to me of less consequence.

Unig bryder Frances oedd pa effaith a gâi penderfyniad Robert ar ei dad, yn ei waeledd. Cytunodd y mab i ohirio'r cyhoeddiad terfynol am ei dröedigaeth am flwyddyn. Yn ystod y flwyddyn cafodd Frances hefyd ei symbylu i astudio mwy o lenyddiaeth Gatholig.

Ym mis Gorffennaf 1930 aeth Frances a Robert i ymweld ag ardal Henffordd lle'r oedd y teulu wedi bod yn byw ar un adeg. Tra'r oedden nhw'n aros mewn hen dafarn yn Llanandras, penderfynodd y ddau y bydden nhw'n ymuno â'r Eglwys Gatholig gyda'i gilydd. Y mis Hydref canlynol dechreuodd y ddau gael eu hyfforddi gan y Tad MacCullagh, offeiriad y plwyf, a'u derbyniodd i'r Eglwys yng Nghonwy y flwyddyn ganlynol.

Yr her nesaf oedd torri'r newydd i Richard Wynne, oedd yn gaeth i'w wely, fod ei wraig a'i fab wedi troi'n Babyddion. Ar ôl y sioc gyntaf, meddai Frances, roedd wedi dod i dderbyn eu penderfyniad yn ei ffordd addfwyn ei hun. Y Sul canlynol teithiodd Frances a Robert i'r Rhyl, a derbyn eu Cymun Bendigaid cyntaf yno ar Ddydd Gŵyl Dewi 1931. Wrth edrych yn ôl, ysgrifennodd Frances Wynne:

It is some 16 years since my son and I became Catholics, but as far as I am concerned, it might as well be sixty, since I feel as if I had never belonged anywhere else.

Yn fuan wedyn bu farw Robert William Wynne a'i frawd Richard, o fewn chwe mis i'w gilydd. Golygai hynny fod R. O. F. Wynne wedi olynu ei ewythr yn swyddogol fel sgweiar Garthewin. Roedd yr adeiladau'n fregus a'r sefyllfa ariannol yn ddryslyd. Ond roedd ei fam ac yntau'n rhannu'r ddelfryd o gael trefn ar y plas a'i wneud yn hafan i'r hyn oedd iddyn nhw'n hen werthoedd gwâr oedd yn prysur ddiflannu.

Tua'r un adeg â'u tröedigaeth grefyddol, roedd agweddau gwleidyddol y ddau hefyd yn newid. Profiad cyffrous i Frances oedd ymweld ag Iwerddon am y tro cyntaf fel Pabydd. Trwy gysylltiadau'r Tad MacCullagh o Gonwy, cafodd y ddau wahoddiad i adeiladau'r Llywodraeth yn Nulyn i gyfarfod Eamonn De Valera. Ddegawd ynghynt roedd wedi bod yn ymladd yn erbyn lluoedd Prydain dros annibyniaeth Iwerddon. Bellach roedd yn croesawu merch i un a fu'n llywydd Plaid Unoliaethol Gogledd Iwerddon. 'He was very interested in the language question as regards Wales, and as that was, and is, a subject near to Robert's heart, they were soon deep in discussion,' meddai Frances. Ar ôl y cyfarfod roedd ffrind o Saesnes wedi ei chyhuddo o ysgwyd llaw gyda llofrudd.

Yr adeg honno hefyd, fe ymunodd Robert Wynne â Phlaid Genedlaethol Cymru. Fel yn achos Saunders Lewis, roedd ei genedlaetholdeb yn datblygu ochr yn ochr â'i dröedigaeth grefyddol. 'The "Blaid" he saw stood for a return to a sane and Christian order of things. The home and family would be safeguarded, the language and culture preserved and saved from the threat of extinction,' meddai ei fam.

Erbyn hynny roedd Robert eisoes yn gyfaill i Saunders Lewis, ac ar ôl i'r teulu symud i Garthewin daeth Saunders yn ymwelydd rheolaidd â'r plasty. Yn ogystal â'u Catholigiaeth a'u cenedlaetholdeb, roedd y ddau yn gwerthfawrogi gwinoedd drud ac yn ymddiddori yn y Celfyddydau. Canlyniad mwyaf nodedig y bartneriaeth oedd troi'r ysgubor yng Ngarthewin yn theatr yn 1937 a ffurfio cwmni drama i berfformio yno. Ysgrifennodd Saunders rai o'i ddramâu yn arbennig ar gyfer Cwmni Garthewin, a go brin y byddai rhai o'i weithiau gorau wedi gweld golau ddydd oni bai am nodded hael Robert Wynne. Mae hanes y cydweithio rhwng y ddau wedi ei gofnodi'n drylwyr gan Hazel Walford Davies yn ei chyfrol *Saunders Lewis a Theatr Garthewin*, sydd hefyd yn cynnwys casgliad o lythyrau Saunders Lewis at deulu'r Wynniaid. Yn un o'r rheini mae Saunders yn cyfeirio at Robert Wynne fel asgwrn cefn y Cylch Catholig, a'r un oedd wedi rhoi'r Cylch ar ei draed.

Parhaodd yr ohebiaeth am 39 o flynyddoedd ac mae rhagor o'r llythyrau i'w cael ym Mhapurau Garthewin ym Mangor, er mai gohebiaeth un ffordd a oroesodd. Does dim cofnod o'r llythyrau a anfonodd Robert Wynne at Saunders Lewis. Mae'n ddiddorol fod Saunders yn ysgrifennu yn Saesneg yn y blynyddoedd cynnar, yn troi i'r Gymraeg am gyfnod ac yna yn ôl i'r Saesneg, arwydd na lwyddodd Robert Wynne i lwyr feistroli'r Gymraeg. Serch hynny fe wyddai ddigon i gyfieithu rhai o emynau Ann Griffiths i'r Saesneg, ar y cyd gyda'r Tad John Ryan, a fu'n offeiriad ym Mlaenau Ffestiniog.

Mae Hazel Walford Davies yn crynhoi'r berthynas rhwng Saunders Lewis a Robert Wynne fel hyn:

> Yng Ngarthewin, felly, darganfu Saunders Lewis gymdeithas aristocrataidd a Christnogaeth Gatholig, ond, i raddau, rhamantu oedd gweld y plas fel cadarnle'r 'bywyd Cymreig'. Yr oedd yr allanolion yno, ond er gwaethaf ymdrech ddewr yr ysgwier i ddysgu'r iaith, go dila oedd ei Gymraeg llafar.

****

Yn ystod gwanwyn 1938, dyweddïodd Robert Wynne gyda Nina More O'Ferral, Gwyddeles o Swydd Kildare ac aelod o deulu Pabyddol a allai olrhain eu hachau i hen frenhinoedd a thywysogion Iwerddon. Bu'r briodas y mis Medi canlynol, ond doedd mam Robert ddim yno. Daeth yn amlwg yn fuan wedyn nad oedd plas Garthewin yn ei holl ysblander yn ddigon mawr i ddwy Wyddeles benderfynol fyw ynddo dan yr unto.

Cododd Frances ei phac, gan symud am gyfnod byr i Landdulas ac yna i Aberystwyth, yn bennaf oherwydd bod Urdd y Carmeliaid newydd sefydlu yn y dref. Gwelai ddyfodiad y Brodyr Carmelaidd i Geredigion yn gam arall tuag at ailorseddu'r Hen Ffydd yng Nghymru. Er bod Eglwys Gatholig wedi'i sefydlu yn Aberystwyth ers y ganrif flaenorol, byddai Frances yn gyrru i Lanbedr Pont Steffan, 30 milltir i ffwrdd, unwaith bob tair wythnos i fynychu offeren oedd yn cael ei dathlu yn un o dafarnau'r dref. Ymhlith yr addolwyr byddai rhai o drigolion y wyrcws, a 'Sioni Winwns' o Lydaw. Symudodd Frances i fyw yn Llanbed maes o law, a chyhoeddodd wrth y Catholigion yno ei bod yn bwriadu codi eglwys yn y dref ar eu cyfer.

Mae'n sôn yn ei llyfr am gyfraniadau ariannol gan 'blant Gwyddelig' tuag at godi'r eglwys, ac am rodd gan ddyn o'r ardal oedd wedi gadael i wneud ei ffortiwn a throi'n Babydd. Ond arian Garthewin yn bennaf a dalodd am Eglwys Fair ar Fynydd Carmel, gan wneud tipyn o dolc yng nghyfoeth y stad.

Cymry lleol, heb gefndir Catholig, a wnaeth y gwaith adeiladu. Yn ôl Frances roedden nhw braidd yn amheus o'r fenter ar y dechrau, ond wrth i'r gwaith fynd rhagddo, trodd yr amheuon yn frwdfrydedd ac ewyllys da.

Pobl leol hefyd oedd y mwyafrif yn y gynulleidfa yn ystod y gwasanaeth cyntaf yn yr eglwys, ac emynau Cymraeg a ganwyd. I Frances, roedd yr achlysur yn gam pwysig tuag at arwain Cymru yn ôl i'w gwir gorlan, er nad oedd y gynulleidfa'n sylweddoli hynny:

They came, bringing their special offering, the Gift of Song to the Holy Child and His mother. And because they were kindly and welcoming, though unaware of the great wonder that had come to pass in their midst, some day they will surely return with the right of recognition in their eyes.

Llanbedr Pont Steffan, lle bu'n gweithio am gyfnod fel ysgrifenyddes i'r Esgob John Petit, oedd cartref olaf Frances Wynne, a fu farw yn 1952. Ond mae Eglwys Fair ar Fynydd Carmel yno o hyd, yn gofadail barhaol i'r Wyddeles grwydrol a theulu Garthewin.

****

Mae Menna MacBain, yr hynaf o dair merch Robert a Nina Wynne, yn byw mewn pentref llewyrchus ar gyrion Henffordd. Dewisodd gartrefu yn yr ardal honno yn rhannol am fod ei thad yn hoffi'r lle ac am mai i'r fan honno ar y ffin yr oedd yntau wedi gobeithio ymddeol. Mae ei thad yn dal i ddylanwadu ar bopeth mae hi'n ei wneud, meddai. Rheswm arall oedd ei bod eisiau bod yn agos at Abaty Belmont yn Henffordd. Disgrifiwyd Belmont gan un abad fel 'a thin place', ble mae'r ffin yn denau rhwng meidrolion a Duw. Mae Menna'n dal yn ffyddlon i'w ffydd Gatholig ac yn aelod gweithgar yn Belmont. Mae'r ffydd yn rhywbeth a roddodd ei rhieni iddi, meddai, a does dim dianc rhagddo.

Menna gafodd y cyfrifoldeb o roi stad Garthewin ar y farchnad yng nghanol yr 1990au, gan dorri cysylltiad mil o flynyddoedd rhwng y teulu a'r stad. Hunllef oedd hynny, meddai. Roedd wedi aros am flwyddyn ar ôl i'w rhieni farw cyn dod i benderfyniad, yn y gobaith y byddai modd gwneud i bethau weithio'n ariannol. Ond roedd yn dasg amhosib. Roedd yr adeiladau'n dadfeilio, a'r stad yn cynnwys digonedd o dir ond dim cyfalaf. Gwerthu oedd ei hunig ddewis. Bu'n byw ger Stratford-upon-Avon am naw mlynedd wedi'r arwerthiant yn 1996, cyn symud i'w chartref presennol, lle mae ganddi ddigon o dir i gadw ceffylau, un o'i phleserau mawr er pan oedd hi'n blentyn yng Ngarthewin.

Ganwyd Menna Wynne yn 1943 yn Iwerddon. Mynnodd

ei mam fynd yn ôl i'w mamwlad ei hun ar gyfer yr enedigaeth am fod ganddi fwy o ffydd yn y meddygon yno nag yng Nghymru. Bu enw'r newydd-anedig yn destun gohebiaeth rhwng ei thad a Saunders Lewis. Roedd Robert wedi dweud wrth ei ffrind fod Menna yn enw ar santes, a Saunders yn mynnu nad oedd y fath santes yn bod. Dangosodd Robert dystiolaeth fod yna Santes Menna yn Llydaw, ac roedd Saunders wrth ei fodd.

'A very odd upbringing!' yw disgrifiad Menna MacBain o'i phlentyndod hi a'i dwy chwaer yng Ngarthewin. Mae'r sgwrs yn cael ei chynnal yn Saesneg, er bod ganddi Lefel 'O' mewn Cymraeg a'i bod yn gallu ynganu a darllen yr iaith. Roedden nhw'n gorfod siarad Cymraeg yn ystod prydau bwyd yng Ngarthewin, meddai, ac roedd hynny'n eu troi nhw yn erbyn yr iaith. Roedd hi wedi mynd trwy 'gyfnod Plaid Cymru' ac yn arfer gweithio dros y Blaid ar adeg etholiadau. Byddai'n gofyn i bobl leol siarad Cymraeg gyda hi, ond fydden nhw byth yn gwneud. Yn y diwedd roedd pawb yn cael llond bol ac yn troi i'r Saesneg. Roedd yn debyg braidd i sefyllfa'r Wyddeleg yn Iwerddon, meddai: 'cyn gynted eu bod nhw'n eich gorfodi i wneud rhywbeth, wnewch chi mohono.'

Addysg breifat yn y cartref gafodd Menna, Gwyneth a Gwenllïan, heb lawer o gysylltiad â gweddill y byd:

Roedden ni bob amser yn ymwybodol fod yna rywbeth yn digwydd draw acw nad oedden ni'n rhan ohono. Doedden ni ddim yn cael cymysgu yn y pentref na dim felly. Dim ond pan fyddai'n cefndryd a chyfnitherod yn dod draw o Iwerddon i aros, dyna'r cyfan o'r byd tu allan oedden ni'n ei weld.

Roedd fy mam yn gweld ei hun fel rhyw gaer o genedlaetholdeb Celtaidd yng nghanol byd o Seisnigrwydd. Roedd fy nhad wedi ymuno â'r Eglwys Gatholig, oedd yn digio'r bobl leol, ac ymuno â Phlaid Cymru, oedd yn digio'r tirfeddianwyr. Roedden ni wedi'n hynysu'n llwyr, a doedd fy mam ddim yn fodlon ein gyrru ni i'r ysgol. Roedd yn fagwraeth anarferol iawn, ond roedd yn edrych yn ddigon normal i ni ar y pryd.

Doedd dim angen gadael y plas chwaith ar gyfer gwasanaethau crefyddol:

Byddai'r Tad James Mitchell, offeiriad o Abergele, yn dod draw i gynnal offeren bob bore Sul. Unwaith y mis mi fydden ni'n cael bendithiad (benediction) yn Gymraeg. Lladin oedd iaith yr offeren wrth gwrs, hyd at Fatican 2. Roedd y Tad Mitchell yn gweld Fatican 2 yn gam gwych ymlaen, awel newydd yn chwythu trwy'r Eglwys, ond barn fy nhad oedd 'Fuasai waeth imi fod wedi aros yn Eglwys Loegr ddim!' Doedd o ddim yn meddwl hynny o ddifri, ond yn gweld y Lladin yn iaith fyd-eang, gallech fynd i unrhyw le a byddai'r offeren yr un fath. Dwi'n meddwl y byddai wedi gallu dygymod â'r peth petai'r offeren yn Gymraeg. Byddai'r Tad Mitchell ac yntau'n dadlau ynglŷn â hynny. I'r Tad Mitchell yr holl syniad oedd defnyddio iaith yr oedd y bobl yn ei deall, a dim ond un neu ddau, efallai, o'n plwyfolion ni oedd yn siarad Cymraeg. Roedd hynny'n drychineb mawr i fy nhad.

Ar ôl hynny roedd offeiriad yn dechrau gadael yr Eglwys. Dwi ddim yn dweud mai Fatican 2 oedd y rheswm, ond doedd dim cymaint ohonyn nhw i'w gweld o gwmpas a doedd yr offeren ddim yn digwydd mor aml yn y capel. Byddai offeiriad o Goleg y Santes Fair yn Llandrillo-yn-rhos yn dod draw weithiau, a'r Tad Ryan, oedd yn fardd. Doedd hyd yn oed y Tad Ryan ddim yn fodlon dweud yr Offeren yn Gymraeg, er ei fod yn ffrind i fy nhad, am na fyddai'r bobl yn deall. Roedd hyn yn anodd iawn, gan ei fod eisiau defnyddio'r Gymraeg ond doedd y bobl ddim yno. Felly roedd o'n ei dweud yn Saesneg.

59

Y Tad John Ryan, ysgolhaig oedd yn siarad Cymraeg a nifer o ieithoedd eraill, oedd yr offeiriad a fu'n cydweithio gyda Robert Wynne ar gyfieithiadau o emynau Ann Griffiths. Mae Menna'n amau fod y syniad wedi codi oherwydd bod y Fatican yn awyddus i gael casgliad o emynau'r ferch o Ddolwar Fach yn eu llyfrgell. Roedd ei thad wedi cynhyrfu pan glywodd am y bwriad, meddai. Ond siom a gafodd pan fynnodd y Tad Ryan gyfieithu'r emynau ei hun, yn hytrach na defnyddio cyfieithiadau Robert, oedd yn fwy telynegol.

Yn ôl y Tad Ryan roedd y Fatican eisiau cyfieithiadau llythrennol, a fyddai'n cyfleu yn union yr hyn oedd Ann Griffiths yn ceisio'i ddweud. Wrth geisio gwneud iddynt odli ac adleisio'r gwreiddiol fe allech golli rhywfaint o ystyr ddyfnach y penillion, meddai. Rwy'n meddwl fod hyn yn fwy o siom i fy nhad na ddywedodd o erioed. Roedd o wedi treulio llawer o'i oes yn cyfieithu'r emynau.

Cyhoeddwyd *The Hymns of Ann Griffiths: Translated by Robert O F Wynne and John Ryan* gan Wasg Tŷ ar y Graig yn 1980.

O dipyn i beth dechreuodd y bwrlwm diwylliannol a chrefyddol dawelu yng Ngarthewin. Doedd gofalu am faterion ymarferol ac ariannol y stad chwaith ddim bob amser yn cael sylw digonol. Caeodd y theatr yn 1969 ar ôl 32 o flynyddoedd. Ac yn ôl Menna aeth cynnal gweithgareddau'r capel Catholig hefyd yn ormod o dreth:

Dechreuodd yr holl beth farw allan. Roedd fy nhad yn heneiddio, a'i feddwl yn dechrau mynd. Roedd y Tad Ryan hefyd yn mynd yn hŷn ac yn dioddef o Parkinson's. Roedden ni'n dal i gael Offeren bron hyd at ddiwedd bywyd fy rhieni, ond roedd rhaid i hynny fod yn y tŷ am eu bod nhw'n rhy fusgrell i fynd i lawr y grisiau i'r capel.

Trwy eu gweithgareddau gwleidyddol y daeth llawer o bobl Cymru i wybod am deulu Garthewin. Cyn yr Arwisgo yng Nghaernarfon yn 1969 fe ymddangosodd llun Gwenllïan, y ferch ieuengaf, ar dudalen flaen cylchgrawn lliw papur Sul yr *Observer*, merch olygus yn gwisgo cap Byddin Rhyddid Cymru dros gudynnau o wallt melyn. Y pennawd oedd 'Why did Gwenllian Wynne-Jefferies throw a smoke bomb at Prince Charles?'

Bob tro y bydd rhaglenni teledu yn edrych yn ôl ar helynt boddi Cwm Tryweryn, mae posibilrwydd cryf y bydd R. O. F. Wynne yn ymddangos yn y lluniau du a gwyn. Cafodd ei arestio yn ystod protestiadau agoriad swyddogol yr argae yn 1965, ac mae gweld dyn yn ei frethyn aristocrataidd yn cael ei drin fel petai'n hwligan pêl-droed yn un o ddelweddau cofiadwy'r diwrnod. Roedd y teulu yno hefyd y diwrnod hwnnw, ac yn meddwl sut y bydden nhw'n ymdopi os byddai'r penteulu yn y carchar. 'Roedd o'n mwynhau hynny,' medd Menna. 'Roedd o wrth ei fodd efo tipyn o ddrama.'

Fel rhai cenedlaetholwyr eraill yn y Cylch Catholig, doedd R. O. F. Wynne ddim bob amser yn cytuno â'r hyn a ystyriai'n agwedd or-ofalus Plaid Cymru. Mae'n bosib fod cefndir Gwyddelig ei wraig Nina hefyd yn ddylanwad:

Fy mam oedd yr unig un yn y teulu gyda thueddiadau gweriniaethol cryf. Ei harwyr hi oedd pobl fel Padraig Pearse. Roedd hynny'n golygu bod rhywun yn tyfu gan feddwl bod 'Cymreig' a 'Gwyddelig' yn awtomatig yn dda a 'Seisnig' yn awtomatig yn ddrwg. O na fyddai bywyd mor syml â hynny! Wrth fynd yn hŷn mi gafodd rai profiadau gwael yn Iwerddon – cafodd ei mygio. Mi sylweddolodd fod yna elfennau troseddol yn Iwerddon Gatholig hefyd.

Doedd gweithgareddau'r Cylch Catholig erioed yn rhan ganolog o fywyd merched Garthewin, er iddyn nhw fod yn cario baneri ar bererindodau i Dreffynnon, a mynychu cyfarfodydd i gysegru eglwysi yma ac acw. Erbyn i Menna fod yn ddigon hen i gymryd rhan, roedd ei thad wedi dechrau cilio o waith y Cylch ac yn ymwneud mwy â phethau gwleidyddol, oedd yn drueni ym marn Menna. Yn ei hachos hi y gwrthwyneb a ddigwyddodd: cefnu ar wleidyddiaeth Cymru a chydio'n dynnach yn ei Chatholigiaeth, er nad yng ngweithgareddau'r Cylch.

Mae dau gerflun oedd yn arfer addurno allor yng Ngarthewin bellach i'w gweld mewn cartref newydd yn Belmont yn Henffordd, wedi i Menna eu cyflwyno i'r Abaty. Cafodd un, o St Bernadette, ei gerfio gan fynach Benedictaidd, y Tad Hubert Van Zeller o Downside, oedd yn ffrind mawr i deulu'r Wynniaid. Cerflun o Forwyn Lourdes yw'r llall, wedi ei wneud gan y Tad Basil Robinson, mab y cartwnydd a'r dyfeisydd ecsentrig Heath Robinson. Anrhegion i'w rhieni oedd y cerfluniau, a doedd Menna ddim yn gweld diben iddi hi eu cadw.

Yn ei chartref presennol mae ganddi un trysor sy'n golygu cymaint iddi ag unrhyw un o greiriau'r plas: tedi bêr digon di-lun a gafodd yn anrheg gan Saunders Lewis pan oedd hi'n fabi. Mae ganddi sawl atgof am Saunders yn aros yng Ngarthewin, gan gynnwys ei ymdrechion i ddysgu iddi sut i chwarae tennis.

> Rydw i'n ei gofio fel un o'r teulu. Roedd o'n arwr i fy nhad a mam fel ei gilydd ac yn dylanwadu ar bopeth oedden nhw'n ei wneud. Wrth i mi ddechrau cymryd diddordeb mewn pethau roedd o'n mynd yn hen ac yn wael ei iechyd. Es i'w weld unwaith ym Mhenarth pan oedd o'n dechrau colli ei olwg ac yn fyddar iawn. Mi gollon ni gysylltiad ar ôl hynny.

Bu farw Gwenllïan, yr ieuengaf o ferched y plas, yn Chwefror 2013, flynyddoedd ar ôl marwolaeth ei chwaer

Gwyneth. Dim ond Menna sydd ar ôl bellach o'r teulu agos, i hel atgofion am ei thad a'i gylch ffrindiau.

'Rhamantwyr a delfrydwyr oedden nhw,' meddai gan wenu. 'Roedd fy nhad yn meddwl ei fod am droi Cymru gyfan yn wlad Gatholig dros nos. Dydi hi ddim mor hawdd â hynny, nac ydi?'

Pwy oedd y ffyddloniaid?

MAE RHESTR AELODAETH gynharaf y Cylch Catholig i'w gweld yn llawysgrifen Joe Brown mewn llyfr nodiadau o ddiwedd yr 1950au. Hyd at y cyfnod hwnnw, hap a damwain yw dod o hyd i enwau unrhyw aelodau. Mae cliwiau cynharach i'w cael mewn bwndel o lythyrau a anfonwyd at R. O. F. Wynne cyn cyfarfod blynyddol y Cylch yn Wrecsam ar ddydd Mercher, Rhagfyr 29, 1943. Does dim cofnod o'r rhai oedd yn bresennol wedi dod i'r fei. Yr hyn a gawn yn y llythyrau yw ymddiheuriadau gan rai oedd yn methu â bod yno. Cymysgedd o leygwyr a chlerigwyr yw'r llythyrwyr; cymysgedd hefyd o rai Cymraeg a Saesneg eu hiaith, a'u cyfeiriadau wedi eu gwasgaru dros Gymru a Lloegr. Does dim cofnod o faint o lythyrau a anfonwyd allan, ond mae'r nifer a ymddiheurodd yn awgrymu fod Robert Wynne wedi gweithio'n ddyfal i gysylltu â rhai oedd wedi dangos diddordeb yn y Cylch.

Ymhlith y llythyrwyr mae'r Archesgob McGrath, oedd â 'phwyllgor pwysig iawn yn yr Esgobaeth' ar yr un diwrnod. Doedd y Tad Illtud Evans o Rydychen ddim yn gallu mynd i'r cyfarfod am ei fod newydd ddod o'r ysbyty. Doedd A. Jones-Mills, o Ruthun, ddim yn gweld pwynt iddo fynd yno am na allai siarad Cymraeg, er ei fod yn ceisio dysgu. Byddai wedi bod yn falch o'r cyfle i gyfarfod Pabyddion Cymraeg: 'I have not met a single one since I was received into the Church eighteen months ago. I am afraid that our Prayer for Wales has not as yet produced any startlingly visible effects.' Gofidiai Gabriel Reidy o Lerpwl na allai fod yn Wrecsam am ei fod yn arwain encil yn Oldham yr un diwrnod, 'but I assure you that my interest in Wales and my prayers for her people are not diminished'. Roedd y Tad Dafydd Crowley o Dreffynnon yn gorfod mynd i Gaerdydd i briodas ei chwaer. 'Byddaf yn gweithio ar waith y llywodraeth,' oedd eglurhad cryptig H. Jones o Bwllheli. 'Y mae'r lle yn rhy bell. Nadolig llawen' oedd neges gryno R. Osborne o Borthmadog.

Mae darlun llawnach – yn llythrennol – o ffyddloniaid y Cylch i'w gael mewn llun a dynnwyd yn Ninbych yn 1949. Erbyn diwedd degawd cyntaf y Cylch roedd yr Ymarferion Ysbrydol blynyddol wedi symud o Lanbedr Pont Seffan i Gwfaint Sant Ffraid yn Ninbych. Y flwyddyn cyn hynny ymddangosodd adroddiad ar yr ymarferion yn *Y Faner*, arwydd fod y Cylch yn barotach i ledaenu newyddion am ei weithgareddau nag yr oedd yn ei flynyddoedd cyntaf. Mae amserlen yr ymarferion i'w gweld dipyn yn drwm a dweud y lleiaf. Yn ôl gohebydd *y Faner* cafwyd pedwar anerchiad gan y Tad Brennan o Urdd y Rorisiminiaid, Caerdydd, ar y testun 'y pedwar peth olaf', sef Marwolaeth, Barn, Nef ac Uffern. Yn ogystal â hynny:

Gan fod rhyw ddeg o offeiriaid yn bresennol, adroddwyd cynifer â hynny o offerennau bob dydd. Adroddwyd dyletswydd Fair ar yr oriau priodol a Llaswyr Mair hefyd a Ffordd y Groes. Cyfres o fyfyrdodau ar brif ddigwyddiadau taith ein Harglwydd i Galfaria yw Ffordd y Groes. Fe dalai i bob Cymro o ba enwad bynnag y bo fyfyrio'n ddwys y gweddïau hyn a geir ar silff lyfrau pob Eglwys Gatholig dan y teitl 'Ffordd y Groes'. Yn y modd yma, gan ddiweddu gyda Bendith, Sagrafen Fendigaid a chan adrodd y Cwmplin, y pasiwyd y tri diwrnod.

Mae'r llun a dynnwyd yn Ninbych y flwyddyn ganlynol wedi ei gyhoeddi gyntaf yn *Bro a Bywyd Saunders Lewis*, a olygwyd gan ei ferch Mair Saunders Jones. Wrth ei ochr cyhoeddir rhan o lythyr a anfonodd Saunders Lewis at ei deulu, sy'n awgrymu ei fod yntau'n gweld yr ymarferion ychydig yn feichus:

> Cawn ddistawrwydd a darllen yn ystod y prydau bwyd, ond rydym yn dianc i'r Bull yn Ninbych am ddiod ambell dro wedi dos ormodol o weddïo. 'Rwy'n dianc dros y ffin i fynd i weld Kate Roberts y pnawn 'ma.

Un ar bymtheg o aelodau'r Cylch sydd yn y llun a dynnwyd yn 1949. Yng nghanol y rhes gefn, yn dalsyth rhwng dau offeiriad, mae R. O. F. Wynne, Garthewin. Yn eistedd yn union o'i flaen mae ei fam, Frances Wynne, rhwng Cathrin Daniel ac Edna Hampson-Jones. Nhw ill tair yw'r unig ferched yn y grŵp. Offeiriaid Gwyddelig yn gwasanaethu yng Nghymru yw'r rhan fwyaf o'r dynion. Ar y pen yn y rhes ôl, bron fel petai eisiau cilio o'r llun, mae Saunders Lewis. Mae'n deg credu mai dyma gnewyllyn aelodau ffyddlonaf y Cylch yn y cyfnod hwnnw. Soniwyd eisoes am rai o'r aelodau, ac mae'n werth manylu ychydig am rai o'r lleill.

John Barrett Davies

'Ni allwn fforddio'i golli; y dyn gorau sydd gan yr Eglwys yng Nghymru.' Dyna a ysgrifennodd Saunders Lewis yn 1974, ar ôl clywed fod ei ffrind John Barrett Davies yn wael mewn ysbyty. Y Canon Davies oedd wedi hyfforddi Saunders ar gyfer ei dderbyn i'r Eglwys Gatholig. Ef hefyd, fel y gwelsom, a dorrodd y newydd i'r Esgob McGrath yn 1941 fod y Cylch Catholig wedi ei sefydlu. Roedd yn ysgolhaig a diwinydd disglair a gyfieithodd y Fwlgat, Beibl Lladin o'r bedwaredd ganrif, i'r Gymraeg. Bu'n golygu cylchlythyr teipiedig y Cylch am bedair blynedd cyntaf ei fodolaeth, a go brin fod yr un clerigwr wedi cyfrannu mwy at y gwaith o roi'r corff newydd ar ei draed.

Sais oedd John Barrett Davies o ran ei gefndir. Fe'i ganwyd oddeutu 1903 yn Llundain, yn aelod o hen deulu o Gatholigion Seisnig, uchel eu tras. 'Davis' oedd ei gyfenw gwreiddiol ond fe ychwanegodd yr 'e' ar ôl ymgartrefu yng Nghymru a mynd ati i feistroli'r Gymraeg. Pan ddaeth yn offeiriad plwyf ym Mrynbuga yng Ngwent, aeth gam ymhellach trwy hepgor y 'Barrett' a galw'i hun yn John Davies.

Daeth John Barrett Davies i Aberystwyth yn 1925 i weithio fel periglor (offeiriad seciwlar), yn fuan ar ôl cael ei urddo, gan ddod i adnabod y Prifardd a'r Athro T. Gwynn Jones. Yn y dref honno hefyd daeth Barrett Davies dan ddylanwad Monsignor Paul Hook, offeiriad ac athro a sbardunodd ei ddiddordeb yng Nghymru a'i hiaith. Roedd Hook wedi bod yn bennaeth ar Goleg y Santes Fair yn Nhreffynnon a symudodd yntau i Aberystwyth pan benderfynodd yr Esgobaeth symud y Coleg yno. Aeth Hook wedyn yn offeiriad plwyf i Fachynlleth, a daeth Barrett Davies yn olynydd iddo am gyfnod fel pennaeth Coleg y Santes Fair. Roedd Barrett Davies yn ffrind i Cathrin a J. E. Daniel a'r teulu, ac mae gan eu mab Iestyn lawer o atgofion amdano. Mewn llythyr at Iestyn Daniel yn 1976, ysgrifennodd Saunders Lewis:

> Anodd enbyd, wel, i mi amhosib, oedd cael Barrett-Davies
> i sôn dim amdano'i hun na dweud ei hanes ond fe fu'n
> ddisgybl dan Hook yn Aberystwyth, wedyn mynd i Rufain
> a chael D.D. disglair yno a thyfu'n ysgolhaig clasurol o'r un
> safon â'ch tad. Dal annwyd trwm ar ei ffordd adref o Rufain,
> mynd at ddoctor ym Mharis a hwnnw'n dweud wrtho iddo

ddyfod ato'n rhy hwyr; pe daethai dridiau'n gynt gallasai fod wedi achub ei glyw, ond roedd hi'n rhy hwyr.

Mynd adref, yr oedd ei dad a'i fam yn byw y tu allan i Fryste, ac yr oedd ei fam mor drwm ei chlyw ag ef ei hun. Mynd yn ôl i Aberystwyth at Hook (mi dybiaf) a bu am ychydig wythnosau yn offeiriad plwyf Aberystwyth. Wedyn mynd oddi yno i fod yn gaplan i Nazareth House Abertawe, tua 1932, mi dybiaf eto. Yno y daeth ef i'n tŷ ni yn Newton [Abertawe] a dechrau cyfeillgarwch. Ef a'm derbyniodd i i'r eglwys yn 1933.

Bu'n cyfrannu'n helaeth i gyhoeddiadau Pabyddol fel yr *Efrydiau Catholig* a *Blackfriars*, ac yn gyfrifol am ddiweddariad Cymraeg o'r *Llyfr Gweddi Cyffredin*.

Mae Iestyn Daniel yn cofio John Barrett Davies yn dod i aros at ei deulu pan oedd Iestyn a'i efail Gwenllïan yn blant:

Byddai'n dod i aros atom ryw unwaith y flwyddyn am wythnos ac roedd fel ail dad inni. Byddai fel arfer yn dod â bocs o siocledi bob un inni. Cyn eu rhoi byddai'n mynd â ni i stafell ar wahân gan eu cuddio tu ôl i'w gefn a gofyn inni yn gyntaf pa un a ddymunem, er na allem eu gweld. Ond roedd ei sgwrs hefyd yn amheuthun, mor ddiddorol a ffraeth a dynol. Roedd yn ddyn eithriadol o ddysgedig ond cariai ei ddysg yn ysgafn heb ddim sychder academaidd a byddai bob amser yn traethu'n glir a syml a diddorol. Roedd yn gerddorol iawn hefyd a chanddo chwaeth ddatblygedig iawn mewn cerddoriaeth a llenyddiaeth glasurol, heb sôn am lenyddiaethau eraill. Roeddwn i wastad yn rhyfeddu bod dyn mor ddisglair yn gallu bod mor ddynol a diymhongar.

'We had Dr Barrett Davies here last week and we opened a bottle of Montrachet to celebrate his visit,' meddai Saunders Lewis mewn llythyr at R. O. F.Wynne yn 1943.

I Llew Goodstadt, oedd yn ei adnabod yn dda, roedd 'yn debyg mewn ffordd i reithor yn yr Eglwys yng Nghymru':

> Roedd o'n ŵr bonheddig, roedd ganddo chwaeth ragorol, yn gwybod popeth am win ac ati ac wedi darllen yn helaeth, dyn gyda *manners*, y dosbarth hwnnw! Ond roedd o'n fugail da. Dwi'n cofio pan aeth o i Sir Fynwy roedd o wedi rhoi'r gorau i yfed. Roedd o'n esbonio fod diod yn brif broblem i'r Catholigion yno. Roedd y rhan fwyaf ohonyn nhw o dras Wyddelig, yn perthyn i'r dosbarth isaf, ar gyflogau gwael iawn, eu horiau gwaith yn hir iawn a'r dyfodol yn hollol ddiobaith. Beth oedd yna i'w wneud ond yfed? Er mwyn rhoi'r esiampl iawn iddyn nhw roedd e'n llwyr ymwrthod pan oedd e yno. Pan oedd o ar ei wyliau doedd dim rhaid! Roedd e'n adnabod pawb hefyd, roedd ganddo ryw synnwyr cyffredin; pan oedd pobl yn mynd i ryw ochr eithafol roedd ganddo ryw frawddeg o gyngor oedd yn tynnu popeth yn ôl at y canol.

Bu John Barrett Davies farw ar 10 Hydref 1976, ac mae llawer sy'n ei gofio yn teimlo na chafodd ei gyfraniad i ysgolheictod a diwinyddiaeth Cymru y gydnabyddiaeth a haeddai.

Tom Charles Edwards

Mae Coleg Ampleforth ger Caerefrog yn un o ysgolion preswyl mwyaf aruchel yr Eglwys Gatholig ym Mhrydain. Fe'i sefydlwyd yn 1802 gan fynaich Benedictaidd, a'r Urdd honno sy'n dal i'w chynnal. Ymhlith y cyn-ddisgyblion enwog mae cyn-Archesgob Westminster Basil Hume, cyn-ddirprwy arweinydd y Blaid Geidwadol Michael Ancram, a'r chwaraewyr rygbi Lawrence Dallaglio a Simon Easterby.

I'r ysgol honno, yn 1929, yr aeth Tom Charles Edwards

69

yn athro hanes. Er iddo gael ei eni yn Lloegr ac mai dros y ffin bu'n byw bron trwy gydol ei oes, roedd Tom Charles Edwards yn rhugl ei Gymraeg ac yn un o hoelion wyth y Cylch Catholig. Ar ôl ei farw yn 1977, cyhoeddwyd teyrnged iddo yng nghylchgrawn yr ysgol, yr *Ampleforth Journal*, erthygl sy'n pwysleisio'i Gymreictod:

> It is essential to remember that although he spent most of his life as a teacher in Yorkshire, his political views were not always those one might have expected in a public school. His first priority was not to England. He detested any notion of British nationality, and looked forward to the day on which the United Kingdom would be dismembered.

Ganwyd Tom Charles Edwards yn 1902 yn Coventry, lle'r oedd ei dad, Lewis Charles Edwards yn feddyg. Saesnes o Swydd Amwythig oedd ei fam. Bu farw'r tad yn 34 oed ar ôl iddo ddal y dicáu oddi wrth un o'i gleifion. Er mwyn ceisio gwella'i iechyd roedd y teulu wedi symud i fyw am ddwy flynedd i Aberystwyth. Roedd ei dad wedi dweud, ar ei wely angau, ei fod yn gobeithio y byddai Tom a'i frawd yn dod i barchu traddodiad Anghydffurfiol Cymru, ac yn siarad Cymraeg.

Ar ôl cael ei addysgu mewn ysgol breifat yn Amwythig aeth i astudio Hanes yng Ngholeg Keble, Rhydychen, ac yn ystod ei gyfnod yno aeth ati i wireddu dyhead ei dad trwy ddechrau dysgu Cymraeg. Ar ôl gadael y Brifysgol yn 1925 bu'n athro am ychydig yng Ngholeg Llanymddyfri – y cyfnod hwnnw a'r ddwy flynedd yn Aberystwyth oedd ei unig brofiad o fyw yng Nghymru. Erbyn diwedd yr 1920au gallai gynnal sgwrs yn Gymraeg a'i darllen yn weddol rwydd. Ymunodd â'r Blaid Genedlaethol a bu'n aelod ohoni am weddill ei oes. Bu'n ysgrifennu colofn ar faterion rhyngwladol i'r *Welsh Nationalist* ac roedd wedi dod yn ffrind i Saunders Lewis flynyddoedd cyn troi'n Babydd a dod yn un o aelodau cyntaf y Cylch Catholig.

Cafodd swydd yn Ampleforth yn 1931 pan oedd yr ysgol yn fach gyda dim ond 250 o fechgyn. Roedd yn athro hynod weithgar a ffraeth, 'one of those rare men who have great grace and charm of mind' meddai'r *Ampleforth Journal* amdano. Er gwaethaf ei wreiddiau teuluol Anghydffurfiol roedd wedi cael ei fagu yn y traddodiad Anglicanaidd, ac mae'r erthygl yn awgrymu ei fod wedi cael cyfnod o anffyddiaeth cyn mynd i Ampleforth a throi yn y diwedd at yr Eglwys Gatholig. Yn ôl yr erthygl roedd yn gofidio fod Cymru a'r Eglwys Gatholig wedi ymddieithrio oddi wrth ei gilydd er yr unfed ganrif ar bymtheg ac yn gweld y Cylch yn ffordd i geisio pontio rhywfaint ar y bwlch. Roedd hefyd wedi ceisio ailadeiladu'r bont gyda'i orffennol ei hun, oedd wedi ei thorri'n rhy sydyn gyda marwolaeth ei dad.

Byddai'n ymweld yn gyson â theulu'r Wynniaid yng Ngarthewin, ac roedd yn dad bedydd i'r ferch ieuengaf, Gwenllïan. Pan fu farw Tom Charles Edwards yng Ngorffennaf 1977, ysgrifennodd Saunders Lewis, mewn llythyr o gydymdeimlad at R. O. F. Wynne: 'I at once remembered that he was your earliest and most faithful Welsh friend. I find it rather terrible to find all my friends gone, and myself more and more isolated.'

Edna a Victor Hampson-Jones

Dim ond dau o aelodau cynnar y Cylch Catholig, a'r ddau yn lleygwyr, oedd yn gallu cenhadu ar ran eu heglwys i ddeallusion Cymraeg oedd ddim yn Babyddion. Dyna oedd barn Saunders Lewis, mewn nodyn a anfonodd at R. O. F. Wynne yn 1945. Cathrin Daniel oedd un o'r 'cenhadon', a'r llall oedd Victor Hampson-Jones, un o'r cenedlaetholwyr a fu'n helpu i losgi'r Ysgol Fomio.

Bu Victor Hampson-Jones a'i wraig Edna ymysg hoelion wyth y Cylch Catholig yn y de am ddegawdau. Dysgu Cymraeg, dod yn genedlaetholwyr a throi'n Gatholigion – dyna fu'r drefn yn hanes y ddau. Cafodd Victor ei eni yn Ystradgynlais a'i fagu yn Aberdâr, gyda rhai o'i hynafiaid yn hanu o Ben-y-groes yn Arfon. O Ysgol Ramadeg Aberdâr, aeth ymlaen i Goleg y Brifysgol Caerdydd tua diwedd yr 1930au. Er bod rhywfaint o Gymraeg yn y teulu doedd yr iaith ddim yn cael ei defnyddio ar yr aelwyd a bu raid iddo fynd ati i'w hailddysgu. Methodistiaid pybyr oedd ei deulu, gyda'i hen dad-cu yn weinidog. Achosodd tröedigaeth Victor at y Pabyddion dipyn o ddicter ymhlith ei berthnasau.

Merch o Gaerdydd oedd Edna, gyda'i gwreiddiau ar ochr ei thad yn Norwy. Roedd ei hen daid wedi dod o'r wlad honno i Gymru i weithio i gwmni adeiladu llongau, a bu hefyd yn helpu i godi'r eglwys Norwyaidd yn nociau Caerdydd. Yn yr eglwys Lutheraidd honno y byddai'r teulu'n addoli. Roedd troi'n Babydd yn gam go fawr i Edna hefyd.

Does dim cofnod manwl o'r ffordd y digwyddodd tröedigaeth y ddau, ond yn ôl eu mab Dafydd, Saunders Lewis oedd yn cael llawer o'r 'bai'. Roedd Saunders yn un o'r criw o Gymry y byddent yn cymdeithasu â nhw yng Nghaerdydd yn y blynyddoedd cyn yr Ail Ryfel Byd. Mae Dafydd yn credu fod y Tad Leo Caesar, offeiriad yng Nghaerdydd a fu'n gaplan Catholig Coleg y Brifysgol, hefyd yn ddylanwad. Fel Saunders Lewis ac eraill, byddai Victor yn ystyried ei Gatholigiaeth a'i genedlaetholdeb yn rhan o'r un brethyn, a byddai'n ymfalchïo yn nhraddodiad Catholig Cymru cyn y Diwygiad Protestannaidd. Dywed Peter Hourahane o Gaerdydd y gallai ei dad yntau fod wedi cael dylanwad crefyddol ar Victor Hampson-Jones. Roedd y ddau'n athrawon yn yr un ysgol am gyfnod, a chred Peter fod Victor wedi helpu i wneud ei dad yn genedlaetholwr a'i dad wedi helpu i droi Victor at Gatholigiaeth.

Bu Victor Hampson-Jones yn dysgu am gyfnod yn Ysgol Marlborough Road yng Nghaerdydd pan oedd George Thomas – Arglwydd Tonypandy wedyn – hefyd ar y staff. 'Doedd y ddau ddim yn ffrindiau mynwesol!' medd Dafydd. Cafodd Victor wedyn swydd darlithydd yn adran Efrydiau Allanol Coleg y Brifysgol, Caerdydd, gan weithio llawer yn y Cymoedd. Oherwydd hynny symudodd y teulu i fyw ym Maesteg. Roedd Victor yn un o sylfaenwyr Undeb Cenedlaethol Athrawon Cymru yn 1940, a bu'n swyddog cyfreithiol yr undeb am flynyddoedd. Roedd yn wrthwynebydd cydwybodol yn ystod y rhyfel, ar sail cenedlaetholdeb. Yn ddigyfaddawd yn ei wleidyddiaeth, bu'n arwain grŵp o bobl ifanc o Forgannwg oedd yn anfodlon bod y Blaid yn ystyried tawelu ei gweithgareddau yn ystod y rhyfel. Ymddiswyddodd o'r Blaid yn 1942 oherwydd i'r Blaid wrthod sefyll mewn isetholiadau yn Nwyrain Caerdydd a'r Barri.

Bu Edna Hampson-Jones yn ysgrifennydd y Cylch Catholig yn y de am flynyddoedd, ac yn helpu i drefnu ysgolion haf a phabell flynyddol y Cylch yn yr Eisteddfod Genedlaethol. Roedd hi a'i gŵr yn credu fod yn rhaid i'r Eglwys Gymreigio os oedd am ddod yn rhan naturiol o'r gymuned ym mhob cwr o Gymru. Ym Maesteg daeth y ddau i wrthdrawiad ag elfennau gwrth-Gymraeg yn yr Eglwys leol, gan gynnwys gwrthwynebiad yr offeiriad i sefydlu ysgol Gymraeg yn yr ardal. Cawn sôn am yr helbul hwnnw mewn pennod arall.

Pan oedd y teulu'n byw ym Maesteg fe sefydlodd Edna fusnes yn mewnforio a gwerthu nwyddau o safon uchel o wledydd Llychlyn. Roedd wedi prynu lle ar y Costa del Sol yr adeg honno, ac yn rhannu ei hamser rhwng Sbaen a Chymru. Ar un adeg roedd ganddi dair siop ym Mhen-y-bont ar Ogwr. Ar ôl marw ei gŵr yn 1977 prynodd le mwy yn Sbaen a symud i fyw yno'n barhaol, gan barhau i fewnforio'r nwyddau ar hyd a lled y byd.

Yn ei chartref newydd daeth yn weithgar gyda'r Groes Goch, bu'n dysgu Saesneg yn y brifysgol yn Valencia, ac yn ymroi'n llwyr i waith yr Eglwys Gatholig leol.

'Roedd y ddau ohonyn nhw'n bobl fywiog iawn,' medd Dafydd Hampson-Jones. 'Doedd ymlacio ddim yn eu geirfa nhw.'

Pádraig Ó Fiannachta (Patrick Fenton)

'Maes cenhadol oedd Cymru wrth gwrs. Wrth fynd drosodd i Gymru roeddwn i'n ceisio talu rhywfaint o'r ddyled i chi am anfon Sant Padrig i Iwerddon!'

Yn ysgolhaig Celtaidd a Chlasurol a gyfieithodd y Beibl ar gyfer argraffiad Gwyddeleg, yr oedd Monsignor Pádraig Ó Fiannachta yn byw yn Dingle, Swydd Kerry, ddim ymhell o'r fro Wyddeleg ble cafodd ei eni yn 1927. Yn fusgrell o gorff ond yn llawn direidi ac yn chwim ei feddwl, roedd wrth ei fodd yn hel atgofion am ei flynyddoedd yn offeiriad ifanc yng Nghymru. Yn y llun o gyfarfod y Cylch Catholig yn Ninbych yn 1949 mae'n ddwy ar hugain oed, eto i'w ordeinio, ac yn edrych dipyn yn iau na phawb arall yn y grŵp.

Yr oedd wedi dechrau astudio Cymraeg ym Maynooth, un o'r colegau hyfforddi offeiriaid mwyaf ac enwocaf yn y byd yr adeg honno. Aeth yn sâl, a bu'n rhaid iddo ymadael â'r coleg, ond yr oedd yn dal i astudio'r iaith. Bu'n helpu yn yr Eglwys Gatholig yng Nghaernarfon, ac yn ymweld â Choleg y Carmeliaid yn Aberystwyth oedd wedi ei newid yn goleg hyfforddi darpar offeiriaid. Fe weithiodd yn was digyflog ar ffarm yn Llanwnnen yng Ngheredigion. 'Ddylwn i ddim bod wedi gweithio am ddim, ond o leiaf roedden nhw'n gorfod fy mwydo,' meddai.

Rhyw flwyddyn a dreuliodd yng Nghymru bryd hynny, gan gynnwys y cyfarfod o'r Cylch Catholig yn Ninbych. Yr hyn y mae'n ei gofio fwyaf am ei gysylltiadau cyntaf â'r Cylch yw bod popeth yn digwydd ar raddfa fechan iawn mewn cymhariaeth â gweithgareddau cyfatebol yn ei wlad ei hun.

Wedi iddo wella, aeth i Brifysgol Cork ac wedyn i seminari arall yn Nulyn i baratoi am yr offeiriadaeth. Yr oedd hanes ei iechyd yn codi problem. Nid oedd esgobion Iwerddon yn ordeinio dynion â chanddynt hanes afiechyd gan fod yna gynifer o offeiriaid yn y wlad. Ond yr oedd Esgobaeth Fynyw yn falch iawn o gael offeiriad newydd yn rhad ac am ddim. Felly, cafodd ei ordeinio yn 1953, a daeth yn ôl i Gymru a bu'n gwasanaethu ym Mhwllheli, Aberhonddu a'r Drenewydd. Mae wedi cofnodi ei argraffiadau cyntaf o Bwllheli mewn dyddiadur a gyhoeddwyd mewn llyfr Gwyddeleg. Roedd ei blwyf yn ymestyn o Aberdaron i Glynnog Fawr. Yn fuan ar ôl cyrraedd ysgrifennodd at bennaeth Prifysgol Maynooth, gan ddweud:

> Mae'n lle gwirioneddol hardd. Mae yma filoedd o dwristiaid – y rhai cefnog. Mae'r ardal yn wirioneddol Gymraeg. Mae'r plwyf yn 250 milltir sgwâr gyda phoblogaeth o tua 20,000, 150 yn blwyfolion Catholig, sef 0.75% o'r boblogaeth. Does yma ddim ysgol Gatholig, ond mae gennym tua 40 o blant o dan 16 oed.

Ar y dydd Sul cyntaf roedd wedi bod yn cerdded o amgylch y dref a gweld plant yn mynd i'r ysgol Sul, a meddwl 'Dyma rywbeth y bydd rhaid i minnau ei drefnu'. Wrth fynd heibio capeli yn ystod oedfa gallai adnabod rhai o emynau Ann Griffiths a Phantycelyn yn cael eu canu.

Drannoeth roedd wedi cael benthyg beic gan yr offeiriad a theithiodd trwy bentrefi'r ardal, gan alw mewn swyddfa bost i edrych ar gofrestrau etholwyr. Y gobaith oedd dod o hyd i bobl gydag enwau Eidaleg, Pwyleg neu Wyddelig a'u gwahodd i'w eglwys. Yn Abersoch gwelodd seiri maen yn cwblhau'r gwaith o adeiladu eglwys Gatholig newydd. 'Cyfarchais y dynion yn Gymraeg ac roeddwn wrth fy modd pan gefais ateb ganddynt yn syth yn Gymraeg. Cyflwynais fy hun a mynegi fy ngobaith y byddwn yn fuan yn dathlu Offeren yno. Amen i hynny, meddent.'

Gwireddwyd ei ddymuniad cyn hir, ac mae'n cofio gyda gwên amdano'n cael ei gario i wasanaethu yn Eglwys Sant Garmon, Abersoch yng nghar un o'i blwyfolion, mewnfudwr o Loegr. Wrth iddyn nhw fynd heibio safle Penyberth dywedodd y gyrrwr mai yno'r oedd cenedlaetholwyr Cymreig wedi rhoi canolfan yr Awyrlu ar dân. Cafodd ei synnu braidd gan ymateb y ciwrad:

Dywedais wrtho fy mod wedi darllen pamffledyn Saunders Lewis, *Paham y llosgasom yr Ysgol Fomio*. Roedd hyn ym mlwyddyn Coroni'r Frenhines Elizabeth. "O!" meddai'r dyn. "Gobeithio na fyddwch chi'n ei chael hi'n anodd gofyn am fendith Duw ar y Frenhines." Dywedais wrtho na fyddai hynny'n broblem. Ond pan ddaeth yr amser roeddwn i'n gofyn am fendith ar *eich* brenhines, nid *ein* brenhines!

Roedd wedi gobeithio cael ei drochi yng Nghymraeg Pen Llŷn, ond ddigwyddodd hynny ddim. Doedd yr offeiriad plwyf na'r *housekeeper* ddim yn medru'r iaith, a Saeson oedd y rhan fwyaf oedd yn mynychu'r Offeren, ynghyd â rhai Cymry a Gwyddelod. Ond cyflwynodd Gymraeg i'r gweithgareddau ym Mhwllheli am y tro cyntaf. Daeth yn gyfarwydd hefyd â safle'r hen ysgol fomio, oedd bellach yn gartref i gymuned o Bwyliaid Pabyddol ac yn rhan o'i blwyf.

Cafodd amser wrth ei fodd yn crwydro'r ardal ar hen feic, gan ddysgu'r Catecism i Gatholigion oedd ar wasgar.

Yn llawer o'r mannau anghysbell doedd pobl ddim yn fodlon dod i Bwllheli, felly roeddwn i'n cwrdd â nhw gyda'r nos yn eu cartrefi. Roedd fy Nghymraeg i'n weddol dda erbyn hyn. Ro'n i'n ymweld ag ysgolion hefyd, oedd ddim bob amser yn hawdd. Doedd athrawon ddim yn rhy hapus fod plant yn cael eu tynnu allan o'u dosbarthiadau.

Roedd gen i offeiriad hyfryd, y Tad Séan Cunningham. Roedd e'n hen iawn ac yn llesg iawn ond yn ŵr bonheddig ac yn berson hyfryd.

Daeth cyfnod y ciwrad ym Mhwllheli i ben ynghynt na'r disgwyl. Ar ôl iddo fod yno am chwe mis, bu farw'r Tad Cunningham: yr offeiriad plwyf oedd y person cyntaf i'r Tad Ó Fiannachta weinyddu eneiniad y claf a'r meirw iddo. Dywedodd yr Esgob wrtho y byddai'n aros ym Mhwllheli am y tro, gan y cymerai amser i gael gafael ar offeiriad plwyf arall. Ymddiheurodd am wneud iddo gymryd cymaint o gyfrifoldeb mor gynnar yn ei yrfa. Ond yn y diwedd cymerodd y Deon, Padraig Crowley, gyfrifoldeb dros blwyf Pwllheli; doedd dim angen ciwrad i'w gynorthwyo, a chlywodd y Tad Ó Fiannachta y byddai'n cael ei symud i wasanaethu yn Aberhonddu.

'Roedd gen i bythefnos yn unig ar ôl yn y plwyf ac fe ddaliais ati gyda fy holl ddyletswyddau,' meddai. 'Roedd y plant yn methu credu fy mod i'n mynd. Roedden nhw'n ymbil arnaf i aros, oedd yn rhoi boddhad mawr i mi.' Drigain mlynedd yn ddiweddarach mae gan rai oedd yn blant ym Mhwllheli atgofion hapus am y Tad Fenton, er mai chwe mis a dreuliodd yn eu plith.

Ym mhlwyf Aberhonddu roedd ei ddyletswyddau'n cynnwys cynnal Offeren yn ysbyty'r meddwl yn Nhalgarth, ac ar safle argae oedd yn cael ei chodi yng nghyffiniau Pont Senni, lle'r oedd y gweithwyr bron i gyd yn Wyddelod. 'Wnes i ddim gweddïo dros y Frenhines!' meddai am y profiad hwnnw.

Er bod awyrgylch yr ardal yn llawer mwy Seisnig na Phwllheli, roedd ganddo fwy o gyfle i siarad Cymraeg wrth ei waith yn ei blwyf newydd. Byddai'n treulio dwyawr bob wythnos yn dysgu Cymraeg yn yr ysgol gynradd leol. Roedd yn mwynhau hynny, meddai mewn llythyr at ffrind, oherwydd ei fod yn dysgu i'r plant yr hyn yr oedd eisiau ei ddysgu iddo'i hun. Roedd hynny'n cynnwys hanes lleol, llên gwerin a hen ddywediadau. Mae'n dal i gofio dysgu'r plant i ganu emynau fel 'Calon Lân' ac 'O Iesu mawr, rho d'anian bur', a hwiangerddi fel 'Siôn a Siân a Siencyn yn mynd i Aberdâr'.

Roedd cnewyllyn cryf o siaradwyr Cymraeg yn yr ardal hefyd, a daeth i gysylltiad â rhai o ffyddloniaid y Cylch Catholig gan gynnwys y Canon John Barrett Davies oedd yn offeiriad yng Nglyn Ebwy. Roedd wedi ei gyfarfod gyntaf yn 1948.

Byddai'n mynychu cyfarfodydd y Cylch Catholig, er bod llythyr a anfonodd at ffrind yn awgrymu nad oedd y Cylch yn creu argraff rhy dda arno. Yn y llythyr at Donnchadh O Floinn ym Maynooth, mae'n dweud:

Byddaf yn mynd i Aberystwyth ddydd Llun nesaf i gyfarfod o'r Cylch Catholig. Nid yw'r Cylch hwnnw'n gwneud dim ond siarad: pe baen nhw ddim ond yn siarad Cymraeg! Gadawn i hynny fod! Rwyf eisoes wedi cyfarfod Llew F. Goodstadt, myfyriwr oedd yn dechrau yn Rhydychen. Nid wyf yn siŵr beth a ddylanwadodd arno ond mae'n Babydd ymroddedig iawn ac yn aelod o'r Cylch.

Bu'n offeiriad wedyn yn Hwlffordd a'r Drenewydd, cyn mynd yn ôl i'w hen Brifysgol ym Maynooth yn 1960. Pan gynigiwyd swydd iddo, yr oedd un broblem fawr. Nid oedd Esgob Mynyw yn fodlon colli un o'i offeiriaid. Bu'n rhaid i aelodau'r Cylch helpu'r Tad Fenton i ddarbwyllo'r Esgob Petit i'w ryddhau i ymadael â'r Esgobaeth. O'r diwedd, dychwelodd i Maynooth, lle cafodd ei wneud yn Athro Gwyddeleg Cynnar a darlithydd mewn Cymraeg. Cadwodd ei gysylltiad â Chymru, a bu'n helpu ym mhabell y Cylch Catholig mewn rhai eisteddfodau. Un o'i ffrindiau yng Nghymru oedd y bardd Waldo Williams, a fu'n aros am gyfnod ym Maynooth. Mae'n cofio rhywun yn gofyn i Waldo beth oedd yn ei ddenu byth a beunydd i Iwerddon, a chael yr ateb annisgwyl: 'bara brown'!

Ar ôl ymddeol o Maynooth yn 1982 aeth yn ôl i'w hen gynefin yn Dingle fel offeiriad plwyf. Cafodd ei anrhydeddu gan y Pab gyda'r teitl Monsignor yn 1998. Ymddeolodd fel offeiriad yn 2007 ond arhosodd yn weithgar ym mywyd crefyddol a diwylliannol ei ardal.

Daeth yr aelod hwn yn un o 'allforion' disgleiriaf y Cylch. Rhoddodd i Iwerddon fersiwn fodern o'r Beibl yn lle'r cyfieithiad o'r 17eg ganrif. Yr oedd yn olygydd yr holl waith, ac efe sydd wedi cyfieithu hanner y Beibl o'r ieithoedd gwreiddiol. Nid anghofiodd ef ei hyfforddiant fel curad yng Nghymru, ac yr oedd yn dal i fod yn fugail yn ei esgobaeth hyd ei angau yn 2016.

Efrydiau Catholig

YN RHAGFYR 1943, datgelodd Saunders Lewis ei awydd i weld y *Cylchgrawn Catholig*, y cylchlythyr wedi'i ddyblygu oedd yn cael ei olygu gan y Tad John Barrett Davies, yn cael ei droi'n gyhoeddiad mwy sylweddol a safonol. Dywedodd, mewn llythyr at R. O. F. Wynne:

> My own desire is that Father Davies should be prepared before 1945 to turn the typed Cylchgrawn into a proper, purchasable organ, quarterly or even annual to begin, but substantial and of a high standard. I think it can be done now.

Ymddangosodd yr *Efrydiau Catholig* cyntaf, dan olygyddiaeth Saunders Lewis, yn Ionawr 1946, yn gyhoeddiad sylweddol ac ysgolheigaidd, wedi ei argraffu'n broffesiynol gan wasg y Cambrian News, Aberystwyth. Yn wahanol i'r *Cylchgrawn* a'i rhagflaenodd, doedd dim llawer o sylw ynddo i weithgareddau beunyddiol y Cylch Catholig. Yr unig gyfraniad lled newyddiadurol yn y rhifyn cyntaf oedd hanes sefydlu'r Cylch, rhywbeth oedd wedi digwydd bedair blynedd ynghynt. Doedd dim llawer o ymgais i apelio at y werin bobl neu ddarllenwyr llai academaidd.

Mewn llythyr arall at Robert Wynne, ym Medi 1945, mae Saunders Lewis yn cynnwys nodyn gyda'r pennawd 'Note on some Catholic difficulties in Wales (Confidential)'. Yn hwnnw cawn syniad o swyddogaeth y cyhoeddiad newydd, ym marn ei olygydd, fel arf cenhadol ymhlith y

Cymry Cymraeg deallusol. Fel enghraifft o'r anawsterau a wynebai'r Eglwys Gatholig, mae'n sôn am bererindod grefyddol a meddyliol y bardd Gwenallt. Yn ei ysgrif 'Credaf' yn 1943, roedd Gwenallt wedi disgrifio'i dröedigaeth o Anghydffurfiaeth ei gynefin yng Nghwm Tawe i Sosialaeth Farcsaidd oedd wedi etifeddu sêl y capeli dros gyfiawnder cymdeithasol. Yna, ar ôl treulio cyfnod mewn ardal dlawd, Wyddeleg ei hiaith yn Iwerddon, roedd wedi troi at Gatholigiaeth Gristnogol, a dod yn fardd Cymraeg Catholig blaenllaw yn ôl Saunders Lewis. Ond pan ddychwelodd i Gymru ymunodd, nid â'r Eglwys Gatholig ond â'r Eglwys (Anglicanaidd) yng Nghymru. Dim ond yn y gorlan honno, meddai Gwenallt, y gallai ddarganfod Catholigiaeth Gymreig. Mae Saunders Lewis yn gweld arwyddocâd yn y profiad hwnnw:

> The Catholic Church just has not enough contact with Welsh people of education and culture; its clergy cannot converse with them, do not know their nature or any history or background. The Catholic parish priest in any Welsh parish rarely knows anything that can enable him to contact or to instruct men such as Gwenallt. *That* is the problem for the Catholic who is concerned with the Welsh life of Wales. *Efrydiau Catholig* is an effort to reach university students and others of that class. But at present only laymen (Mr Victor Jones and Mrs Catherine Daniel) are missionaries to that class of Welsh people – and they are the most important element in Welsh life today.

Cyn gwireddu'r amcan o genhadu i bobl o addysg a diwylliant, 'university students and others of that class', roedd tasgau mwy ymarferol yn wynebu Saunders Lewis. Cyfrifoldeb y golygydd oedd gofalu am ochr ariannol y cylchgrawn, ei hyrwyddo a'i ddosbarthu. Y cam cyntaf oedd dewis gwasg i'w argraffu, a thrafod telerau. Erbyn 19 Medi 1945 roedd yn hysbysu Robert Wynne ei fod wedi cael amcan-brisiau am y gwaith gan y *Cambrian News*, a'r rheini'n amrywio o £43-15-0 am 500 o gopïau 48 tudalen i £53-7-0 am 700 o gopïau gyda 52 tudalen. Dywedodd hefyd ei fod am ysgrifennu at Esgob Mynyw yn gofyn iddo berswadio'r Catholic Truth Society i fod yn gyhoeddwyr swyddogol y cylchgrawn a helpu gyda'r dosbarthu. Byddai nodyn ar y clawr a'r wyneb ddalen yn datgan: 'Cyhoeddwyd dros y Cylch Catholig Cymreig gan CTS, Charles St., Caerdydd'.

Erbyn diwedd mis Hydref roedd y cynllun hwnnw, am ryw reswm, wedi mynd ar chwâl, ac ar ôl deuddydd o drafod gyda'r Canon Barrett Davies roedd Saunders Lewis wedi dod i'r casgliad mai'r unig ateb oedd iddo sefydlu tŷ cyhoeddi ei hun yn Aberystwyth. Roedd yn chwilio am ystafell ble gallai osod plât yn dwyn yr enw Gwasg Sulien. Roedd hyn yn fater o frys gan fod yr *Efrydiau* bellach yn y wasg ac yntau'n aros am y broflen gyntaf gan y *Cambrian News*. Unwaith y byddai'r rhifyn hwnnw o'r ffordd, byddai'n ystyried cynhyrchu cyhoeddiadau eraill os gallai ddod o hyd i argraffwyr a digon o bapur yn nyddiau'r rhyfel:

> As long as it doesn't involve loss, I not merely don't mind, but I'm rather looking forward to the venture. But I'll have to study and learn the business side of it all, what it involves legally etc. and sooner or later there must be signed agreement with Cylch Catholig for *Efrydiau*.

Wrth i 1945 ddirwyn i ben, cael a chael oedd hi a fyddai'r *Efrydiau* yn cyrraedd y darllenwyr o fewn y flwyddyn. Mewn llythyr at Wynne ar 3 Rhagfyr mae'n beio'r argraffwyr am yr oedi. Roedden nhw wedi addo proflenni cyntaf iddo fis ynghynt, ond yn gobeithio'u cael iddo 'erbyn dydd Gwener'. Roedd wedi cael mwy o lwyddiant wrth chwilio am swyddfa:

'I've got an office for a publishing address and must now set about finding some use for it! I take it *Efrydiau Catholig* cannot now be out before January – the middle of the month.'

Erbyn 15 Ionawr, pan oedd yr *Efrydi*au ar fin ymddangos, mae'n datgelu fod y 'swyddfa' arfaethedig wedi mynd o'i afael ar ôl i'r Weinyddiaeth Amaeth ei meddiannu, ac felly mae'n defnyddio'i gartref fel cyfeiriad cyhoeddi. Llyfrau Sulien, Llanfarian, Aberystwyth yw'r gwasgnod ar y rhifyn cyntaf.

Mae'r rhifyn hwnnw, sydd â 57 o dudalennau, yn cynnwys chwech o ysgrifau sylweddol ac un cywydd. 'Y Wyry Fair a'r Hen Gymru' yw teitl yr ysgrif gyntaf, gan 'Ei Ras, Mihangel McGrath, M.A,, LL.D., Archesgob Caerdydd'. Fel nifer o ysgrifau eraill yn yr *Efrydiau Catholig* trwy'r blynyddoedd mae'n sôn am agweddau crefyddol y Cymry cyn y Diwygiad Protestannaidd. Mae Saunders Lewis ei hun yn cyfrannu Awdl i Archesgob Caerdydd ac ysgrif ar un o Feirdd yr Uchelwyr, Tudur Aled. Mae ysgrif gan Dr J. Barrett Davies, dan y pennawd 'Crist Ynom Ni', yn ymdrin â chorff ac enaid yr Eglwys, gan ddweud fod Protestaniaid wedi gwadu bodolaeth y corff tra bod rhai Catholigion wedi tueddu i ganolbwyntio ar y corff ar draul yr enaid. Dyma'r ysgrif hiraf yn y rhifyn cyntaf, ac yn ôl Saunders Lewis 'it is the masterpiece of the first number'.

Roedd y golygydd yn hapus gyda'r ymateb i'r rhifyn cyntaf. Roedd wedi gwerthu 400 yn y chwe mis cyntaf, llawer o'r rheini i anghydffurfwyr chwilfrydig, yn enwedig gweinidogion. Roedd y Parchedig Lewis Valentine yn credu y byddai'n gwerthu'n dda.

Ymddangosodd un o'r adolygiadau mwyaf cynhwysfawr yng nghylchgrawn llenyddol *Y Fflam*, oedd wedi ei eni tua'r un adeg. Y Parchedig Athro William Henry Harris o

Brifysgol Dewi Sant, Llanbed, oedd yr adolygydd. Roedd ymddangosiad *Efrydiau Catholig* yn ddigwyddiad o bwys yng Nghymru, ac wedi creu llawer o ddiddordeb, meddai:

> Y mae mesur helaeth o'r diddordeb hwn yn tarddu o'r syndod naïf fod "Pabyddiaeth" eto'n fyw yn ein gwlad, ac wedi ail-ddysgu siarad Cymraeg.

Organ y Cylch Catholig Cymreig oedd yr *Efrydiau*, pwysleisiai'r adolygydd, ac roedd aelodau'r Cylch yn credu fod ganddynt gyfrifoldeb tuag at eu cenedl oedd mewn argyfwng: 'Parhad gwareiddiad Cristionogol a dyfodol bywyd Cymru – dyna'r argyfwng', meddai:

> Rhaid addef nad yw'r 'Efrydiau' yn cyffwrdd yn uniongyrchol â'r 'argyfwng'. Ni fyddai neb, wrth ddarllen yr ysgrifau, yn tybio fod y fath beth ag 'argyfwng'. Gwir mai dyma'r gyfrol gyntaf ac efallai y ceir ysgrifau mwy 'argyfyngol' yn y cyfrolau dilynol. Ond rhaid aros blwyddyn am yr un nesaf, ac nid hamddenol mo argyfyngau, a byr yw'r amser... O'r safbwynt hwn, felly, braidd yn academig a phrifysgolheigaidd yr ymddengys yr Efrydiau...
>   Ar y llaw arall, a'u cymryd ar eu teilyngdod eu hunain, nid oes amheuaeth nad ysgrifau rhagorol ydynt, yn arddangos ysgolheictod aeddfed, saernïaeth fedrus ac iaith lân a choeth.

Mae'r adolygydd yn llawdrwm ar awdl Saunders Lewis i Archesgob Caerdydd, gan ddweud mai 'Diystyr fydd [yr awdl] i'r neb heb ei feddiannu gan y meddwl Catholig... Cylch cyfyng a fedr ei deall heb sôn am ei gwerthfawrogi.' Ond mae'n fwy gwerthfawrogol o ysgrif Saunders am Tudur Aled – 'efrydiaeth werthfawr a threiddgar gan un sy'n feistr ar ei grefft'.

Cyhoeddiad blynyddol a fu'r *Efrydiau* am ddeng mlynedd ei fodolaeth, er gwaetha'r gobaith cynnar y deuai'n gyhoeddiad chwarterol. Roedd yn gryn faich ar ysgwyddau Saunders Lewis fel yr oedd, gan gynnwys y cyfrifoldeb ariannol. Ei waith ef hefyd oedd hyd yn oed pacio'r cylchgrawn i'w anfon at danysgrifwyr. Dywedodd wrth Robert Wynne wrth i'r ail rifyn ymddangos:

> Ni fedraf ddweud yn bendant eto beth yw swm y gost neu'r golled ar gyfrol gyntaf Efrydiau Catholig, gan fod eto beth arian oddi wrth lyfrwerthwyr i ddyfod i law. Ond talwyd pob dyled a chyda £40 y CTS y mae tua £12 i gredyd yr Efrydiau yn y banc. Argreffais ormod o'r gyfrol gyntaf, 750. Felly argreffais y tro hwn 400 o'r ail gyfrol a bydd y gost yn llai.

Daliodd yr *Efrydiau* i ymddangos hyd at 1955, gyda bwlch yn y canol, gan gynnal y safon ddeallusol uchel a osododd Saunders Lewis iddo o'r dechrau. Yr un cnewyllyn a fu'n cyfrannu iddo trwy'r blynyddoedd, gan gynnwys Saunders Lewis ei hun, Cathrin Daniel, John Barrett Davies ac R. O. F. Wynne – gyda'r golygydd, mae'n debyg, yn cymoni tipyn ar erthyglau sgweier Garthewin. Mae Pádraig Ó Fiannachta yn cofio iddo yntau unwaith anfon erthygl am y Forwyn Fair at Saunders Lewis ar gyfer yr *Efrydiau Catholig*, ac i Saunders ei hanfon yn ôl ato am ei bod yn 'rhy arwynebol'. 'Mae'n siŵr ei fod e'n iawn,' meddai'r Monsigneur gyda gwên. Mae'n rhyfeddol sut yr oedd aelodau'r Cylch yn rhagweld argyfwng yn yr Eglwys a therfysg ac amheuon am ei hathrawiaethau, ei hathronyddiaeth a'i diwinyddiaeth flynyddoedd cyn Ail Gyngor y Fatican. A rhyfeddol hefyd mor gyfarwydd oedd cenhedlaeth gyntaf ei haelodau â beth oedd yn digwydd yn yr Almaen a Ffrainc oedd yn arwain y 'chwyldro' a sut i ymateb.

Rhoddodd yr *Efrydiau* lwyfan hefyd i gyfranwyr

Protestannaidd neu ddigrefydd, fel yr Athro G. J. Williams a Geraint Bowen. Does dim tystiolaeth i'r cylchgrawn gael llawer o lwyddiant fel arf cenhadol, er iddo gael ei barchu am ei ysgolheictod gan nifer o'r dysgedigion yr oedd Saunders Lewis yn ei anelu atynt. Ar y llaw arall, dichon iddo gadarnhau'r argraff ymysg Catholigion cyffredin Cymru mai cylch digon cyfyng ac elitaidd oedd y Cylch Catholig ar y pryd.

Roedd Joe Brown o'r farn mai diffygion Saunders Lewis ar yr ochr fasnachol ddaeth â'r *Efrydiau Catholig* i ben yn 1955. 'Dwi ddim yn meddwl bod Saunders yn ddyn busnes da iawn,' meddai. 'Dwi ddim yn meddwl bod yr arian am y rhan fwyaf o'r copïau oedd yn cael eu gwerthu byth yn dod yn ôl, ac o ganlyniad mi redodd yr *Efrydiau* allan o arian. Felly mi roddodd hynny ddiwedd ar ran bwysig o weithgareddau'r Cylch.'

'Agnostig Catholig' wrth y llyw

YN GYNNAR YN y pumdegau, rhoddodd R. O. F. Wynne y gorau i gadeiryddiaeth y Cylch Catholig, a throsglwyddwyd yr awenau i athro ifanc oedd yn Sais o ran gwaed ac yn Gymro twymgalon o ran anian. Roedd Raymond Garlick yn un o feirdd pwysicaf Cymru yn yr iaith Saesneg, ac yn dal ei dir yn ddeallusol gyda Saunders Lewis a'i debyg o fewn y Cylch. Yn wahanol i rai o'r sylfaenwyr, fodd bynnag, roedd yn perthyn i garfan oedd yn tueddu fwy tuag at y chwith yn wleidyddol, ac o bosib yn llai uniongred yn y Ffydd Gatholig.

Mewn sgwrs ym Mehefin 2010, lai na blwyddyn cyn ei farwolaeth, doedd Raymond Garlick ddim yn cofio pa un ai cadeirydd ynteu llywydd oedd teitl y swydd oedd ganddo yn y Cylch. Doedd ganddo ddim cofnod o bryd y daeth i'r swydd honno nac am ba hyd y bu wrthi. Nid arwydd fod ei gof yn pallu oedd hynny. Yn byw mewn llety gofal yng Nghaerfyrddin, yn agos at y coleg lle'r oedd yn arfer darlithio, roedd yn llesg yn gorfforol ond mor graff ei feddwl ag erioed. Y rheswm ei fod yn amwys ynglŷn â rhai o fanylion y cyfnod dan sylw, meddai, oedd nad oedd y Cylch yn y dyddiau hynny yn ymboeni llawer am fân bethau fel teitlau a ffurfioldeb.

Ganwyd Raymond Garlick yn Llundain yn 1926 a chafodd ei fagu yno mewn cartref hollol Seisnig. Ond roedd ei daid a'i nain a rhai aelodau eraill o'r teulu wedi symud i fyw i Ddeganwy ar lan Afon Conwy, gan gredu y byddai hynny'n llesol i'w hiechyd. Byddai yntau'n treulio llawer o'i wyliau ysgol yn yr ardal honno.

'Yn fy mhlentyndod fe ddois i adnabod Eryri'n dda iawn ac roedden ni'n mynd i Fangor ac Ynys Môn yn aml,' meddai. 'Wedyn mi ddaeth y rhyfel, a chafodd ysgol sirol Harrow, lle'r oeddwn i'n mynd, ei bomio. Roedd hi'n ysgol erchyll ac mae gen i ryw led gof imi deimlo fod yna rywbeth da yn Hitler! Felly mi gefais fy anfon i'r ysgol yn Llandudno a byw efo fy ewythr a modryb yn Neganwy. Roedd Ysgol John Bright yn un hyfryd. Mae'n debyg fod y rhan fwyaf o'r athrawon fu'n fy nysgu yn raddedigion o Fangor, ac roedd i'w weld yn beth naturiol i minnau fod eisiau mynd i Fangor i'r Brifysgol.'

Pan oedd yn astudio llenyddiaeth Saesneg ym Mangor y cyfarfu Elin Hughes o Gaergybi, myfyrwraig oedd eisoes yn Babydd. Dechreuodd yntau fynychu'r eglwys Gatholig ym Mangor yn achlysurol, heb ddod yn aelod yn syth. Cafodd ei dderbyn i'r Eglwys y diwrnod cyn priodas Elin ac yntau yn Awst 1948.

'Does dim rhaid ichi fod yn Babydd i briodi Pabydd, ond roedd hynny'n help, ac roeddwn i wastad wedi cael fy nenu at yr Eglwys mewn rhyw ffordd,' meddai. 'Roedd fy ngwraig yn frwd a phybyr iawn. Roedd hi wedi cael ei magu ychydig dai i ffwrdd o leiandy Bon Saveur yng Nghaergybi. Roedd hi i mewn ac allan o'r lleiandy trwy gydol ei phlentyndod. Felly fe ddaeth hi'n Babydd trwy ryw fath o osmosis. Doedd gan ei rhieni ddim daliadau cryf am y materion yma, felly mi gafodd dröedigaeth yn ifanc, a hyd y gwn fe ddaliodd yn ffyddlon i'r diwedd.'

Roedd Elin Garlick yn ffrind i Cathrin Daniel, ac wedi bod yn lletya gyda'i theulu ym Mangor yn ystod ei dyddiau coleg. Trwy'r cysylltiad hwnnw fe ddaeth Raymond i gysylltiad â'r Cylch Catholig yn fuan iawn ar ôl ymuno â'r Eglwys.

'Roedd Elin yn siarad Cymraeg fel ei mamiaith er nad oeddwn i'n rhugl o gwbl yn yr iaith,' meddai. 'O fewn y Cylch, yn nhrefn naturiol pethau, roedden ni'n adnabod ein gilydd am fod cyn lleied ohonon ni. Mae'n debyg y gallech chi ein cyfri ni ar fysedd dwy law.'

Tua'r adeg y daeth Raymond Garlick yn gadeirydd y lluniwyd cyfansoddiad i'r Cylch Catholig am y tro cyntaf. Cam yn ôl oedd hynny ym marn y cadeirydd newydd. 'Dwi'n meddwl mai'r Esgob Petit wnaeth awgrymu y dylen ni roi'r peth ar sail fwy ffurfiol, a chael cyfansoddiad. Felly mi ofynnwyd i Victor Hampson-Jones wneud un, am ei fod o'n swyddog cyfreithiol UCAC. I mi doedd y Cylch ddim y math o beth y gellid ei gyfundrefnu. Cyn hynny rhywbeth personol oedd o, cynulliad o ffrindiau oedd yn siarad Cymraeg. Os oeddech chi'n ceisio rhoi pethau ar bapur – fel swyddogion, swyddi a swyddogaethau – roeddwn i'n teimlo fod hynny'n ei danseilio.'

Mae'n cofio'r Esgob Petit fel 'Sais Seisnig iawn' ['A very English Englishman']. 'Doedd gen i ddim amheuaeth ei fod yn deall swyddogaeth Cymreigrwydd a phwysigrwydd yr iaith – roedd Cathrin Daniel wastad yn ei ben ar faterion felly. Roedd ganddo gydymdeimlad, er dwi ddim yn meddwl iddo ddysgu unrhyw Gymraeg o gwbl. Ond roedd o eisiau rhoi'r Cylch ar sail fyddai'n fwy derbyniol iddo fo'i hun, ei dacluso fel petai, a'i wneud yn gymdeithas Gatholig go iawn, yn hytrach na'r gymuned anhrefnus, hynod gynnes, oedd o ar y pryd.'

Ar ôl cyfnod byr yn dysgu ym Mangor aeth Raymond Garlick yn athro Saesneg yn ysgol uwchradd Doc Penfro. Prifathro'r ysgol oedd bardd Eingl-gymreig arall, Roland

Mathias, ac ar y cyd fe sefydlodd y ddau gylchgrawn barddoniaeth, *Dock Leaves*. Fel ei olygydd cyntaf cyhoeddodd Raymond Garlick gerddi gan Saunders Lewis, daeth yn ffrind iddo a byddai'r ddau'n cyfarfod yn achlysurol trwy'r blynyddoedd. Roedd llythyr a anfonwyd ato gan Saunders Lewis i'w weld ar wal ei fflat yng Nghaerfyrddin.

O Ddoc Penfro symudodd y teulu i Flaenau Ffestiniog yn 1954, pan ddaeth Raymond yn athro yn yr ysgol uwchradd yno. O fewn plwyf y Blaenau roedd Eglwys y Groes Sanctaidd, Gellilydan, o bosib y ganolfan naturiol Gymraeg gryfaf yn yr Eglwys Gatholig.

'Hen ysgubor wedi'i haddasu oedd yr eglwys, ac roedd yn adeilad hardd iawn,' meddai. 'Roedd crair un o'r Merthyron Cymreig yn cael ei gadw ym mhorth yr eglwys, a'r offeiriad wedi gofyn i mi ofalu amdano. Rwy'n cofio teithio yng nghefn bws o Gellilydan i'r Blaenau yn cario bys Sant John Roberts o Drawsfynydd, gan feddwl mor rhyfedd oedd y sefyllfa.'

Yn ei gyfnod fel cadeirydd bu Raymond Garlick yn arwain un o bererindodau blynyddol y Cylch i Dreffynnon, ac yn mynychu nifer o'r encilion i fannau crefyddol. Bu'n weithgar am flynyddoedd ym mhabell y Cylch yn yr Eisteddfod Genedlaethol, gan ddod yn ffrind agos i rai fel yr Esgob Daniel Mullins, Joe Brown, a John a Gregory Fitzgerald.

Gadawodd Gymru ar ddechrau'r 1960au a mynd i ddysgu mewn ysgol ryngwladol yn Eerde yn yr Iseldiroedd. Daeth yn ôl ymhen saith mlynedd i ddarlithio yng Ngholeg y Drindod, Caerfyrddin, rhan o Brifysgol Dewi Sant erbyn hyn.

Yn raddol, gwanhaodd ei ffydd grefyddol a phellhaodd oddi wrth yr Eglwys. Un o'r rhesymau oedd Ail Gyngor y Fatican, y diwygiad a ysgytiodd yr Eglwys Gatholig i'w seiliau ar ddechrau'r 1960au. Fel Saunders Lewis ac eraill, roedd yn gresynu at ddiflaniad yr Offeren Ladin, er gwaetha'r cyfle i ymestyn y defnydd o'r Gymraeg.

'Hynny oedd dechreuad agor fy llygaid,' meddai. 'Roedd y Gatholigiaeth newydd a ymddangosodd o'r Cyngor hwnnw i'w gweld mor annhebyg i'r Eglwys Gatholig Sanctaidd oedd wedi fy nenu yn ddyn ifanc. Roedd y dirgelwch wedi ei wagio ohoni wrth gefnu ar y Lladin, ac roedd hynny'n ofid i mi. Mewn gwirionedd fe sylweddolais yn weddol hwyr yn fy mywyd nad oeddwn i ddim yn credu go iawn, "make-believe" yn hytrach na "belief" oedd e. Roeddwn i'n cael fy nenu at yr Eglwys, fel yr wyf o hyd. Anghredadun Catholig, neu agnostig Catholig o leiaf. Rwy'n edmygu'r Eglwys Gatholig mewn llawer ffordd, ond fel rhyw ffurf ddiwylliannol yn fwy na dim arall.'

Gadawodd yr Eglwys yn derfynol yn 1982, yr un flwyddyn ag y gwahanodd ei wraig Elin ac yntau. Bu farw Raymond Garlick ym Mehefin 2011.

Codwr pontydd

YN Y PUMDEGAU, ac yntau newydd ymuno â'r Cylch Catholig, byddai Dr J. P. Brown yn clywed Catholigion di-Gymraeg a gwrth-Gymreig yn ynganu enw'r Cylch fel 'Clic'. Nid mater o fethu dweud yr enw'n gywir oedd hynny, meddai, ond cam-ynganu bwriadol yn adlewyrchu'r ffordd y byddai rhai pobl yn edrych ar y Cylch Catholig yr adeg honno. Roedd hynny'n ofid i Joe Brown, a threuliodd y gwyddonydd o Langollen dalp da o weddill ei oes yn codi pontydd rhwng y Cylch a'r byd oddi allan. Yn fuan ar ôl ymuno â'r Cylch daeth yn ysgrifennydd arno, ac yn ystod y cyfnod hwnnw gwelwyd newid yn y mudiad, wrth i genhedlaeth newydd o aelodau roi llai o bwyslais ar yr elfennau traddodiadol oedd mor bwysig i Saunders Lewis a rhai o'r sylfaenwyr eraill.

Mab ffarm o Lerpwl oedd Joe Brown – 'y ffarm agosaf at y Pierhead', meddai. Fel Pabydd o'r enw Joseph Patrick Brown doedd hi'n fawr o syndod y byddai llawer yn meddwl amdano fel Gwyddel, a rhai'n mynnu rhoi 'e' ar ddiwedd ei gyfenw gan mai dyna'r sillafiad cyffredin yn Iwerddon. Ond er gwaetha'i gydymdeimlad â'r cenhedloedd Celtaidd, fel Sais yr ystyriai Joe Brown ei hun. Er bod rhieni ei fam wedi dod draw o Iwerddon, Catholigion Seisnig oedd teulu ei dad a llawer o'u cymdogion yn Lerpwl. Canlyniad oedd hynny i ddylanwad tirfeddianwyr yng ngorllewin Swydd Gaerhirfryn oedd wedi aros yn Gatholigion ar ôl y Diwygiad Protestannaidd, gan dynnu tenantiaid eu ffermydd i'r un gorlan. Ar y cyfan, meddai Dr Brown, roedd y Catholigion hynny'n eithaf gwrth-Wyddelig, er eu bod yn aelodau o'r un Eglwys â'r garfan gref o Wyddelod yn y ddinas. Roedd Joe Brown yn ymwybodol o'r dadleuon rhwng Lloegr ac Iwerddon yn blentyn ar ei aelwyd ei hun.

Treuliodd chwe blynedd yn astudio Cemeg ym Mhrifysgol Lerpwl, gan ennill PhD yn 23 oed. Yn 1949 cafodd waith fel cemegydd yn ffatri Monsanto ger Wrecsam. Roedd eisoes wedi dechrau ymddiddori yn y Gymraeg, er nad oedd ganddo gof iddo'i chlywed yn cael ei siarad ar strydoedd Lerpwl. Dechreuodd ddysgu'r iaith chwe wythnos cyn symud i Gymru ar gyfer ei swydd newydd. Un rheswm iddo wneud hynny oedd ei fod yn gweld yr Eglwys Gatholig yn wan ymhlith siaradwyr Cymraeg ac yng Nghymru'n gyffredinol, ac yn gweld gwerth cenhadol i'r iaith.

Mewn cyfweliad gyda Dr Trystan Owain Hughes yn 2000, cyfweliad sy'n sail i'r rhan fwyaf o'r bennod hon, dywedodd: 'Mae Catholigion i gyd i fod yn genhadon, felly roedd gen i ddiddordeb mewn cysylltu gyda phobl Cymru trwy'r iaith Gymraeg. Ond mi fyddwn i wedi dysgu Cymraeg fy hun p'run bynnag.'

Yn wleidyddol roedd Joe Brown yn ystyried ei hun dipyn mwy i'r chwith na'r rhan fwyaf o sylfaenwyr y Cylch Catholig. Roedd wedi rhoi ei gas yn ifanc ar yr ymerodraeth Brydeinig, ac yn bleidiol i genhedloedd bychain, gan gynnwys Iwerddon. 'Er mai Sais oeddwn i, roeddwn eisiau i Loegr fod yn Loegr fach ac nid yn bennaeth ar ymerodraeth,' meddai. Ar ôl symud i Langollen ymunodd â Phlaid Cymru, er mai ardal ddiffaith oedd honno i'r Blaid. Trwy'r blynyddoedd byddai'n llythyru'n gyson yn y wasg Gymraeg a'r wasg Gatholig ar faterion crefyddol a gwleidyddol.

Daeth yn ymwybodol o fodolaeth y Cylch Catholig yn yr 1950au, ac yn fuan wedyn cafodd ei benodi'n ysgrifennydd arno. 'Fel gyda llawer o swyddi eraill mi dderbyniais y

swydd am na allwn i weld neb arall oedd fodlon ei gwneud,'
meddai.

'Roedd y Cylch yn wan iawn ar y pryd. Yr hyn oedd yr
hen Gylch mewn gwirionedd oedd caplaniaeth ar gyfer criw
bach o siaradwyr Cymraeg oedd wedi cael tröedigaeth ac
ar goll yn Seisnigrwydd yr Eglwys yr oedden nhw wedi ei
derbyn am resymau diwinyddol.' Roedd yn gweld hynny'n
arbennig o wir am Saunders Lewis, oedd wedi troi'n Babydd
oherwydd diwinyddiaeth yr Offeren. Er bod y Lladin a'r
traddodiad canoloesol yn apelio ato, ychydig a welai'n
ddeniadol yn yr Eglwys yn ei oes ei hun yn ôl Joe Brown.

Prif weithgarwch y Cylch pan ymunodd Dr Brown â'r
mudiad oedd cynnal enciliau a chynhyrchu'r *Efrydiau
Catholig*. Trwy weddi a thudalennau'r *Efrydiau*, yn bennaf,
y byddent yn dangos consýrn am weddill Cymru a'r byd.
Daeth yr *Efrydiau* i ben yn 1955 ac yn ôl Joe Brown roedd
Saunders Lewis erbyn hynny wedi rhoi'r gorau i fynychu
cyfarfodydd cyffredin y Cylch. Er bod aelodau newydd fel
John a Gregory Fitzgerald wedi cael eu denu at y Cylch ar
ddechrau'r pumdegau, roedden nhw'n parhau ar y cyrion
yr adeg honno. O ran y drefniadaeth ymarferol, R. O. F.
Wynne oedd y ffigwr mwyaf allweddol, ac roedd plasty
Garthewin yn gartref hwylus i rai o'r gweithgareddau. Ond
roedd Joe Brown yn un o griw o aelodau newydd oedd yn
awyddus i weld y Cylch yn newid ei natur, ac yn dod yn fwy
o bont, gan ddylanwadu mwy ar Gristnogion o'r tu allan
i'r Eglwys Gatholig ac ar Gatholigion oedd ddim yn siarad
Cymraeg. Roedd braidd yn anghysurus o'r dechrau gyda'r
enw 'Cylch', oedd yn awgrymu rhywbeth caeedig.

Wrth i aelodau newydd ymuno, roedd rhai canghennau
plwyfi yn cael eu ffurfio, gan ddenu pobl oedd yn deall
fawr ddim am Gymru. 'Roedd yna duedd i'r Cylch fynd yn
fawr mwy na chymdeithas blwyfol arall. Ond o leiaf roedd

enw'r Cylch yn dal yno ac roedd y Catholigion yma'n cael eu harwain tuag at ddiddordeb yng Nghymru,' meddai Joe Brown.

Yn wahanol i Saunders Lewis, parhaodd Cathrin Daniel yn weithgar yn ystod y newidiadau. Dywedodd Joe Brown:

> Yn emosiynol roedd hi ynghlwm wrth hen aelodau'r Cylch er nad oedd hi'n ddilynwr di-gwestiwn i Saunders Lewis fel yr oedd eraill yn tueddu i fod. Roedd hi'n fodlon gweithio gyda natur newydd y Cylch. Er enghraifft, byddai'n dod yn rheolaidd o Fodfari i'n Cylch plwyf oedd yn cael ei gynnal yng Ngharrog ger Llangollen mewn canolfan lle bydden nhw'n anfon recriwtiaid o'r Cyfandir i ddysgu Saesneg cyn mynd ar genadaethau tramor. Roedd rhai o'r offeiriaid yno yn eciwmenaidd ym mhob ystyr o'r gair ac yn bleidiol i Gymru ym mhob ffordd.

Roedd yna wahaniaethau gwleidyddol hefyd rhwng yr hyn a ddisgrifiai Joe Brown fel 'yr hen Gylch' a rhai o'r newydd ddyfodiaid:

> Roedd yna elfen gref o wrth-sosialaeth yn hen aelodau'r Cylch Catholig. Byddai Cathrin Daniel yn lladd ar y wladwriaeth les, fel y gwnâi Saunders Lewis. Doedden nhw ddim yn erbyn y tlodion, ond roedden nhw'n meddwl fod y wladwriaeth les yn dad-ddynoli pobl a'u gwneud nhw'n ddibynnol. Roedd rhywfaint o wir yn hynny, ond roedd y wladwriaeth les yn diwallu anghenion gwirioneddol. Eto pan oedden nhw'n cyfarfod pobl o'r dosbarth gweithiol roedden nhw'n eu trin yn gyfartal. Roedden nhw'n waeth ar bapur nag yn y cnawd.
>
> Roeddwn i'n ysgrifennydd erbyn hyn ac yn mynd i hen weithgareddau'r Cylch, sef yr enciliau a'r cyfarfodydd cangen. Fyddai gen i ddim syniad faint o aelodau oedd gan y Cylch yr adeg honno, ond fe fydden ni'n cael rhwng wyth ac

ugain mewn encil, ac efallai rhyw hanner cant ar yr ymylon o bobl oedd â chydymdeimlad, ond rhyw rwydwaith lac iawn oedden ni'r adeg honno.

Yn rhannol oherwydd y tensiynau rhwng yr hen do traddodiadol a'r genhedlaeth nesaf, teimlai fod y Cylch yn colli aelodau yn y ddau wersyll. 'A finnau'n Sais, roeddwn i o bosib yn cael fy meio gan yr hen ysgol am yr hyn oedden nhw'n ei weld fel gormod o gonsesiynau i'r Saeson,' meddai. ' Erbyn hynny roeddwn i wedi penderfynu y byddai'n beth da i mi ymddiswyddo cyn gynted ag y byddwn i'n gweld rhyw Babydd Cymraeg addas i gymryd fy lle.' A'r un a lanwodd y bwlch oedd John Daniel. Ond daliodd Joe Brown i weithio'n frwd dros y Cylch am weddill ei oes. Byddai'n mynegi ei farn yn groyw mewn pwyllgorau, yn barod ei wasanaeth yn y stondin ar faes yr Eisteddfod.

Yn ŵr o egni rhyfeddol, fe feistrolodd nifer o ieithoedd heblaw'r Gymraeg, gan gynnwys y Wyddeleg a'r Llydaweg. Magodd ei wraig ac yntau bump o blant. Bu'n chwarae rygbi i Wrecsam nes ei fod yn ddeugain oed, ac roedd yn dal yn rhedwr traws gwlad yn ei saithdegau. Yn 1998 dyfarnwyd medal y *Pro Ecclesia* iddo gan y Pab am ei waith dros yr Eglwys.

Un agwedd o'r gwaith hwnnw oedd cynhyrchu cylchlythyr a alwai'n *Cylch Translations,* a hynny ar adeg pan oedd gweithgareddau eraill y Cylch i bob pwrpas wedi peidio â bod.

'Fe roddais i enw'r Cylch ar hwnnw i ddangos fod y Cylch yn dal i wneud rhywbeth, ac i gadw'r enw'n fyw,' meddai. Mae dycnwch rhyfeddol y gweithgarwch hwnnw'n haeddu pennod iddo'i hun.

Cylch Translations

AM 47 o flynyddoedd, yn ddi-dor a di-dâl, bu Joe Brown yn llafurio ar ei ben ei hun i gynhyrchu'r hyn a alwai'n *Cylch Translations*. Byddai'n darllen llwythi o bapurau newydd a chyfnodolion Cymraeg, gan ddethol straeon ac erthyglau a allai fod o ddiddordeb i Gatholigion na allent ddarllen yr iaith. Bob rhyw bedwar mis byddai'n crynhoi a theipio'i ddetholiad a dyblygu cannoedd o gopïau ar beiriant Gestetner hen ffasiwn. Byddai'n ysgrifennu cyfeiriadau ar amlenni a hyd yn oed yn talu am y stampiau o'i boced ei hun, cyn postio'r *Translations* i unrhyw un a ofynnai amdanynt. Doedd dim tâl yn cael ei godi, ac ar wahân i ambell gyfraniad achlysurol gan y Cylch neu wirfoddolwyr byddai'n ariannu'r holl fenter ei hunan.

Anfonwyd y rhifyn cyntaf ar ddechrau'r 1960au, a'r un olaf, sef rhif 141, yn Nhachwedd 2007. Yn y rhifyn hwnnw, a'i iechyd yn dirywio, mae'n rhybuddio'i ddarllenwyr ei fod yn dechrau dod i ben ei dennyn gyda'r gwaith:

> I mean to send you as many issues as I can. As I am 81,
> I may not be aware that an issue will be my last. I do not
> think it fair or necessary to ask someone to write to over 300
> (barely-legible) addresses, so please note: I now publish at
> the ends of March, July and November and issues should
> reach UK readers by 10 days later... if an issue is six weeks
> late, it will probably never appear, if six months, almost
> certainly. C.T. is free but generous giifts from many readers
> and from Cylch funds have greatly reduced costs. Please

do not send more because of the uncertainty noted. Do not write about this notice – but corrections and queries are still welcome. Thank you all.

Mae'n rhestru 14 o gyhoeddiadau Cymraeg yr oedd wedi edrych arnynt ar gyfer y rhifyn olaf. Yn eu plith mae cyhoeddiadau seciwlar fel *Y Cymro* a *Barn*, y cylchgrawn llenyddol *Taliesin*, a nifer o gyfnodolion enwadol. Mae'r pigion wedi eu crynhoi i chwe tudalen A4 a'u dosbarthu o dan saith pennawd: 'Christian Unity/ General Theology'; 'Welsh Reactions to R.C.s/ R.C. Activity in Wales'; 'Affairs of Non-R.C. Believers in Wales'; 'State of Religion in Wales: Mission and Education'; 'Ethics, Peace, Justice, Sex'; Welsh and Celtic Culture and Politics'. Ar y diwedd, fel yn y rhan fwyaf o'r rhifynnau, mae'n cynnwys pytiau byr o newyddion y Cylch, yn yr achos hwn marwolaeth y Tad Ieuan [John Fitzgerald] ac encil undydd oedd i'w gynnal ym Mhwllheli ar Ragfyr 15. Fformat digon tebyg oedd i'r rhifynnau trwy gydol y 47 mlynedd o gynhyrchu.

Roedd y rhifynnau cynnar i gyd yn cynnwys diffiniad o amcanion y *Translations*:

> It is an attempt to produce a balanced digest of material in the Welsh-language press which is of direct or indirect interest to Catholics in Wales. It is circulated privately, but not secretly. Re-quotation by Catholics for polemical purposes would be regretted.

Er nad oedd yn mynd o'i ffordd i ddadlau gydag awduron yr erthyglau y byddai'n dethol ohonynt, roedd yn ddigon parod i fynegi ei farn pan deimlai fod angen. Yn y pedwerydd rhifyn mae'n cyhuddo rhai o arweinwyr Anghydffurfiaeth o fod yn fodernaidd a gwrth-Gatholig – yn fwy felly na llawer o'u cynulleidfaoedd. Dan ei lach yn arbennig roedd colofnydd crefydd *Y Cymro*, a ysgrifennai dan yr enw Theophilus.

Pwnc llosg y cyfnod hwnnw oedd y bleidlais yn 1961 ynglŷn ag agor y tafarnau ar y Sul. Yn y *Faner* roedd y golygydd wedi canmol Saunders Lewis am wrthwynebu'r bwriad i agor. Nid pawb o'r rhai oedd wedi troi'n Babyddion a fyddai'n ymddwyn mor fawrfrydig tuag at yr Anghydffurfiaeth yr oeddynt wedi cefnu arni, meddai'r *Faner*.

Roedd ymdrechion i uno'r Eglwysi Rhyddion yn thema gyson, yn ogystal ag ymdriniaeth y papurau enwadol â'r newid yn yr Eglwys Gatholig wedi Ail Gyngor y Fatican. 'Cyfeillgar iawn, ond gyda rhai amheuon' oedd crynhoad Joe Brown o agwedd y papurau at y pwnc hwnnw.

Byddai'r cyfnodolion a ddarllenid yn amrywio o bryd i'w gilydd, ambell gyhoeddiad newydd yn ymddangos ac eraill yn diflannu. Roedd *Y Goleuad, Y Llan, Seren Cymru, Y Tyst* a'r *Cylchgrawn Efengylaidd* yn hollbresennol, ac eraill fel *Tafod y Ddraig* a'r *Gwyddonydd* yn cael cornel achlysurol. Ond pa mor fywiog neu ddiflas bynnag a fyddai cynnwys y wasg Gymraeg, roedd Joe Brown yn dal i gofnodi'n ddyfal a di-gŵyn am yn agos i hanner canrif. Mae'n anodd meddwl am well enghraifft o ddilyn cenhadaeth Dewi Sant a gwneud y pethau bychain.

'Gweinidog godidog, gwas gostyngedig'

I LAWER O Gymry eisteddfodol, y Tad John Fitzgerald oedd cynrychiolydd mwyaf adnabyddus yr Eglwys Gatholig. Am flynyddoedd byddai'r gŵr tal mewn trowsus byr yno bob amser ym mhabell y Cylch yn yr Eisteddfod Genedlaethol. Yn offeiriad Carmelaidd, ysgolhaig ac athronydd, bardd a chynganeddwr, treuliodd dalp helaeth o'i oes yn Aberystwyth yn darlithio mewn athroniaeth ac yn gaplan i'r myfyrwyr Catholig. Bu'n is-gadeirydd y Cylch Catholig a gwnaeth gymaint â neb i gyfieithu defnyddiau Pabyddol i'r Gymraeg. Mewn erthygl goffa iddo fe'i disgrifiwyd gan Llew Goodstadt fel 'Gweinidog godidog i'r Cymry Cymraeg, a gwas gostyngedig pob Pabydd'.

Fel Gwyddel a fabwysiadodd Gymru y byddai llawer o'r Cymry yn meddwl amdano, ond Sais a anwyd dros y ffin yn Swydd Amwythig oedd y Tad Fitzgerald, er bod ei rieni'n hanu o Swydd Kerry yn Iwerddon. Ym marn Iestyn Daniel, a olygodd gyfrol deyrnged iddo, 'Joe Brown a John Fitzgerald oedd ffigurau pwysicaf y Cylch Catholig ar ôl marwolaeth y cewri cynnar.' Mewn teyrnged yn y cylchgrawn *Barddas* ar ôl ei farwolaeth yn 2007, ysgrifennodd Daniel Huws:

> Yr oedd John wrth ei fodd ymhob math o gwmni, yn feirdd, yn athronwyr, yn weinidogion, neu'n werin gyffredin ffraeth Ceredigion fel y rhai a oedd yn aml yn gwmni iddo yng Nghaffi Morgan yn Aberystwyth. I ddarllenwyr *Barddas*, fel

bardd, y mae'n debyg, y daw enw John Fitzgerald gynta i'r meddwl; i drwch y Cymry Cymraeg, hwyrach, fel yr offeiriad Pabyddol parotaf i drafod yn gyhoeddus faterion yn cyffwrdd â'r Eglwys; i'r garfan fechan honno o Gatholigion sy'n siarad Cymraeg, ef oedd yr offeiriad a ymroes fwyaf yn ein hoes ni i uno bywyd yr Eglwys Babyddol a'r iaith Gymraeg. I John ei hun, y peth cyntaf oedd bod yn offeiriad ac aelod o Urdd y Carmeliaid, Urdd y Brodyr Gwynion.

Ganwyd John Fitzgerald yn Llwydlo yn 1927, a'i fagu yno, yn Chesterfield ac yn Sheffield. Yn dair ar ddeg oed cafodd ei anfon i astudio yng Ngholeg y Carmeliaid yn Aberystwyth, ble dechreuodd ddysgu Cymraeg yn nosbarthiadau Saunders Lewis. Bu hynny'n ysbrydoliaeth a barhaodd am weddill ei fywyd, a chyflwynodd gyfrol o'i farddoniaeth ymhen blynyddoedd 'i SL am agor drws a ffenestri'. Daeth ei frawd iau, y Tad Gregory Fitzgerald, hefyd i Goleg y Santes Fair, dod yn rhugl ei Gymraeg ac yn hyddysg yn ei llenyddiaeth, a threulio'i yrfa yn gwasanaethu yng Nghymru.

O Goleg y Santes Fair, aeth John Fitzgerald i Kinsale yn Iwerddon i nofyddiaeth y Carmeliaid am flwyddyn cyn dechrau ei hyfforddiant ar gyfer yr offeiriadaeth ym Mhrifysgol Dulyn. Cafodd y cyfle yno i astudio Cymraeg yn adran yr Athro John Lloyd-Jones, brodor o Ddolwyddelan. Ar ddiwedd ei flwyddyn gyntaf, ar gyngor yr Athro, newidiodd ei gwrs ac ennill gradd dosbarth cyntaf mewn Groeg a Lladin. Daliodd i astudio llenyddiaeth Gymraeg gyda'r Athro Lloyd-Jones, oedd hefyd yn un o hoelion wyth Capel Cymraeg Dulyn. Arhosodd yn Nulyn i astudio diwinyddiaeth yn Miltown Park, Coleg yr Iesuwyr. Cafodd ei ordeinio yn Nulyn yn 1951. Wedyn, aeth i Gaergrawnt lle enillodd ei ail radd dosbarth cyntaf yn yr ieithoedd clasurol cyn mynd i Rufain am ragor o ddiwinyddiaeth. Daeth gwerth y cymwysterau hyn yn amlwg pan ddaeth yn ôl i

Gymru lle cafodd gyfle i gyfieithu o Ladin nifer o glasuron diwinyddol ac athronyddol yr Eglwys, ac wedyn un o gampweithiau pwysicaf Aristoteles o Roeg. Daeth yn brior yn dysgu athroniaeth yn nofyddiaeth newydd y Carmeliaid yn Nhre-gib, ac yntau bellach yn rhugl ei Gymraeg.

Yn y gyfrol deyrnged iddo ysgrifennodd Llew Goodstadt:

> Yn ôl yng Nghymru yn 1956, synnwyd aelodau'r Cylch gan ei afael ar yr iaith. Arweiniodd ef "Dridiau Ysbrydol" y Cylch yn Aberhonddu'r flwyddyn honno, yn bregethwr penigamp er gwaethaf ei ddiffyg profiad yn y pulpud Cymraeg, a galwodd ei gynulleidfa ar y Cylch i gyhoeddi ei areithiau ef.

Yn 1962, agorwyd Ail Gyngor y Fatican, a dechreuodd ef gydweithio â John arall, John Daniel, i gyhoeddi Ysgrifau Catholig. Yr oeddynt yn trafod y dadleuon yn Rhufain ac yn dadansoddi'r dogfennau oedd yn diwygio gwaith yr Eglwys a'i chyfundrefn. Byddai'r ddau gyfaill yn cydweithredu yn y blynyddoedd wedyn ac yn cynhyrchu toreth o gyhoeddiadau crefyddol fydd yn drysorfa o athrawiaethau'r Eglwys am genedlaethau.

Yn 1964 fe'i penodwyd yn gaplan i fyfyrwyr Catholig Coleg Prifysgol Cymru yn Aberystwyth, a daeth wedyn yn ddarlithydd Athroniaeth yno, yn bennaf trwy gyfrwng y Gymraeg. Yn 2004 symudodd i fod yn offeiriad plwyf yn Llanelli, wedi penderfyniad dadleuol y Carmeliaid i adael Aberystwyth. Disgrifiodd Daniel Huws y bennod honno yn ei erthygl yn *Barddas*:

> Digwyddiad a fu'n achos cryn gynnwrf ymhlith Catholigion Cymraeg oedd yr ymadawiad hwn, canlyniad cytundeb a wnaethpwyd rhwng Esgob Mynyw a phennaeth Talaith Lloegr a Chymru Urdd y Carmeliaid. Cyfaddefai John iddo

am un diwrnod deimlo cryn ddicter. Ond, er i eraill ddal i wrthdystio, yr oedd ei ufudd-dod ef ar lw i'r Urdd yn drech yn y pen draw na'i deimladau personol. Dyna gymeriad y dyn.

Bu'n olygydd *Y Cylchgrawn Catholig* am ddeng mlynedd o 1993 i 2003 a chyfieithodd nifer o destunau Catholig gan gynnwys *Llyfr Offeren y Sul*, ar y cyd gyda Partick Donovan. Roedd hefyd yn cymysgu'n rhwydd gyda'r enwadau Protestannaidd, fel y tystiodd Daniel Huws:

> Yr oedd yn eciwmenaidd ei ysbryd ac yn eang ei gysylltiadau a'i gyfeillgarwch ymhlith clerigwyr yr Eglwys yng Nghymru a gweinidogion anghydffurfiol. Derbyniai lawer gwahoddiad i bregethu mewn eglwysi eraill.

Cafodd gwahanol agweddau ei fywyd eu hadlewyrchu mewn gwasanaeth coffa i'r Tad John Fitzgerald yn Aberystwyth ar 19 Ionawr 2008. Daeth dau gant o bobl o bob rhan o Gymru a rhai o Loegr i'r Offeren Requiem yn Eglwys y Plwyf dan arweiniad yr Esgob Mullins, yng nghwmni'r Esgob Edwin Regan ac offeiriadon o bob rhan o Gymru. Roedd derbyniad a theyrngedau yn dilyn yng Nghanolfan y Morlan, gyda phob enwad yn cael ei gynrychioli.

Yn ei bregeth pwysleisiodd yr Esgob Mullins nad achlysur i glodfori'r Tad John mohono ond achlysur i bawb, yn ffrindiau a chydweithwyr, i weddïo dros ei enaid a diolch am ei fywyd. Soniodd Dr Harri Pritchard-Jones amdano fel un a oedd yn pontio'r Eglwys Gatholig a'r Gymru Gymraeg.

'Y Chwaer Bernadette oedd ar fai!'

O'R HOLL WYDDELOD a symudodd i Gymru dros y blynyddoedd i wasanaethu'r Eglwys Gatholig, go brin fod yr un wedi gwreiddio'n ddyfnach yn iaith a diwylliant eu gwlad fabwysiedig na'r Esgob Emeritws Daniel Joseph Mullins. Am ddegawdau bu'n un o leisiau mwyaf huawdl ac adnabyddus ei eglwys yn yr iaith Gymraeg. Ac eto, trwy hap a damwain yn fwy na dim y cyrhaeddodd Gymru yn y lle cyntaf. 'Dwi'n beio'r lleian ddaru berswadio Mam i'm hanfon i yma am bopeth sydd wedi digwydd imi byth ers hynny!' meddai'r Esgob.

Roedd y Chwaer Bernadette wedi treulio cyfnod yn brifathrawes yn y Fflint, cyn troi'n lleian a dychwelyd i Iwerddon yn athrawes ysgol gynradd yn Swydd Limerick. Yn y Fflint roedd wedi dod i adnabod yr Esgob Michael Joseph McGrath, a fu'n offeiriad yno am gyfnod. Fel pennaeth Coleg y Santes Fair yn Aberystwyth, roedd McGrath yn awyddus i ddenu bechgyn ifanc o Iwerddon yno i astudio. Ei obaith oedd y byddai rhai o'r myfyrwyr, ar ôl dysgu Cymraeg yn y coleg, yn penderfynu aros yng Nghymru i wasanaethu fel offeiriaid. Gallai hynny fod yn fanteisiol i'w teuluoedd hefyd, gan nad oedd llywodraeth Iwerddon ar y pryd yn darparu addysg uwchradd i'w phobl ifanc. Addysg breswyl dan ofal yr eglwys oedd yr unig ddewis ar ôl yr ysgol gynradd.

Fel rhan o'i ymgyrch 'recriwtio', cysylltodd McGrath â'r Chwaer Bernadette i ofyn a wyddai am rieni yn ei hardal a allai berswadio'u meibion i fynd i Aberystwyth i dderbyn eu haddysg. Cysylltodd hithau â'r teulu Mullins yn nhref fechan Kilfanane, oedd â thri o feibion. Roedd y mab canol, Daniel, yn astudio ar y pryd mewn coleg yn Waterford. Roedd eisoes yn siarad Gwyddeleg, a chredai McGrath y byddai hynny'n help iddo ar gyfer dysgu Cymraeg. Felly, yn bymtheg oed yn 1944, fe'i cafodd ei hun ar long o Dun Laoghaire i Gaergybi ar ei ffordd i Aberystwyth, mordaith a fyddai'n newid cwrs ei fywyd.

'Fe gwrddais i â Cathrin Daniel y noson gyntaf i mi gyrraedd Cymru,' meddai. 'Roedd hi wedi cwrdd â'r tri ohonon ni yn y stesion a threfnu lletty inni ym Mangor, a'n rhoi ni ar y trên i Afon-wen y bore canlynol ac ymlaen i Aberystwyth.' Byddai Cathrin Daniel yn adrodd hanes un o'r tri llanc swil yn gofyn iddi cyn i'r trên ymadael, 'Are yous finished with us now?'

Doedd Daniel Mullins yn gwybod dim am Gymru cyn hynny. Mae'n cofio edrych ar fap i weld ymhle'r oedd Caerdydd. Dwy o'i argraffiadau cyntaf o Aberystwyth oedd syndod fod cynifer o bobl yn siarad Cymraeg, a bod cymaint o eglwysi a chapeli yn y dref. Daeth i'r casgliad fod Cymru'n wlad hynod grefyddol a Chatholig, cyn cael ar ddeall mai Protestaniaid oedd y mwyafrif helaeth o'r addolwyr. Gwelai wahaniaeth mawr yn y Sul hefyd. Dywedodd mewn cyfweliad radio gyda Meurwyn Williams yn 1987 (a atgynhyrchwyd yn y cylchgrawn *Cristion* yn 1987):

I mi yn fachgen, y Sul oedd diwrnod mawr yr wythnos. Roedd mynd i'r eglwys yn rhan o'r peth, fyddai neb yn ystyried aros gartre. Ond ar ôl hynny y Sul oedd y diwrnod mawr pan fydde pob math o bethe dymunol yn digwydd, mynd i'r chwaraeon, mynd i'r mabolgampau. Dod i Gymru wedyn a gweld bod y Sul yn ddiwrnod trist, digalon. Dwi'n cofio gweld y bobl oedd yn mynd i'r capeli ar nos Sul, i mi roedden nhw'n edrych mor barchus. I mi roedden nhw'n wahanol iawn i'r ffermwyr cefn gwlad oedd yn Iwerddon oedd yn mynd ar eu beiciau neu ar eu ceffylau neu'n cerdded i'r eglwys, i mi beth bynnag doedd 'na ddim yr un olwg barchus arnyn nhw o gwbwl ag oedd ar y bobl oedd yn mynd i'r capeli.

Yn Aberystwyth roedd yn un o ddim ond deunaw o fyfyrwyr preswyl yng Ngholeg y Santes Fair, a lwc fawr myfyrwyr Coleg y Santes Fair oedd cael Saunders Lewis yn athro Cymraeg. Soniwyd eisoes am yr argraff a wnaeth Saunders Lewis arno yn eu cyfarfyddiad cyntaf, a'r 'profiad gwefreiddiol ac ysgytwol' o wrando arno'n traethu ar hanes Cymru a'i llên.

Gyda Saunders Lewis yn darlithio, roedd y myfyrwyr yn ymwybodol o'r diwrnod cyntaf o fodolaeth y Cylch Catholig. Roedden nhw hefyd yn cael eu hyfforddi i ddweud y llaswyr yn Gymraeg, a Chymraeg oedd y gweddïau ac eithrio'r rhai Lladin. Roedd Saunders Lewis ar y pryd yn gweithio'n galed i gynhyrchu'r *Efrydiau Catholig*. 'Roedden ni'n gwybod pan oedd e'n darlithio i ni fod rhywbeth ar y gweill, ac rwy'n cofio'r rhifyn cyntaf yn dod allan,' meddai.

Gobaith sylfaenwyr Coleg y Santes Fair oedd y byddai'n datblygu maes o law i ddod yn goleg diwinyddol cyflawn i baratoi myfyrwyr ar gyfer yr offeiriadaeth. Ond mewn gwirionedd roedd yn llawer rhy fach i wireddu hynny, a mynd ymlaen i golegau y tu allan i Gymru oedd yr unig ddewis i fyfyrwyr oedd yn dal â'u bryd ar yr offeiriadaeth. Felly fe dreuliodd Daniel Mullins chwe blynedd yng Ngholeg Diwinyddol Oscott, Birmingham cyn dychwelyd i wasanaethu yng Nghymru. Cafodd ei ordeinio yng Nghaerdydd yn 1953.

Bu'r cyfnod ym Maesteg yn gyfle i'r Tad Mullins ymarfer ei Gymraeg ei hun, iaith nad oedd eto'n gwbl gysurus ynddi. Daeth yn weithgar gyda grŵp lleol oedd yn arddel yr enw Y Cylch Catholig er mai cysylltiad digon llac oedd rhyngddo a'r Cylch cenedlaethol. Byddai rhyw 30 o bobl yn cyfarfod bob mis ac yn cynnal gwasanaethau Cymraeg, nid o angenrheidrwydd ym Maesteg ond mewn gwahanol eglwysi yn yr Esgobaeth. Allan o hynny y sefydlwyd yr Offeren Gymraeg yn y Bont-faen ac yna mewn canolfannau eraill yn sgil Ail Gyngor y Fatican, er nad oedd pawb yn cytuno â chefnu ar y Lladin fel iaith fyd-eang, yn ôl yr Esgob Mullins:

> Y bobl gyffredin oedd yn gofidio'n bod ni wedi gwneud hynny. Y gwybodusion oedd wedi newid hynny, nid y bobl gyffredin o gwbl, rydyn ni wedi colli llawer ohonyn nhw oherwydd y newid. Rwy'n cofio cwrdd â llawer o bobl pan oeddwn i yn Abertawe, pob math o bobl yn dweud "We're lapsed Catholic". Finne'n gofyn iddyn nhw pryd gwnaethon nhw adael, "When you gave up Latin," medden nhw. Gweithwyr cyffredin oedd y rhain. Roedden nhw'n gweld y Lladin yn rhyw fath o fathodyn.

Ar ddiwedd yr 1950au, gydag anogaeth yr Archesgob McGrath, cafodd Daniel Mullins ei ryddhau o'i waith i fynd i Goleg y Brifysgol Caerdydd i astudio Cymraeg. Yn ystod y cyfnod hwnnw, meddai, y daeth yn hollol rugl yn yr iaith, ac enillodd radd dosbarth cyntaf.

Yn 1970 cafodd ei benodi'n Esgob Cynorthwyol yn Archesgobaeth Caerdydd, swydd a grëwyd yn bennaf yn sgil y newidiadau oedd yn dod i rym wedi Ail Gyngor y Fatican. Helpu'r Archesgob Murphy i ddygymod â'r dyletswyddau newydd oedd prif gyfrifoldeb yr Esgob Mullins. Bu'n esbonio hynny yn y sgwrs radio gyda Meurwyn Williams, a gyhoeddwyd yn y cylchgrawn *Cristion* yn 1987:

Roedd yr Archesgob Murphy yn ddyn mawr ar lawer cyfrif, ond roedd e'n sylweddoli ei fod yn perthyn i genhedlaeth arall. Er ei fod yn ei feddwl ac yn ei ymennydd yn gallu amgyffred y [newidiadau], ym mêr ei esgyrn roedd y peth yn aros ychydig yn ddieithr ac yn anodd iddo. Dw i'n ei gofio fe'n siarad am y peth, "Mae angen rhywun o genhedlaeth iau na fi er mwyn inni geisio gwneud rhywbeth ynglŷn â'r cyfnod," medde fe. Dyna oedd gwaith esgob cynorthwyol.

Petai'r Esgob Mullins wedi dechrau astudio ym Mhrifysgol Caerdydd ryw ddwy flynedd ynghynt, buasai wedi ail-greu'r cysylltiad gyda'i hen athro Saunders Lewis, oedd wedi cael swydd darlithydd yn yr adran Gymraeg yno ond bellach wedi ymddeol. Ond roedd yr athro a'r disgybl eisoes wedi ailgyfarfod am y tro cyntaf ers dyddiau Coleg y Santes Fair. Digwyddodd hynny ym mhabell y Cylch Catholig ar faes yr Eisteddfod Genedlaethol yng Nglyn Ebwy yn 1958. Yn ystod yr wythnos honno cafwyd tri pherfformiad o *Brad*, drama gomisiwn Saunders Lewis, a ganmolwyd i'r entrychion gan y beirniaid. Ar yr un pryd fe lwyddodd yr awdur i godi gwrychyn llawer o'r gynulleidfa yn ei anerchiad fel Llywydd y Dydd, pan feirniadodd rai oedd o blaid codi gorsaf ynni niwclear yn Nhrawsfynydd am ddefnyddio'r slogan 'Bread before beauty'.

Wedi hynny daeth yr Esgob yn offeiriad plwyf ym Mhenarth. Ar ei Sul cyntaf yno roedd ei hen athro, ei wraig a'i ferch a'i wyrion yn y gynulleidfa. Am bymtheng mlynedd wedyn bu Saunders Lewis yn un o'i blwyfolion, a daeth yr Esgob Mullins yn un o'r ychydig bobl oedd yn ei adnabod yn dda. 'Er ei fod e'n ddyn swil, tawel oedd ddim yn cymysgu llawer – fe'i galwodd ei hun yn y *Faner* yn "hen ddyn cas" – yng nghwmni ei gyfeillion roedd e'n gwmni difyr a doniol iawn,' meddai'r Esgob.

Bu'n gweinyddu'r sacramentau i Mr a Mrs Lewis yn eu

cartref ar ôl i'r ddau fynd yn rhy fusgrell i fynychu'r eglwys, a chael cyfle i weinyddu'r Offeren yn Lladin. Roedd yr Esgob yn ymwybodol o'r loes calon i Saunders Lewis ynghylch y cyfnewidiadau yn sgil Fatican 2:

> Yn fuan ar ôl i mi fynd i Benarth, fe ofynnwyd i ni'r offeiriad ymgynghori â'n pobl ar fater y traddodiad ymprydio ar ddydd Gwener; a ddylid cadw'r arfer neu beidio? Cofiaf i Saunders Lewis ddweud wrthyf mai peth chwerw ddigri oedd e, fod yr esgobion yn gofyn barn pobl ar gwestiwn fel yna, ac ystyried fod yr Eglwys wedi newid yr Offeren yn gwbl ddiseremoni.

Yn 1975, ar gais yr Archesgob Murphy, dyfarnodd y Pab aelodaeth o Urdd Sant Gregori i Saunders Lewis am ei gyfraniad i'r Eglwys Gatholig yng Nghymru ac i Gymru fel cenedl. Dyna un o'r anrhydeddau uchaf y gall yr Eglwys ei dyfarnu i leygwyr. Tasg yr Esgob Mullins oedd torri'r newydd iddo am yr anrhydedd:

> Yn ei ymateb i'r newydd fod y Pab wedi ei wneud yn Farchog yn Urdd sant Gregori: datgelodd na fyddai'n derbyn ond ar yr amod na fyddai'r Esgob yn datgelu iddo gael yr anrhydedd tan ar ôl ei farw – ac ar yr un gwynt fe'i gorchmynnodd i ddod â photel o win o vintage arbennig yn ôl o'r Eidal i'w hyfed gydag Archesgob Caerdydd.

Yn Offeren y Meirw i Saunders Lewis yng Nghaerdydd yn 1985 y cafodd y cyhoeddiad am yr anrhydedd ei ddatgelu gan yr Esgob, fel y dywedwyd yn barod, a hynny yn y geiriau hyn:

> Fe fynnodd ef gael gennyf addewid na fyddwn i ddim yn cyhoeddi'r anrhydedd yn y plwyf ym Mhenarth na dweud

wrth neb enaid byw hyd ei farw. Heddiw yr wyf yn rhydd ac fe welwch chwi fathodyn yr anrhydedd ar ei arch.

Yn Chwefror 1987, newidiwyd ffiniau Esgobaethau Catholig Gymru. Cyn hynny roedd Cymru i gyd, ar wahân i Archesgobaeth Caerdydd yn y de ddwyrain, yn perthyn i Esgobaeth Mynyw. Ond bellach fe rannwyd yr esgobaeth yn ddwy, gyda'r gogledd yn dod yn rhan o esgobaeth newydd Wrecsam. Mae Esgobaeth bresennol Mynyw yn cyfateb yn fras i esgobaeth hynafol Tyddewi. Cafodd yr Esgob Mullins ei benodi'n Esgob cyntaf y Fynyw newydd. Yn ei gyfweliad radio gyda Meurwyn Williams adeg ei benodiad yn 1987 bu'n esbonio sut y daeth yr esgobaeth i fod:

Mae'n rhywbeth sy'n deillio o Gyngor y Fatican. Mae bod yn Gristnogion heddiw yn golygu fod pobl yn llawer mwy ymwybodol yn eu Cristnogaeth ymarferol nhw, ac felly os ydi'r Catholigion sy'n byw yn y rhan hon o Gymru yn datblygu yn ôl dymuniad ac athrawiaeth Cyngor y Fatican nid yn unig yr offeiriaid fydd yn newid ond bydd yn rhaid i'r bobl yna gymryd mwy o gyfrifoldeb am waith yr eglwys yn eu plwyfi, yn eu pentrefi, yn eu hardaloedd eu hunain. Felly mae angen mwy o gefnogaeth, mwy o ysbrydoliaeth arnyn nhw a mwy o drefnu i sicrhau y byddan nhw'n cael y gefnogaeth sydd yn angenrheidiol er mwyn bod yn dystion gwirioneddol i'r hyn maen nhw'n credu ynddo, i'r Arglwydd Iesu yn eu hardaloedd. Dyna yn bennaf sydd wrth wraidd yr ad-drefnu sy'n digwydd yn awr.

Bu'r Esgob Mullins yn Esgob Mynyw hyd at ei ymddeoliad yn 2001, pan gynhaliwyd Offeren yn Eglwys Gatholig Aberystwyth a chinio yng ngwesty'r Belle Vue wedyn i'w anrhydeddu. Hwnnw oedd y tro cyntaf i enwadau eraill ddod i mewn i weithgaredd Catholig, i greu achlysur gwir eciwmenaidd. Daeth côr Eglwys Sant Joseph, Pwllheli, yno i berfformio mewn eglwys orlawn, y tro cyntaf i lawer glywed côr pedwar llais mewn gwasanaeth Catholig.

Ac roedd y Gwyddel Daniel Mullins wrth ei fodd pan ganodd Tim Hughes o Bwllheli y gân 'Danny Boy'!

Roedd yr Esgob Mullins yn gadeirydd y Cylch Catholig hyd at 2008, pan gafodd ei wneud yn Llywydd Anrhydeddus y Cylch.

Bywiogrwydd ym Morgannwg

YN CHWEFROR 1952 ymddangosodd erthygl ar dudalen flaen *Y Faner* gan Victor Hampsom-Jones, Maesteg dan y pennawd 'Catholigion yn dysgu Cymraeg'. Mae'n sôn am hynt a helynt y Cylch Catholig yn ei ddegawd cyntaf, a'r gobaith newydd ym Morgannwg:

> Mudiad a gafodd ychydig o sylw a llai o gydymdeimlad yw'r Cylch Catholig. Sefydlwyd ef gan nifer bychan o Gatholigion a oedd yn Gymry Cymraeg gyda'r amcan o godi cymdeithas Gymraeg ymhlith aelodau'r Eglwys. Gwan oedd ar y dechrau a'i brif waith am yn hir fu cynnal enciliad ysbrydol yn flynyddol a chyhoeddi cylchgrawn Yr Efrydiau Catholig. Nid oedd yn fudiad poblogaidd mewn mwy nag un ystyr ac fe'i diystyriwyd.

Ond mae'n gweld rhywfaint o dro ar fyd ers dechrau'r pumdegau:

> Yn ddiweddarach gwelwyd dyfnhau ac ehangu maes ei waith a'i ddylanwad. Ymgymerai mwy a mwy o'r offeiriaid, y rhan fwyaf yn estron o ran gwaed, â'r dasg o ddysgu'r Gymraeg, er hyfforddi aelodau drwyddi, cynnal gwasanaethau eglwysig ynddi, a chynhyrchu llyfrau crefyddol ar gyfer Cymry Cymraeg.

Roedd llawer o'r gweithgarwch yn digwydd yng Nghaerdydd, lle byddai cymdeithas o Gatholigion Cymraeg yn cyfarfod yn gyson. Ym Maesteg roedd gwasanaeth Cymraeg yn cael ei gynnal unwaith y mis, ac adran ieuenctid wedi ei sefydlu i hyfforddi'r aelodau ifainc mewn dawnsio a chaneuon gwerin Cymru. Byddai'r adran honno'n cyfarfod bob nos Wener ac roedd 'Mr David Davies, Cymro pybyr nad yw'n Babydd', wedi cytuno i gynnal dosbarth Cymraeg. Cyn hir byddai David Davies wedi newid ei enw i Dafydd Dafis, yn aelod brwd o'r Eglwys Gatholig, ac yn naturiaethwr a chadwraethwr o fri. Roedd yn frwd o blaid delfryd yr Archesgob McGrath o sefydlu Maesteg fel canolfan i weithgareddau Cymraeg o fewn yr Eglwys. 'Fan hyn, os yn rhywle, yr achubir y Gymraeg,' meddai unwaith am ei dref enedigol.

Roedd Dafydd Dafis wedi ei fagu'n Fedyddiwr a phriodi Eileen, merch un o deuluoedd Gwyddelig a Chatholig Maesteg. Roedd Dafydd wedi derbyn y byddai eu plant – pump ohonyn nhw – yn cael magwraeth Gatholig, a chytunodd eu mam y bydden nhw hefyd yn siarad Cymraeg. Dros y blynyddoedd daeth Eileen yn genedlaetholwraig, ac ymunodd Dafydd â'r Eglwys Gatholig ar ôl i'r plentyn cyntaf, Steffan, gael damwain ddifrifol ar y rheilffordd pan oedd yn dair oed. Mewn teyrnged i Dafydd Dafis ar ôl ei farw yn 2000, ysgrifennodd Peter Hourahane:

Yr oedd [Steffan] yn agos iawn at angau, ond un dydd dywedodd wrth ei rieni ei fod e wedi gweld menyw ddieithr yn sefyll wrth ymyl ei wely. Neb ond Steffan a'i gwelodd hi, ond yr oedd Dafydd yn sicr fod y Forwyn Fair wedi ymddangos i'r bachgen bach. Daeth Steffan yn iach a daeth Steffan yn Gatholig gyda defosiwn cryf i Fair y Llaswyr.

Bryd hynny y daeth Dafydd Dafis yn aelod o'r Cylch Catholig ym Maesteg, yn gyn-löwr a aeth wedyn i astudio am radd mewn Economeg a Chysylltiadau Diwydiannol ym Mhrifysgol Caerdydd, cafodd swydd darlithydd yn Sefydliad Addysg Uwch Abertawe. Ar ôl ymddeol cymerodd ddiddordeb mawr ym materion yr amgylchedd a lles anifeiliaid. Bu'n aelod ffyddlon o'r Cylch Catholig weddill ei oes.

Cyn gadael Maesteg, mae'n werth sôn am anghydfod a gododd ymhlith Pabyddion y dref ynglŷn ag addysg. Roedd Victor Hampson-Jones yn un o'r prif ymgyrchwyr dros sefydlu ysgol gynradd Gymraeg ym Maesteg, a phan agorodd yr ysgol honno anfonwyd ei fab Rhys yno, yn un o'r disgyblion cyntaf. Achosodd hynny ffrae rhwng y teulu a'r offeiriad lleol, J. O'Reilly-Gibbons, oedd o'r farn y dylai plant o deuluoedd Catholig gael addysg Gatholig. Aeth pethau mor ddrwg nes i'r offeiriad fygwth ysgrifennu at y Pab yn gofyn iddo esgymuno Victor Hampson-Jones o'r Eglwys. Ond ddigwyddodd hynny ddim, ac ymhen blynyddoedd cafodd Victor ei anrhydeddu gan yr Eglwys trwy ei wneud yn aelod o Urdd Sant Gregori.

Nid ym Morgannwg yn unig y gwelwyd hyder newydd ymysg Catholigion Cymraeg ar ddechrau'r 1950au. Mae erthygl yn y *Menevia Record* yn Nhachwedd 1953 yn adrodd fod y Cylch Catholig yn mynd o nerth i nerth, a'r flwyddyn honno'n hynod brysur. Roedd Dydd Gŵyl Ddewi wedi ei ddathlu yn eglwys newydd Gellilydan gan gynulleidfa fawr, gyda'r Tad McHugh o Fangor yn pregethu yn Gymraeg. Ddydd Llun y Pasg roedd aelodau wedi cyfarfod yng Nghonwy mewn Offeren dros Dröedigaeth Cymru. Ac ar y Sulgwyn cafwyd gorymdaith gyntaf y Cylch i Ffynnon Gwenffrewi yn Nhreffynnon. Soniwyd eisoes am Offeren yn y Rhyl yn Awst i fendithio'r Eisteddfod Genedlaethol.

Cynhaliwyd y Tridiau Gweddi blynyddol yng Ngholeg y Carmeliaid yn Llandeilo ddiwedd Awst a dechrau Medi.

Mewn erthygl arall yn yr un rhifyn, ysgrifennodd Cathrin Daniel:

> Yn y cyfnod hwn gwelir dechrau diddordeb newydd yn yr Eglwys Gatholig a fu'n fam ac yn noddfa i'r genedl am bymtheg canrif. Erbyn heddiw gellir bod yn sicr fod ym mhob plwyf Catholig yng Nghymru ddau neu dri o eneidiau a gafodd hyd i'r ffordd yn ôl at hen grefydd ein hynafiaid.

Roedd darparu gweithgareddau ieuenctid Cymraeg i Gatholigion yn ddatblygiad pwysig gan y Cylch yn genedlaethol ar ddechrau'r pumdegau. Yn Awst trefnodd y Cylch wersyll i Gatholigion ifanc ym Mlaenau Ffestiniog. Hwnnw oedd y tro cyntaf i lawer o'r mynychwyr gymdeithasu yn Gymraeg gyda chyfoedion Pabyddol o'r tu allan i'w plwyf eu hunain. Bu dau wersyll arall yn y Blaenau yn y blynyddoedd canlynol ac mae rhai a ddaeth i adnabod ei gilydd yn y gwersylloedd hynny yn dal mewn cysylltiad â'i gilydd. Yn y penodau nesaf cawn atgofion rhai o'r genhedlaeth honno.

Peter Hourahane

Pymtheg oed oedd Peter Hourahane o Gaerdydd pan ymunodd â'r Cylch Catholig yn 1953. Roedd yn byw yn Llanisien ac yn ddisgybl yng Ngholeg Illtud Sant, ysgol uwchradd Gatholig. Roedd hynafiaid ei dad wedi dod i Gaerdydd o Iwerddon yn yr 1840au, a theulu ei fam yn Saeson, er iddi hi gael ei geni yng Nghaerdydd. Roedd ei fam wedi troi at y Ffydd Gatholig. Peter oedd y cyntaf yn y teulu i siarad unrhyw Gymraeg:

Mae'n anodd gwybod pam, ond roedd diddordeb gyda fi o'r dyddiau cyntaf pan oeddwn i yn yr ysgol gynradd, ysgol breifat Gatholig. Doedd dim Cymraeg yno o gwbl yno, ond roeddwn i'n teimlo'n Gymro ac yn perthyn i Gymru.

Gwyddelod oedd y rhan fwyaf o'r athrawon yn yr ysgol uwchradd, a doedd dim llawer o deimlad o Gymreictod yno. Ond roedd Peter yn ddigon ffodus i gael gwersi Cymraeg, a chyflwyniad i'r iaith, gan yr ysgolhaig Dr Glyn Ashton:

> Roedd e'n dda iawn am ddysgu bechgyn fel fi oedd â dim dawn arbennig am ieithoedd. Unwaith oedd e'n sylweddoli bod diddordeb gyda fi roedd e'n helpu ac yn annog fi lot fawr. Mi wnes i Gymraeg yn yr ysgol lan i lefel O – "Welsh 3". Ei dysgu fel iaith estron. Mi ddysgais i gyda Glyn iaith oedd yn fy marn i erbyn hyn yn rhy lenyddol. Er ei fod e'n dod o'r Barri roedd e'n dysgu iaith lafar oedd yn tueddu i fod yn rhy ogleddol i mi.

Ar ôl mynd i Goleg y Brifysgol yng Nghaerdydd a chwrdd â Chymry Cymraeg iaith gyntaf y daeth i gymdeithasu'n naturiol yn yr iaith. Roedd Victor Hampson-Jones yn athro yn yr un ysgol â'i dad yng Nghaerdydd cyn iddo symud i Faesteg, a chafodd y cysylltiad hwnnw effaith ar y ddau deulu. 'Roedd Vic yn ddylanwad Cymreig ar fy nhad a nhad yn ddylanwad Catholig ar Vic,' meddai. Trwy'r cysylltiad hwnnw yr aeth Peter ar ei daith gyntaf i Flaenau Ffestiniog:

> Mae'n amlwg fod fy nhad wedi siarad gyda Vic a dweud bod diddordeb gyda fi mewn pethau Cymraeg ac fe ddaeth llythyr gan Edna, oedd yn ysgrifennydd y Cylch Catholig yn y de, yn dweud eu bod nhw'n mynd â grŵp o bobl ifanc o'r de i'r gogledd ar gyfer ysgol haf ieuenctid y Cylch Catholig.

Es i gyda nhw, a gyda ffrind o'r ysgol hefyd, dair gwaith, i Flaenau Ffestiniog. Roedd lot mwy o Gymraeg yno ac roedden ni'n dysgu mwy am y traddodiad Catholig Cymraeg. Yr arweinyddion oedd y Tad Ryan ac Edna Hampson Jones. Roedd rhaid defnyddio'r ddwy iaith yno oherwydd ein bod ein ni, y fintai o'r de, bron bob un yn ddi-Gymraeg. Ond roedd e'n ffordd o ddysgu rhyfraint am yr iaith. Rwy'n cofio hefyd mynd ar bererindod i Ynys Enlli, ac i Gellilydan lle'r oedd relic y Sant John Roberts. Roedden ni'n dawnsio gwerin a chanu yn Gymraeg. Roedd fy chwaer iau, Sheelagh, yn dod hefyd.

Ar ôl llwyddiant y gwersylloedd – neu ysgolion haf – roedd gweithgareddau'n cael eu trefnu yng Nghaerdydd. Sefydlwyd cangen yng Ngholeg Illtud Sant, a chynhaliwyd Rali Fawr yr Ieuenctid gyda grwpiau o Lydaw ac Iwerddon hefyd yn bresennol. Gwnaed ymgais i ddatblygu cangen ar gyfer pobl o bob oed yn y ddinas, er mwyn adfywio gweithgareddau Paul Flynn [yr Aelod Seneddol wedyn] ac eraill ychydig ynghynt. Byddai cyfarfodydd yn cael eu cynnal yng Nghaplandy'r Brifysgol yng Nghaerdydd, gyda chefnogaeth y Caplan, y Tad Leo Caesar. Trefnodd Rhanbarth y De gystadleuaeth ysgrifennu traethodau yn y ddwy iaith bob blwyddyn ar Ddydd Gŵyl Dewi.

Gweithgaredd pwysicaf y de, ym marn Peter, oedd Gwasanaeth Bendith y Sagrafen Fendigaid.

Roedd hwn i raddau mawr yn Gymraeg, gyda rhyfraint yn Lladin. Cynhaliwyd y gwasanaethau bob tri mis mewn plwyf gwahanol bob tro. Dilynwyd y gwasanaethau gyda the ac wedyn sgwrs a thrafodaeth am ryw agwedd o hanes Catholig Cymru. Côr Catholig Maesteg, dan arweiniad Victor Hampson-Jones, oedd asgwrn cefn y gwasanaethau.

Mae Peter Hourahane wedi aros yn aelod o'r Cylch Catholig ers y dyddiau hynny, gan weld llanw a thrai yn ei hanes. Mater o fodoli oedd hi am flynyddoedd, heb fawr ddim yn digwydd, meddai. Ond wrth weld twf yn y Cylch yn y blynyddoedd diwethaf, a'r pwyslais unwaith eto ar gynnal cyrsiau i'r bobl ifanc, mae'n ffyddiog ynglŷn â'r dyfodol.

Llew Goodstadt

Y Merrion Hotel, gyferbyn ag adeiladau Llywodraeth Iwerddon, yw gwesty mwyaf moethus Dulyn. Yma y bu'r Arlywydd Barack Obama yn ymarfer ei Wyddeleg gydag aelod o'r staff cyn annerch torfeydd a'i croesawodd i'r Ynys Werdd. Ac yma y byddai penaethiaid sefydliadau ariannol y byd yn aros yn ystod eu trafodaethau ag arweinwyr Iwerddon wedi tranc economi'r 'Teigr Celtaidd'.

Penthouse ar lawr uchaf y Merrion, gyda golygfa odidog dros y ddinas a mynyddoedd Dulyn a Wicklow, yw cartref Llew Goodstadt a'i wraig am hanner y flwyddyn. Tsieinëeg yw iaith yr aelwyd, ac maen nhw'n treulio gweddill y flwyddyn yn Hong Kong. Bu'r Cymro â'r cyfenw Almaeneg am gyfnod yn brif gynghorydd polisi i lywodraethwr Prydeinig olaf y dalaith honno, Chris Patten.

Mae'r silffoedd llyfrau niferus yn y *penthouse* yn cynnwys cyfrolau mewn sawl iaith ar sawl pwnc, gyda llawer ohonyn nhw ar destunau economaidd a gwleidyddol. Mae cornel arbennig i ddramâu ac ysgrifau Saunders Lewis, awdur y mae Mr Goodstadt wrth ei fodd yn trafod ei waith. Mae'n siarad Cymraeg yn rhugl, ond mae'n anodd lleoli ei acen. Does fawr o syndod, gan iddo fyw yn blentyn yn Sir Fôn a Sir Benfro a chael ei addysg yn Sir Gaerfyrddin, cyn mynd i grwydro'r byd.

Ei hen dad-cu oedd y Goodstadt a ddaeth â'r cyfenw teuluol i'r ynysoedd hyn. Yng nghyfnod Bismarck, cyn bod yr Almaen fel y cyfryw yn bod, roedd yr Iddew hwnnw wedi rhagweld y cythrwfl a fyddai'n corddi'r rhan honno o'r cyfandir. Cododd ei bac a dal llong am yr Unol Daleithiau, ond am ryw reswm fe laniodd rywle yn Lloegr, heb air o Saesneg.

Roedd y Goodstadt hwnnw wedi annog ei fab i fynd yn filwr, gan y gallai lifrai'r Brenin ei helpu i gael ei dderbyn gan y Saeson er gwaetha'i enw estron. Roedd yn yr uned gyntaf i hwylio i Ffrainc ar ddechrau'r Rhyfel Mawr. Y milwr hwnnw, tad-cu Llew Goodstadt, oedd y cyntaf o'r teulu i droi'n Babydd, er nad oes neb bellach yn gwybod pam. Roedd yntau wedi perswadio'i fab, tad Llew, i ymuno â'r Fyddin adeg dirwasgiad yr 1920au. Gwnaeth yntau hynny, yn 16 oed, ar ôl tyngu ei fod yn ddeunaw. Yn 19 roedd wedi cael ei anfon i India i ymladd ar y ffin ag Affganistan.

Cyn yr ail ryfel byd cafodd ei anfon i Sir Fôn lle bu'n helpu i sefydlu ysgol 'Anti Aircraft Artillery'. Un o'i gyfrifoldebau, petai'r Almaenwyr wedi cyrraedd yr ynys, fuasai dinistrio pont Telford dros y Fenai. Aeth y teulu i fyw yn Rhosneigr, lle'r oedd y gymdeithas bron yn uniaith Gymraeg.

Symudodd y teulu wedyn i Sir Benfro, gan letya gyda theuluoedd Cymraeg. Yr oedd yr Offeren yn bwysig iawn. Byddai ei dad yn talu am dacsi bob Sul i fynd â'r teulu i'r Offeren agosaf, bum milltir i ffwrdd, pan oeddynt yn byw ym Maenorbŷr. A phwysig hefyd oedd cael addysg Gatholig. Yn wyth oed, dechreuodd Llew ddal trên o Ddoc Penfro i Ddinbych-y-pysgod, taith o ryw ddeg milltir, i'r ysgol gwfaint. Pan ddaeth yn adeg iddo symud i ysgol uwchradd, clywodd ei rieni gan offeiriad yn yr ardal fod y Carmeliaid wedi agor ysgol breswyl Gatholig yn Nhre-gib ger Llandeilo. Roedd ei dad yn benderfynol na châi ei blant fynd i ysgolion Protestannaidd y wladwriaeth, ac yn Nhre-gib y treuliodd Llew y chwe blynedd nesaf.

Nid oedd yr ysgol yn rhoi lot o le i'r Gymraeg, gyda'r Weddi dros Gymru yn cael ei hadrodd yn Gymraeg a

Saesneg, ond llai nag awr a hanner o wersi Cymraeg bob wythnos. Er bod Llew yn siarad yr iaith yn iawn, doedd o ddim yn ei sgwennu'n dda, ac yntau heb gael Cymraeg o gwbl yn ei addysg gynradd. Ond pan oedd yn y chweched dosbarth cyflogodd yr ysgol gyn-athro hanes yr ysgol ramadeg leol, Ioan Jenkins, i ddysgu Cymraeg. Trwy glywed y Protestant hwnnw'n trafod hanes a llenyddiaeth Cymru yn academaidd, cafodd ei symbylu i wella'i Gymraeg ysgrifenedig.

Daeth i wybod am fodolaeth y Cylch Catholig ar ddechrau'r pumdegau, a chlywodd gan offeiriad fod y Cylch yn cynnal cystadleuaeth ysgrif Gymraeg. Y testun oedd 'Mynachlogydd Cymru'r Oesoedd Canol', pwnc na wyddai ddim amdano. Er nad oedd wedi ysgrifennu fawr ddim yn Gymraeg cyn hynny, rhoddodd gynnig arni ac ennill gini o wobr.

Byddai'n clywed newyddion am y Cylch gan bobl fel Michael Rees, oedd yn athro Ffrangeg yn Nhre-gib. Bu hwnnw'n ei annog i gysylltu ag Adran Ieuenctid y Cylch oedd wedi ei sefydlu'n anffurfiol ym Maesteg. Aeth Rees wedyn i Rufain, ac fe'i hordeiniwyd yn offeiriad ond yr oedd rhaid iddo gael ei ryddhau o'i urddau oherwydd anawsterau personol. Yn ei 60au, ymddeolodd i fynachlog Ynys Bŷr lle cafodd ganiatâd i ddychwelyd i'w urddau unwaith eto. Roedd yn aelod brwd o'r Cylch a byddai'n hyrwyddo diddordeb y bechgyn yn ei raglenni.

Meddai Llew Goodstadt:

Roeddwn i am fod yn offeiriad yr adeg honno ac o ddifri am ddod yn gyfarwydd ag offeiriaid oedd yn weithgar ac yn Gymry Cymraeg. Roedd pobl fel y Daniels a'r Hampson-Jones's yn gyfeillgar iawn ac fel ail deulu i mi. Ar ochr fy nhad roeddwn i'n hen gyfarwydd â sefydliadau'r Eglwys ac offeiriaid yr Esgobaeth. Roedd fy nhad yn frwd iawn dros y

Ffydd. Yn y Fyddin roedd e bob amser yn trefnu moddion ar gyfer ei gyd-Gatholigion ac yn dod i nabod yr offeiriaid.

Ond yn y Cylch Catholig roedd yn ddiddorol iawn dod o hyd i'r grŵp bach yma o Gatholigion oedd yn danbaid dros y Ffydd ac eto ddim yn perthyn fel petai. Doeddwn i ddim yn deall hynny! Ac rwy'n cofio Nhad yn fy rhybuddio fi ynglŷn â'r Cylch. Roedd e mewn lle anodd, achos roedd yr Esgob wedi rhoi nawdd i'r Cylch, felly doedd dim lladd i fod ar y Cylch. Ond roedd ei ffrindiau ymhlith yr offeiriaid yn dweud wrtho fod y Cylch yn rhywbeth od iawn, braidd yn snobyddlyd, y crachach, pobl oedd yn dyrchafu addysg, yn ymddiddori mewn diwinyddiaeth, yn medru darllen Ffrangeg ac Almaeneg – ac yn llawn Anghydffurfwyr! Dwi'n cofio Nhad yn dweud y pethau yma, a finna'n ateb fod hyn yn rhyfedd o beth. "Roeddech chi yn y Fyddin, sy'n llawn o Brotestaniaid, anffyddwyr a phob math o bobl amharchus, a dyma chi'n cwyno amdana i am berthyn i gymdeithas sydd dan nawdd yr Esgob!"

O Dre-gib aeth i astudio ar gyfer yr offeiriadaeth ym Maynooth yn Iwerddon. Ond er iddo gael amser wrth ei fodd yno, gadawodd wedi llai na blwyddyn ar ôl penderfynu na allai fod yn offeiriad. Mae'n falch, serch hynny, iddo gael y profiad:

Roedd Maynooth ymhlith y prifysgolion a cholegau mwyaf rhyddfrydol oedd yn bod. Ymhlith y darlithoedd cyntaf i fyfyrwyr newydd mi ddwedodd ein pennaeth y byddai rhai ohonon ni'n siŵr o fod yn poeni am yr *Index*, rhestr o lyfrau nad oedd Catholigion i fod i'w darllen heb ganiatâd. "Peidiwch chi â phryderu," medda fo, "mi ellwch gymryd yn ganiataol bod ganddoch chi hawl i ddarllen popeth sydd ar gael yn ein llyfrgell ni, gan gynnwys pob cyfrol sydd wedi cael ei chollfarnu yn yr *Index*." Roedden ni'n cael darllen nofelau Ffrengig Balzac ac eraill oedd i'r rhan fwyaf o

Babyddion yn Iwerddon yn rhyw fath o *soft porn*. Doedd dim culni meddwl yn eu plith nhw.

Cafodd grant i astudio economeg ym Mhrifysgol Manceinion, ac aros yno i wneud MA, gan dreulio tymor yn ymchwilio ym Mhrifysgol Bangor. Ymlaen wedyn i Brifysgol Rhydychen gydag ysgoloriaeth gan y Weinyddiaeth Amaeth i astudio am ddiploma mewn economeg amaethyddol.

Yn Rhydychen un Sul aeth i Offeren gyda'i hen ffrind John Daniel. Sylwodd ar ferch ifanc yn cerdded i mewn yn hwyr, mewn *pencil skirt a* sodlau *stiletto*. Ei henw oedd Rhosyn ac roedd yn hanu o Hong Kong. 'Felly dyma fi'n mynd i Hong Kong, ac yno'r ydw i wedi bod am fwy na hanner can mlynedd!' meddai.

Roedd aelodau o'i deulu yng nghyfraith wedi dioddef erledigaeth yn Tsieina oherwydd eu Catholigrwydd, stori ddirdynnol sydd y tu hwnt i faes y llyfr hwn. Gwelodd yntau fod ei Gymreictod yn ei gwneud yn hawdd dygymod â byw yn Hong Kong gan dderbyn mai Tsieinëeg fyddai iaith addysg ei blant. Yn ogystal â'i swydd yn cynghori'r llywodraeth mae'n newyddiadurwr ac awdur nifer o lyfrau Saesneg a Tsieinëeg ar bynciau economaidd a gwleidyddol, ac mae wedi dal nifer o swyddi prifysgol yn Hong Kong ac yn Nulyn.

Trwy bopeth, mae wedi gwerthfawrogi'r profiadau a gafodd trwy'r Cylch Catholig. 'Mae'r Cylch wedi rhoi'r cefndir i mi i ymfalchïo yn fy nhreftadaeth, ac i werthfawrogi'r Eglwys a chymryd yn ganiataol y byddwn i'n medru dod o hyd i ryw ddistawrwydd, rhyw lonyddwch, er gwaetha popeth.'

Wrth edrych yn ôl, mae'n meddwl fod gweithgareddau'r Cylch ar gyfer y to ifanc wedi bod yn arbennig o werthfawr i blant oedd yn byw ar ffiniau Cymreictod. Un peth y mae'n ei gofio am yr ysgol haf ym Mlaenau Ffestiniog yw bod Peter Hourahane ac yntau'n lletya mewn tŷ yn Stryd Maenofferen. Go brin fod llawer o drigolion y dref yn sylweddoli hynny, ond roedd yr enw'n mynd yn ôl i'r Gymru Gatholig, pan oedd rhaid cael maen offeren i ddal creiriau merthyron a seintiau yn yr eglwys.

Yr encil blynyddol yw'r gweithgarwch y mae'n teimlo'i golli fwyaf:

Roedd yr encil yn dod â Phabyddion Cymraeg at ei gilydd ac yn gwneud i mi feddwl am Ann Griffiths a'r seiat. Roedden ninnau'n cynnal seiat a chyfnewid profiadau, rhai ohonyn nhw'n bersonol, rhai'n ysbrydol, yn cael gras a rhyw fath o nerth newydd, mynd allan efo rhyw ysbryd newydd, yn llawn hyder ar gyfer y flwyddyn nesa. Yn bersonol dyna'r golled fwyaf i mi ar ôl ymadael â Chymru. Rwy'n dal i alaru ar ôl y Cylch a'r encil ac ati. Mae'n golled ofnadwy.

Catharine Huws NNagashima

Yn ystod seremoni'r Cymry ar Wasgar yn Eisteddfod Genedlaethol Bangor yn 1971, cafodd ffotograffwyr yn rhes flaen y pafiliwn fodd i fyw. Pan oedd y llywydd, Syr David Hughes Parry, dyn tal ac urddasol, ar ganol annerch y gynulleidfa, dyma fachgen teirblwydd oed o Japan oedd yn eistedd ar y llwyfan gyda'i fam yn codi o'i sedd, tynnu un o'i esgidiau a'i chyflwyno'n anrheg i'r siaradwr. Cafodd gymeradwyaeth fyddarol. Daeth Taro NNagashima yn seren dros nos.

Pan aeth yr Eisteddfod i Ynys Môn yn 1999, mam Taro oedd arweinydd y Cymry ar Wasgar. Er ei bod yn dal i fyw yn ninas Zushi yn Japan, mae Catharine Huws NNagashima yn aelod ffyddlon o'r Cylch Catholig.

Cafodd ei geni yn Llundain a'i magu yn un o bump ar aelwyd artistig ym mhentref y Talwrn ar Ynys Môn. Brawd iddi yw Daniel Huws, ysgolhaig disglair a fu'n Bennaeth Llawysgrifau yn y Llyfrgell Genedlaethol. Roedd ei thad, Richard Huws, wedi gadael Ysgol Uwchradd Biwmares a mynd i weithio i gwmni llongau Cammel Laird yn Birkenhead, a'i hanfonodd i astudio pensaernïaeth llongau ym Mhrifysgol Lerpwl. Pan gollodd ei waith yn y dirwasgiad aeth i grwydro'r cyfandir gan dreulio cyfnod yn gwneud brasluniau o bobl ar y traeth yn ne Ffrainc. Roedd yn gartwnydd a cherflunydd, ac yn aelod cynnar o Blaid Cymru. Richard Huws a gynlluniodd y triban oedd ar fathodyn y Blaid tan yn ddiweddar. Daeth yn ôl i Fôn adeg y rhyfel i gynllunio awyrennau i gwmni Saunders-Roe ym Miwmares.

Saesnes o Lundain oedd Edrica Huws, mam Catharine. Bu'n astudio yn y Royal College of Art cyn datblygu gyrfa fel arlunydd. Roedd hefyd yn fardd, a chyhoeddwyd ei gwaith yn y cylchgrawn *Wales* ac yn y *Listener*. Ar ôl troi ei hanner cant dechreuodd wneud lluniau clytwaith a gafodd glod uchel.

Magodd bump o blant, a phan oedden nhw'n fach dechreuodd Edrica gymryd diddordeb yn yr Eglwys Gatholig. Mae Catharine yn cofio mynd gyda'i mam i Offeren Nadolig yn Llangefni pan oedd carcharorion rhyfel o'r Eidal o gwmpas. Mewn hen lofft stabl ar y sgwâr y byddai'r Catholigion yn cyfarfod ar y pryd. Yn ddiweddarach y cafwyd eglwys bwrpasol yn Llangefni.

Byddai Edrica'n mynd i'r ganolfan ar ei beic pan gâi rywun i ofalu am y plant, ac yn y diwedd fe benderfynodd ymuno â'r Eglwys. Doedd Richard Huws, oedd yn gapelwr, ddim yn hapus ar y dechrau, ond lliniarodd ei agwedd wedyn. Pan oedd hi'n un ar ddeg oed penderfynodd Catharine, oedd wedi ei bedyddio yn yr Eglwys Anglicanaidd, y byddai hithau'n troi'n Gatholig.

'Fy rheswm i yn bennaf oedd fy mod i'n meddwl y buaswn i'n medru bod yn deg i fy rhieni,' meddai. 'Ro'n i'n gweld fy hun yn hollol fel Cymraes ac eto roedden ni'n byw mewn pentre lle'r oedd Mam yn sefyll allan am mai Saesnes oedd hi. Mi oedd hi wedi trio dysgu Cymraeg ond doedd ganddi ddim llawer o hyder i'w siarad, a Saesneg oedd iaith yr aelwyd. Wrth ddewis ei chrefydd hi mi oeddwn i'n medru bod yn Gatholig 'run fath â hi, ac fel Cymraes mi o'n i'r un fath â nhad.'

Wnaeth Catharine erioed ddifaru iddi droi. 'Un o'r pethau oeddwn i'n werthfawrogi am y grefydd Gatholig bryd hynny oedd mai'r Lladin oeddan nhw'n ddefnyddio,' meddai. 'Roeddach chi'n medru teithio'r byd ac mi oedd yr Offeren yr un fath ym mhob man.'

Bu yn ysgol uwchradd Llangefni am ddwy flynedd, ond ar ôl ei thröedigaeth roedd ei mam yn awyddus iddi gael addysg Gatholig. Roedd gan ei mam ffrind oedd wedi troi'n Gatholig ar yr un adeg â hithau, Saesnes oedd heb blant ei hun a chanddi rywfaint o arian wrth gefn. Cynigiodd dalu'r ffi i anfon Catherine i ysgol y Cwfaint yng Nghaergybi, gyda'i chwaer Angharad yn ei dilyn flwyddyn yn ddiweddarach. 'Doedd fy nhad ddim yn gwrthwynebu achos nid y fo oedd yn talu!' medd Catherine. 'O fan honno mi es i Brifysgol Aberystwyth i astudio Daearyddiaeth ac mi o'n i'n hapus iawn i fod yn ôl mewn *milieu* Cymraeg.'

Ar ôl graddio cafodd ysgoloriaeth gan Lywodraeth Ffrainc i astudio am flwyddyn ym Mhrifysgol Grenoble. Yn ansicr beth i'w wneud wedyn, ac yn awyddus i wneud defnydd o'i chefndir Daearyddiaeth, gwnaeth benderfyniad a newidiodd gwrs ei bywyd: aeth i Wlad Groeg ar gefn sgwter, i chwilio am waith. 'Taswn i heb gael gwaith, mi faswn wedi dod adre, ond mi gefais *work permit* i weithio yno dros yr haf.' Yn ystod yr haf hwnnw y cyfarfu ei gŵr, Koichi NNagashima o Japan, oedd yn treulio blwyddyn yng Ngroeg ar ôl gwneud MA mewn cynllunio trefol ym mhrifysgol Harvard.

Trwy gyd-ddigwyddiad roedd Koichi hefyd yn Babydd, ac roedd hynny'n dda o beth gan iddyn nhw benderfynu priodi yng Ngroeg. Doedd dim y fath beth â phriodasau sifil yno bryd hynny, a dim ond mewn eglwys neu fosg y gellid priodi. Priododd y ddau ym mhrif eglwys Athen yn 1965 a mynd i fyw i Japan. Ddaeth Catharine ddim adref i Gymru wedyn tan y digwyddiad enwog pan ddaeth â'i phlant i lwyfan Eisteddfod Genedlaethol Bangor yn 1971.

Cyn iddi droi'n Gatholig roedd Catharine eisoes wedi dod i adnabod Cathrin Daniel, ar ôl eu cyfarfod ym mhriodas ei hewythr. Daeth y ddau deulu'n ffrindiau, a thrwyddyn nhw y daeth i wybod am y Cylch Catholig. Tra'r oedd Catharine yn y Cwfaint yng Nghaergybi, roedd ei mam wedi diflasu ar fyw mewn tŷ heb drydan na chyflenwad dŵr yn y Talwrn, a pherswadiwyd Richard Huws i dderbyn swydd gyda chwmni peirianneg awyrennau Saunders-Roe yn Cowes ar Ynys Wyth. Symudodd y teulu i fyw yno, gan adael Catharine ac Angharad yn y cwfaint. Yn 1955, pan oedd ar ei blwyddyn gyntaf yn y chweched dosbarth, clywodd am ysgol haf y Cylch ym Mlaenau Ffestiniog. Hwnnw oedd ei phrofiad cyntaf hi ac Angharad o weithgareddau'r Cylch.

Byddai cyfarfodydd gweddi yn y bore, Offeren bob dydd, teithiau o gwmpas yr ardal gan gynnwys yr eglwys newydd yng Ngellilydan gerllaw, a diwrnod yn yr Eisteddfod Genedlaethol ym Mhwllheli. Nid yn annisgwyl yn y Blaenau, roedd ambell ddiwrnod glawog pan oedd rhaid iddyn nhw ddiddanu eu hunain mewn neuadd eglwys. Byddai Raymond ac Elin Garlick yn trefnu rhai pethau, ac mae Catharine yn cofio cyfraniad un o'r bobl ifanc:

> Roedd Llew Goodstadt yn cael pawb i wneud *speech* dau funud. Roedd o'n dda ei hun, yn gwybod sut i wneud, ond doedd gan rai ohonon ni ddim syniad. Doeddan ni ddim yn cael dewis ein pwnc, roedd hwnnw'n cael ei dynnu allan o het. Roeddwn i'n gorfod siarad am ryw fand nad o'n i'n gwybod dim byd amdano.
>
> Hon oedd yr ysgol haf gyntaf yn y Blaenau i Llew Goodtadt a fi, ond roedd rhai fel Peter Hourahane yno am y trydydd tro. Roedd Llew wedi bod mewn ysgol i fechgyn ac ar fin mynd i Maynooth yn Iwerddon i fynd yn offeiriad. Dwi ddim yn meddwl ei fod o wedi cwrdd â llawer o ferched cyn hynny a bod cyfarfod criw ohonon ni yn dipyn o sioc iddo. Ar ôl yr ysgol haf roedd o'n sgwennu llythyrau o Maynooth at Anna [Daniel], Angharad a finnau yn y Cwfaint yng Nghaergybi. Dwn i ddim beth oedd y lleianod yn feddwl achos roeddan nhw'n darllen bob dim, a'r llythyrau 'ma'n cyrraedd o Maynooth yn Gymraeg.
>
> Roeddan ni'n teimlo'n llai unig wedyn fel Catholigion Cymraeg ac yn dod i nabod pobol o wahanol rannau o Gymru. Ar ôl Blaenau mi aethon ni ar ysgolion haf i Aberhonddu a Threffynnon.

Un peth oedd y teulu'n ei golli yn yr eglwys Gatholig oedd y canu. 'Doedd yr emynau ddim hanner cystal ag yn y capel neu'r eglwys,' medd Catharine. Doedd fy nhad ddim yn mynd i'r capel lawer iawn ond roedd o'n hoff iawn o ganu emynau. Roeddan ni'n treulio llawer i noswaith yn eistedd o gwmpas y tân yn canu emynau a chaneuon gwerin. Ar ôl symud i Cowes, roeddan ni'n hiraethu am Gymru ac roedd fy nhad yn mynd yn isel iawn weithiau. Pan oedden ni'n ei weld o'n isel oedden ni'n canu ac roedd hynny'n codi'i galon. Nid emynau Catholig oedden ni'n ganu ond emynau capel ac emynau eglwys.'

Ar ôl tair blynedd yn Cowes cafodd Richard Huws waith darlithio ym Mhrifysgol Lerpwl, a symudodd y teulu i fyw yn Llanrwst.

Ddaeth Catharine ddim ar draws unrhyw ddrwgdeimlad personol ar ôl troi'n Gatholig. Ond mae'n cofio digon o anwybodaeth ar y ddwy ochr. 'Dwi'n cofio yn yr ysgol yn Llangefni, mi fyddai rhai yn gofyn ai'r un peth ydi Catholigion ac Iddewon, pethau felna.'

Daeth ar draws rhagfarnau o'r ochr arall yn y Cwfaint, yn enwedig gan offeiriaid Gwyddelig:

Ro'n i wedi bod yn aros dros y Sulgwyn unwaith efo fy modryb yn Llanfairpwll ac wedi mynd efo fy modryb i'r eglwys. Yn ôl yn y cwfaint doeddwn i ddim yn siŵr beth i'w ddweud amser y gyffes. Doeddwn i ddim yn meddwl 'mod i wedi pechu, a ddylwn i ddim bod wedi dweud dim. Ond dweud wnes i 'mod i wedi bod yn yr eglwys Anglicanaidd y dydd Sul cynt. Wnaethoch chi gyfrannu at y gwasanaeth? Do medda fi. Wnaethoch chi ganu'r emynau? Do. "O, dwi ddim yn gwybod os medra i faddau ichi am hyn, mi fydd rhaid imi ofyn i'r Esgob," medda fo. Ac mi wnaeth o 'nghadw i mewn am ryw hanner awr. Dim ond rhyw dair ar ddeg oed oeddwn i. Mi oeddan nhw mor gul, ond dwi'n meddwl mai eithriad oedd hwn.

Cadwodd Catharine ei chysylltiad â Chymru ac â'r Cylch Catholig trwy'r blynyddoedd. Roedd ar bererindod cyd-enwadol y Cylch i Sbaen yn 2010, y cawn ei hanes mewn pennod arall.

'Mae'n hynod ein bod ni'n medru bod yma efo'n gilydd o wahanol enwadau a theimlo'n bod ni i gyd ar yr un donfedd,' meddai. 'Petai hyn wedi digwydd ers talwm mi fuaswn i

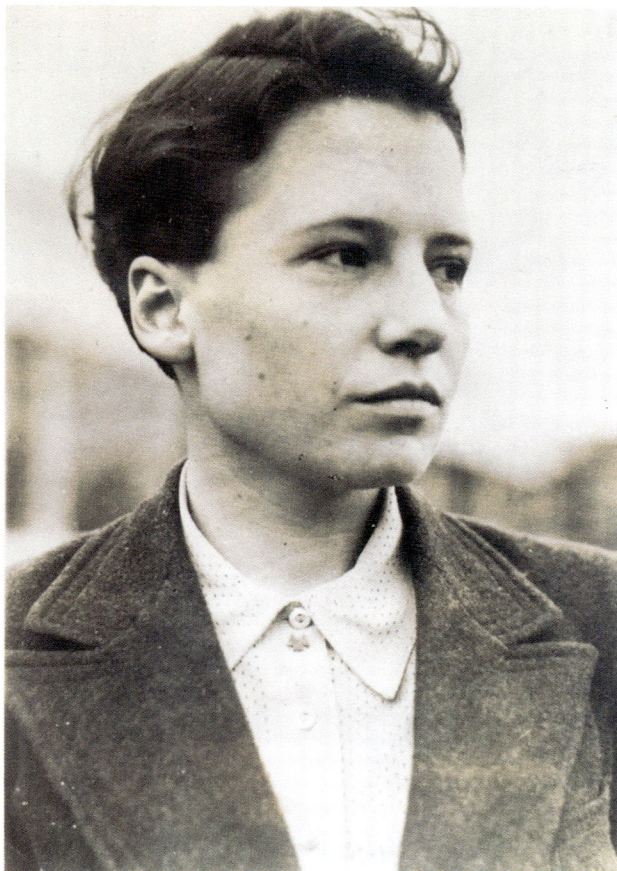

Catherine Daniel.

Cyfarfod cynnar o'r Cylch, Saunders Lewis ar y dde bellaf ac R. O. F. Wynne yn y canol yn y cefn.

Y Tad John Fitzgerald a'i gyfaill, Joe Brown y tu allan i stondin y Cylch Catholig yn Eisteddfod Genedlaethol Llandeilo, 1996.

(Hawlfraint: Wil Roberts)

Offeren wrth y ffynnon yn Nhreffynnon. O'r chwith i'r dde, y Tad Michael Tomkins a'r Esgob Edwin.

(Hawlfraint: Wil Roberts)

Pererindod i Aberteifi fis Mawrth, 1998 gyda'r Esgob Edwin (canol), y Tad John Fitzgerald (dde), Offeiriad y Plwyf, y Tad Ieuan Wyn, Y Tad Harding Rees gyda'r gweision allor dan ofal Mrs Bernadette Williams (chwith bellaf) a'r tair Cymraes, Gwenllïan, Rhianwen a Heddwen Daniel.

(Hawlfraint: Wil Roberts)

Criw o Gatalwnia o flaen stondin y Cylch yn Eisteddfod Genedlaethol Llandeilo, 1999 gyda Sue Roberts a'r Tad John Fitzgerald, oedd yn dysgu Catalaneg ar y pryd.
(Hawlfraint: Wil Roberts)

Gorymdaith o'r allor ar ôl Offeren Eisteddfod Genedlaethol Llanelli, 2000.
(Hawlfraint: Wil Roberts)

Stondin driphlyg ar y cyd â Mynachlog Ynys Bŷr, Eisteddfod Tyddewi, 2002.
(Hawlfraint: Wil Roberts)

Y gwersyll ieuenctid cyntaf yng Nglan Llyn dan ofal yr Esgob Edwin, y Tad Dorian Llywelyn (dde), Dafydd Sherrington (chwith) a Sue Roberts.
(Hawlfraint: Wil Roberts)

Y Tad Dorian Llywelyn gyda'i acordion yn yr Offeren yng Nghlan Llyn.
(Hawlfraint: Wil Roberts)

Schola Sant Joseph, Pwllheli, ar risiau'r Basilica yn Lourdes.
(Hawlfraint: Wil Roberts)

Yr Esgob Daniel Mullins, yr Archesgob Peter Smith ac, i'r dde, Canon Cunanne a'r Tad Ceirion Gilbert yn yr Offeren yn Eglwys Teilo Sant yn Sain Ffagan.
(Hawlfraint: Wil Roberts)

Yr Esgob Edwin yn cael ei urddo i'r wisg wen.
(Hawlfraint: Wil Roberts)

Y Tad Tony Hodges yn cael ei dderbyn i'r Orsedd.
(Hawlfraint: Wil Roberts)

Y Tad Allan R. Jones yn derbyn y wisg werdd.

(Hawlfraint: Wil Roberts)

Sue Roberts yn cael ei hurddo yn y wisg las yn yr Orsedd.

(Hawlfraint: Wil Roberts)

Daniel Huws yn cyflwyno'r copi cyntaf o *Emynau Catholig* i'r Archesgob Peter Smith.

(Hawlfraint: Wil Roberts)

Pwyllgor cyhoeddi *Emynau Catholig*, Carys Whelan, Gillian Williams, Daniel Huws a Sue Roberts.
(Hawlfraint: Wil Roberts)

Pererindod i Santiago de Compostella yn cyrraedd sgwâr Sant Iago.
(Hawlfraint: Wil Roberts)

Ioan Roberts, yr awdur, a'r Esgob Edwin Regan yn Santiago de Compostella.
(Hawlfraint: Wil Roberts)

Cyfarfod â Jill Evans, Aelod Seneddol Ewrop yn Senedd Ewrop ar daith i Frwsel a Douai.
(Hawlfraint: Keith O'Brien)

Jill Evans ASE yn derbyn llun o Sant John Roberts oddi wrth yr Esgob Edwin yn Senedd Ewrop.
(Hawlfraint: Keith O'Brien)

Baner dathliadau Sant John Roberts a gomisiynwyd gan y Cylch gan Sue Booth. Roedd y faner yn bresennol yn yr holl ddathliadau.
(Hawlfraint: Wil Roberts)

Sue Roberts yn annog cynulleidfa Abaty Cymer i ddod i benllanw dathliad merthyrdod Sant John Roberts yn Eglwys Gadeiriol Westminster.
(Hawlfraint: Keith O'Brien)

Yr Esgob Edwin yn arwain gosgordd yr Offeiriadon yn Abaty Cymer.

(Hawlfraint: Keith O'Brien)

Gosgordd yr Offeiriadon trwy'r gynulleidfa at yr allor yn Abaty Cymer. Ar yr ochr dde, Dr Harri Pritchard Jones, yr Arglwydd Dafydd Elis-Thomas, Eleri Llwyd ac Elfyn Llwyd AS. Ar yr ochr chwith y barnwyr Huw Daniel a Michael Farmer a'u gwragedd.

(Hawlfraint: Keith O'Brien)

Y Cymry'n llenwi Eglwys Gadeiriol Westminster. O'r chwith, Sue Roberts, Maer Westminster a'i chydymaith, Eleri Llwyd ac Elfyn Llwyd AS, Mair Parry Jones a'r Arglwydd Elis-Thomas.
(Hawlfraint: Keith O'Brien)

Gorymdaith at yr allor yn Eglwys Gadeiriol Westminster.
(Hawlfraint: Keith O'Brien)

Sue Roberts yn croesawu Eleri Llwyd, Elfyn Llwyd AS a Huw Edwards yn Eglwys Gadeiriol Westminster.
(Hawlfraint: Keith O'Brien)

Dafydd Iwan yn canu cân 'Oscar Romero' yn Eglwys Gadeiriol Westminster.
(Hawlfraint: Keith O'Brien)

Y Dr Harri Pritchard Jones a'i deulu yn Eglwys Gadeiriol Westminster.
(Hawlfraint: Keith O'Brien)

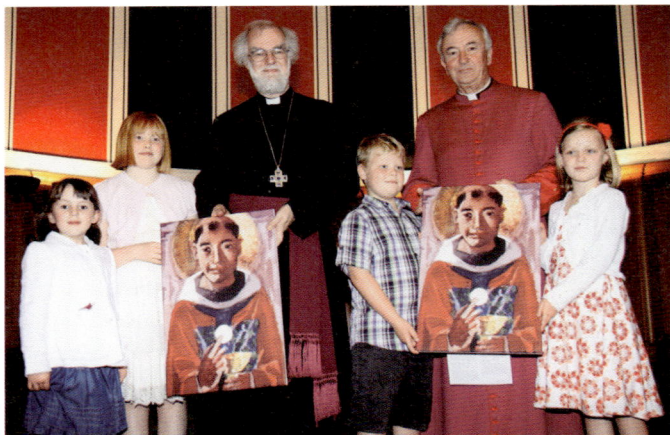

Yr Archesgob Rowan Williams a'r Archesgob Vincent Nichols yn derbyn llun o Sant John Roberts yn Eglwys Gadeiriol Westminster.

(Hawlfraint: Keith O'Brien)

Encilwyr Llantarnam 2013, o'r chwith (cefn) Peter Hourahan, Patrick Whelan, Parch Elfed Jones, Esgob Edwin a'r Tad Allan R. Jones, (blaen) Gwyneth John, Saundra Storch, Carys Whelan.

Yr Esgob Edwin a Patrick Donovan adeg lansio'r *Llyfr Gweddi Bach*.

(Hawlfraint: Wil Roberts)

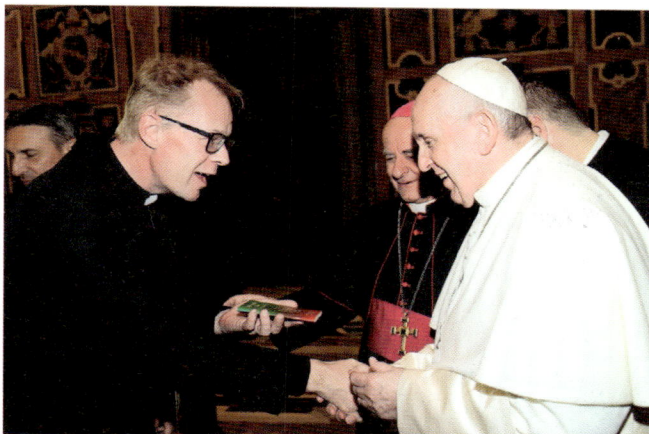

Y Tad Allan R. Jones yn cyflwyno'r *Llyfr Gweddi Bach* i'r Pab Francis.

Y Brodyr Magee yn canu yn Offeren Eisteddfod Genedlaethol Bodedern, 2017.
(Hawlfraint: Wil Roberts)

Y Tad Allan R. Jones, Tim Hughes a'i delyn, a'r pererinion ym Mhennant Melangell.
(Hawlfraint: Wil Roberts)

Yr Hybarch Archddiacon Andrew Jones yn adrodd hanes Cadfan Sant ar bererindod i ddathlu 1,500 mlwyddiant sefydlu ei fynachlog ar Enlli. Tim Hughes gyda'i delyn a Judith Sankey ar yr allweddellau.

(Hawlfraint: Wil Roberts)

Pererinion yn dathlu'r Offeren ar Enlli.

(Hawlfraint: Wil Roberts)

wedi bod mor hapus. Roeddwn i bob amser yn ymwybodol bod yna rywfaint o fwlch.'

Bu farw Angharad, chwaer iau Catharine, yn 49 oed. Roedd wedi priodi Ffrancwr ac yn byw yn Ffrainc. Yn yr Eisteddfod Genedlaethol ganlynol, yn yr Wyddgrug yn 1991, gofynnwyd i'r Tad John Fitzgerald ddweud gweddi arbennig i Angharad yn Offeren y Cylch. Roedd nifer o bobl yno oedd yn nabod Angharad, a ddim yn Gatholigion.

'Mi wnes i wahodd fy modryb oedd yn eglwyswraig yno. Ar ôl yr Offeren dyma Anti Enid yn dweud "Wel Catharine, mi oedd yr Offeren yr un fath yn union â'n un ni yn doedd." Wnaeth hi ddim dweud "Am beth oedden ni'n arfer ffraeo?" ond dyna oedd hi'n olygu. Pam oedd y bwlch yma wedi ffurfio rhyngon ni trwy'r blynyddoedd, a ninnau efo'r un Offeren? Dwi'n teimlo rŵan ein bod ni i gyd wedi sylweddoli nad oes 'na ddim cymaint â hynny o bellter rhyngon ni.'

****

Cyn gadael y teulu rhaid sôn am frawd hynaf Catharine, Daniel Huws, un o aelodau mwyaf dylanwadol y Cylch Catholig am flynyddoedd. Yn wahanol i'w chwaer, dod yn ôl i wneud ei gartref yng Nghymru gyda'i wraig Almaenig fu hanes Daniel. Parhaodd eu plant hwythau'r traddodiad teuluol a ddisgrifiwyd fel hyn gan Harri Pritchard Jones: 'Mae yna elfen grwydrol ynddyn nhw fel teulu a thueddiad i briodi pobl o bob math o wledydd; yn Saeson, Ffrancwyr, Siapaneaid a Sineaid, ac i fyw ar hyd ac ar led yr hen ddaear yma.'

Ganwyd Daniel Huws yn Llundain cyn i'r teulu symud i Ynys Môn. Cafodd ei addysg yn Ysgol Sir Llangefni, ysgol fonedd Bryanston yn Dorset a Choleg Peterhouse, Caergrawnt. Yno daeth yn ffrind agos i'r bardd Ted Hughes a'i wraig, Sylvia Plath. Fel ei dad, priododd yntau Almaenes, Helga, a bu'r ddau yn byw am gyfnod yng nghyffiniau Rhufain lle'r oedd Daniel yn dysgu Saesneg i Eidalwyr. Bu wedyn yn dysgu Mathemateg yn Llundain cyn symud i Aberystwyth yn 1961 ar ôl cael ei benodi'n Geidwad Llawysgrifau yn y Llyfrgell Genedlaethol, swydd y bu ynddi hyd at ei ymddeoliad yn 1992. Mae'n cael ei gydnabod yn brif awdurdod ar lawysgrifau Cymreig yr Oesoedd Canol ac ar gerddoriaeth draddodiadol Cymru.

Cyhoeddodd nifer o gyfrolau barddoniaeth yn Saesneg a chyfrannodd at nifer o gyfrolau, Cymraeg a Saesneg, ar bynciau'n cynnwys gwaith clytwaith ei fam a'i atgofion am Ted Hughes. Bu hefyd yn aelod gweithgar o'r Cylch Catholig trwy'r blynyddoedd, gan gynnal traddodiad deallusol yr arweinwyr cynnar.

Y Chwedegau: Degawd Fatican Dau

YN LLAWYSGRIFEN J. P. Brown, mewn llyfr nodiadau bach clawr caled, mae rhestr o 'Aelodau a Chydymdeimlwyr' y Cylch Catholig, sef 'Rhestr o bawb a ddangosodd ddiddordeb yn ystod blynyddoedd 1958-62'. 'Dylai pawb ar y rhestr', meddai, 'gael eu hysbysu am y Tridiau, apeliadau ariannol ac ati, cyn belled eu bod yn byw "yn Ynysoedd Prydain"'. Dywedodd fod ganddo hefyd restrau aelodaeth adrannau mewn pedair ardal, sef Llangollen, Pwllheli, Caergybi a Llundain, ond credai mai gwastraffu stampiau fyddai anfon rhybuddion am gyfarfodydd i'r bobl hynny. Mae 110 o enwau ar y brif restr. O'r rheini mae 80 y byw yng Nghymru, mwyafrif y gweddill yn Lloegr ac Iwerddon ac eraill ar wasgar yn yr Unol Daleithiau, Canada, Rhufain a'r Iseldiroedd.

Un o'r enwau mwyaf annisgwyl ar y rhestr oedd Julian Hodge, gyda nodyn mewn cromfachau wrth ei ymyl – 'y pres mawr'. Roedd yn hysbys fod y miliwnydd Syr Julian Hodge, sefydlydd Banc Masnachol Cymru, yn Babydd o argyhoeddiad – cynigiodd gyfrannu £3 miliwn tuag at adeiladu Eglwys Gadeiriol newydd yng Nghaerdydd, cynnig a wrthodwyd gan yr Eglwys Gatholig. Ond roedd hefyd yn ffrind i'r Aelod Seneddol gwrth-ddatganoli George Thomas ac yn gefnogwr i'r ymgyrch yn erbyn Cynulliad cyn y refferendwm yn 1979, agwedd wahanol iawn i wleidyddiaeth y rhan fwyaf o aelodau'r Cylch. Nododd rhestr Joe Brown mai Saesneg oedd iaith Julian Hodge a'i fod yn 'tanysgrifio i hysbysiadau'r Cylch'.

Roedd y chwedegau yn ddegawd gynhyrfus i'r Eglwys Gatholig ac i'r Gymru Gymraeg. Am dair blynedd, rhwng Hydref 1962 a Rhagfyr 1965, bu Ail Gyngor y Fatican yn cyfarfod yn Rhufain gan ysgwyd yr Eglwys i'w seiliau. Y nod ganolog oedd diwygio a moderneiddio'r Eglwys i'w gwneud yn fwy perthnasol i'r byd cyfoes. Golygai hynny ddileu'r orfodaeth i'r Offeren gael ei chynnal yn Lladin, ac agor y drws i ddefnyddio ieithoedd brodorol y gwahanol wledydd. Fel y crybwyllwyd doedd hynny ddim wrth fodd rhai o aelodau'r Cylch Catholig, gan gynnwys Saunders Lewis, a ystyriai'r Offeren Ladin yn rhan o'r traddodiad canoloesol oedd mor bwysig iddo. Ar y llaw arall byddai'n agor y drws i ehangu'r defnydd o'r Gymraeg o fewn yr Eglwys, ac yn rhoi cyfrifoldebau newydd i'r Cylch Catholig o ran darparu rhagor o ddefnyddiau Cymraeg ar gyfer y gwasanaethau. Mae'r gwaith hwnnw'n parhau, ac ym marn llawer yn un o gyfraniadau pwysicaf y Cylch.

Ar yr un adeg â Fatican 2 roedd statws cyfreithiol yr iaith Gymraeg yn newid yn sylweddol am y tro cyntaf ers y Ddeddf Uno yn 1536. Symbylodd darlith radio Saunders Lewis yn Chwefror 1962 sefydlu Cymdeithas yr Iaith y mis Awst canlynol. Cyhoeddwyd Adroddiad Hughes Parry yn 1965 a daeth Deddf yr Iaith Gymraeg i rym yn 1967, gan roi 'dilysrwydd cyfartal' i'r iaith am y tro cyntaf. Roedd rhai o aelodau gweithgar y Cylch Catholig yn flaenllaw yn ymgyrchoedd yr iaith hefyd.

Ychydig cyn ei farw yn 1961, roedd yr Archesgob Michael McGrath wedi pwysleisio gwerth yr iaith Gymraeg wrth awdurdodau'r Eglwys. Yn y cofnod am yr Archesgob yn y Bywgraffiad Cymreig ysgrifennodd yr Esgob Mullins:

Crynhoir ei agwedd tuag at Gymru a gwelir pwysigrwydd ei gyfraniad i'w bywyd yn yr adroddiad a ddanfonodd ar 7 Mawrth 1960 i Rufain mewn ateb i gais y comisiwn a oedd yn paratoi at ail Gyngor y Fatican.Wrth ateb y cwestiwn am ddyfodol yr Eglwys Gatholig yng Nghymru rhoes amlinelliad o hanes yr eglwys yn y wlad, gan gyfeirio'n arbennig at y Gwyddelod a ymsefydlodd yng Nghymru dair a phedair cenhedlaeth yn gynt ond a safasai ar gyrion y bywyd Cymreig. Yn ei farn ef y datblygiad mwyaf arwyddocaol wedi Rhyfel Byd I oedd dirywiad yr iaith Gymraeg. Er nad effeithiai hyn lawer yn uniongyrchol ar y gymuned Gatholig, yn anuniongyrchol yr oedd yn ffynhonnell perygl mawr iddi, gan y byddai diflaniad yr iaith yn tanseilio holl fywyd crefyddol y genedl ac yn arwain at ddifaterwch cyffredinol...

Cyfraniad mwyaf yr Archesgob McGrath i fywyd y gymuned Gatholig yng Nghymru ac i fywyd y genedl oedd ei ddirnadaeth glir o bwysigrwydd iaith a diwylliant hanesyddol Cymru. Galluogodd lawer o'i gyd-grefyddwyr i sylweddoli eu bod yn anwahanadwy, a bod eu ffyniant a'u parhad yn hanfodol i iechyd crefyddol y genedl, a hyd yn oed i oroesiad y grefydd Gristionogol yng Nghymru.

Ysgrifennydd newydd, cyfnod newydd

ROEDD DYCHWELYD I Gymru o Rydychen yn 1962 yn ddechrau ar gyfnod prysur i John Illtud Daniel. Ar ôl ennill dwy radd dosbarth cyntaf, yn y Clasuron ac Athroniaeth, roedd plentyn hynaf Cathrin a J. E. Daniel wedi cael swydd darlithydd Athroniaeth ym Mhrifysgol Cymru, Aberystwyth. Cyn pen dim roedd ganddo ddwy swydd ychwanegol, swyddi gwirfoddol yn dangos ei fod wedi etifeddu gwladgarwch ei rieni a Chatholigiaeth ei fam.

Yn 1963 fe'i hetholwyd yn gadeirydd Cymdeithas yr Iaith Gymraeg, oedd wedi ei sefydlu flwyddyn ynghynt. Roedd yn flaenllaw ym mhrotestiadau cynnar y Gymdeithas, ac yn un o bedwar a fu'n ymprydio am bum niwrnod ym Merthyr Tudful i dynnu sylw at ddiffyg statws yr iaith. Yng nghanol y cyffroadau hynny roedd hefyd wedi olynu Joe Brown fel ysgrifennydd y Cylch Catholig.

Roedd John, neu 'Sionyn', Daniel wedi cael ei addysg yn ysgol y Carmeliaid yn Nhre-gib ger Llandeilo ac yna yn Ampleforth. Yn ôl eu chwaer Anna roedd ei frawd Huw ac yntau wedi eu hanfon i'r ysgol fonedd Gatholig honno ar ôl i'w rhieni ofyn cyngor Saunders Lewis ynglŷn â'u haddysg: 'Dyma Saunders yn dweud, "Gyrrwch nhw i un o'r ysgolion gorau, i gael yr addysg orau, er mwyn iddyn nhw ddod yn ôl i fod yn arweinwyr cymdeithas." *Idealistic* iawn! Mi aeth Sionyn ymlaen i Rydychen, ond roedd Sionyn yn wir wladgarwr, doedd o'n cefnogi dim ar bethau Seisnigaidd ysgol freintiedig fel Ampleforth. Roedd Huw fy mrawd arall yn wahanol, roedd o'n mwynhau hynny ac mae o wedi mynd i gyfeiriad hollol wahanol a daeth yn yn farnwr ac Uchel Siryf.'

Darlithio mewn athroniaeth trwy gyfrwng y Gymraeg oedd John yn Aberystwyth. Roedd dechrau'r chwedegau yn gyfnod cythryblus i'r mudiad cenedlaethol yng Nghymru. Roedd nifer o bobl ifanc, gan gynnwys John ei hun, wedi eu dadrithio gan yr hyn oedden nhw'n ei weld yn agwedd rhy ddof a pharchus Plaid Cymru tuag at gynllun dinas Lerpwl i foddi Cwm Tryweryn. Aeth cenedlatholwyr ifanc i garchar am achosi difrod ar y safle, er bod rhai o'u cefnogwyr o'r farn mai arweinwyr y Blaid a ddylai fod yn aberthu eu rhyddid. Yng nghanol y rhwystredigaeth, traddododd Saunders Lewis ei ddarlith radio 'Tynged yr Iaith', y sbardun ar gyfer sefydlu Cymdeithas yr Iaith Gymraeg. O fewn Plaid Cymru tyfodd carfan o'r enw Cymru Ein Gwlad, oedd yn feirniadol o heddychiaeth Gwynfor Evans a'i gyd-arweinwyr. Ymysg y garfan honno roedd nifer o Gatholigion, gan gynnwys John Daniel a Cathrin ei fam. Fell y nododd Harri Pritchard Jones, roedd hanner aelodau Cymru Ein Gwlad yn anffyddwyr; ond i Gwynfor Evans a'i gefnogwyr, 'y Pabyddion' oedd y label ar y garfan. Mae'r hanes wedi ei groniclo yng nghofiant Rhys Evans i Gwynfor Evans.

Daeth John Daniel i'w swyddi gyda'r Cylch Catholig a Chymdeithas yr Iaith yn ystod cyfnod Fatican 2 a'r gweithredu dros statws y Gymraeg. Mae gohebiaeth a oroesodd o'i gyfnod fel ysgrifennydd y Cylch yn awgrymu nad oedd yn gwahaniaethu bob amser rhwng y ddwy het a wisgai.

Byddai'n llythyru gyda gwleidyddion i'w hannog i weithredu argymhellion Hughes Parry yn llawn ac yn fuan, ac yn defnyddio Adroddiad Hughes Parry i berswadio awdurdodau'r Eglwys Gatholig i roi mwy o bwys ar y Gymraeg o fewn yr Eglwys. Does dim copi ar gael o lythyr a anfonodd at Aelod Seneddol Sir Fôn, Cledwyn Hughes, yn Rhagfyr 1965 a does dim modd dweud yn enw pa fudiad y'i hysgrifennwyd. Ond mae natur gyfeillgar yr ateb a gafodd, yn llawysgrifen yr AS, yn awgrymu nad logo mudiad torcyfraith Cymdeithas yr Iaith oedd ar y llythyr gwreiddiol. Gweinidog Gwladol yn Swyddfa'r Gymanwlad oedd Cledwyn Hughes ar y pryd, ac mae'n nodi ei fod wedi trafod Adroddiad Hughes Parry gydag Ysgrifennydd Gwladol cyntaf Cymru James Griffiths a'r Gweinidog Gwladol yn y Swyddfa Gymreig, Goronwy Roberts:

Y mae'r ddau'n awyddus i weithredu arno a bydd dadl yn yr uwch-bwyllgor Cymreig yn fuan iawn. Gwyddoch fy safbwynt i a llawer o'm cyd-aelodau – a'm barn ar hyn o bryd yw yr aiff y rhan fwyaf o'r argymhellion drwodd – ni weithredwyd ar unrhyw adroddiad erioed yn ei holl fanylder! Y mae'n ddiamau hefyd y bydd gwrthwynebiad i rai, os nad llawer, o'r argymhellion, a hyn o gyfeiriad y Cymry di-Gymraeg gan mwyaf. Eu hofn hwy (neu'r cnewyllyn) yw y bydd y gallu i siarad Cymraeg yn gymhwyster angenrheidiol ymhob swydd gyhoeddus ymhob man trwy Gymru gyfan. e.g. Sir Fynwy, Sir Faesyfed etc. Y mae angen symud yr ofn yma a rhaid wrth ddoethineb i wneud hynny.

Roedd dylanwadu a dwyn perswâd yn foneddigaidd ond yn gadarn er mwyn cael ambell faen i'r wal yn un o ragoriaethau John Daniel fel ysgrifennydd y Cylch Catholig. Mewn llythyr adeg y Pasg 1964, mae Harri Pritchard Jones ac yntau'n ysgrifennu at aelodau'r Cylch yn eu hysbysu fod Esgob Mynyw, ac efallai Archesgob Caerdydd, wedi gofyn i'w hoffeiriaid drefnu cyfrif o faint o Gymry Cymraeg oedd yn eu plwyfi 'a hefyd sicrhau eu barn ynghylch pa iaith yr hoffent weld ei defnyddio yn y litwrgia'. Cais y ddau a arwyddodd y llythyr oedd ar i'r aelodau sicrhau fod eu hoffeiriad plwyf yn gwneud yr hyn a ofynnodd yr Esgob; ac os nad oedd yr offeiriad yn fodlon gwneud hynny, eu bod yn ysgrifennu ar unwaith i hysbysu'r Esgob Petit o hynny.

Os oedd eu hoffeiriad wedi gwneud yn ôl ewyllys yr Esgob, roedd angen i aelodau sicrhau 'fod enw pob Cymro neu Gymraes ganddo (gan gynnwys plant bach), a mynegi eu barn yn bendant ar fater iaith y litwrgia'. Lluniwyd y geiriad canlynol ar gyfer yr arolwg barn:

Hoffwn:
- Gadw'r Lladin yn unig (yn y Gorllewin) neu,
- Defnyddio'r iaith frodorol.

Os (1), dweud pam.

Os (2) , dweud faint o'r litwrgia yr hoffech ei gweld yn yr iaith frodorol, ac yr hoffech chwi gael gwasanaethau *rheolaidd* lle y defnyddid y Gymraeg.

Does dim cofnod o ganlyniadau'r arolwg wedi goroesi.

Ar wahân i'r lobïo y tu ôl i'r llenni gan y swyddogion, prif weithgarwch y Cylch yn y chwedegau oedd y Tridiau Gweddi blynyddol, achlysur oedd yn mynd yn fwyfwy i gyfeiriad yr eciwmeniaeth yr oedd yr ysgrifennydd blaenorol, Joe Brown, mor frwd o'i phlaid. Yn 1963 roedd dau glerigwr Protestannaidd wedi cael eu gwahodd i'r Tridiau yn Nhreffynnon, sef y Parchedigion F. M. Jones o'r Eglwys yng Nghymru ac A. Ffowc Williams o'r Egwys Bresbyteraidd. Roedd y ddau wedi mwynhau'r profiad ac yn awgrymu y dylid gwahodd mwy o weinidogion a ficeriaid i'r Tridiau yn yr un lleoliad y flwyddyn ganlynol. Bu John Daniel yn llythyru gyda'r Esgob Petit i ofyn caniatâd i gynyddu nifer y Protestaniaid ac addasu rhywfaint ar y rhaglen er mwyn rhoi lle cyfartal, 'mwy neu lai' i'r Protestaniaid. Gyda sêl bendith yr Esgob anfonwyd gwahoddiad i 14 o glerigwyr Protestannaidd y credid bod ganddyn nhw dueddiadau eciwmenaidd. Derbyniodd saith y gwahoddiad, sef pedwar person, dau weinidog Presbyteraidd ac un Bedyddiwr. Yn Nhreffynnon yn 1964 cawsant gwmni deuddeg o Gatholigion, eu hanner yn lleygwyr gan gynnwys John Daniel, ei fam Cathrin a Joe Brown. Ymhlith yr offeiriaid roedd John a Gregory Fitzgerald a'r Tad T. Rudolph o Bantasaph, offeiriad lliwgar a gafodd ei symud i Loegr yn ddiweddarach yn y chwedegau oherwydd ei gefnogaeth honedig i'r Free Wales Army.

Y Tad Rudolph a'r Tad John Fitzgerald a ddewiswyd i agor gweithgareddau'r Tridiau ar ran y Catholigion. Y pwnc y bu mwyaf o drafod arno, yn ôl adroddiad gan John Daniel, oedd Bedydd, 'sacrament a gydnabyddid gan bob Eglwys oedd yno, ac un oedd yn codi cwestiynau dwys am y berthynas rhwng gweinyddwyr y Sacrament a'i effaith'. Y llais mwyaf annibynnol oedd un y Parchedig James Dole, Bedyddiwr a gredai mai holl werth bedydd oedd mater o ffydd a bwriad, ac mai camgymeriad oedd bedyddio plant bach. Chafodd y safbwynt hwnnw ddim cefnogaeth, Gatholig na Phrotestannaidd.

Ym marn John Daniel roedd yr anghydffurfwyr yn llawer mwy anghyfarwydd nag Anglicaniaid â ffurf a theori'r offeren, ond doedd dim anawsterau gyda gwasanaethau cymunedol eraill, oedd wedi eu seilio bron yn llwyr ar ddeunyddiau Beiblaidd. Roedd yr awyrgylch yn anffurfiol a rhwydd, ac yn symbylu mwy o sgyrsiau preifat rhwng Catholigion a Phrotestaniaid, yn aml ynglŷn â phroblemau oedd yn gyffredin i bawb ohonynt fel Cristnogion, meddai.

Mewn cyfweliad gyda Trystan Owain Hughes, dywedodd

John Daniel fod rhai o aelodau'r Cylch yn ansicr o'r dechrau am y pwyslais eciwmenaidd newydd yn y Tridiau Gweddi. Doedd dim cynnydd o gwbl i'w weld yn nifer y mynychwyr, a daeth y cyfarfodydd hynny i ben ar ôl tair neu bedair blynedd.

Ymgyrchu dros
Esgob Cymraeg

YNG NGHANOL YR 1960au roedd arwyddion fod iechyd yr Esgob Petit yn dirywio. Symbylodd hynny ymgyrch yn y dirgel gan arweinwyr y Cylch Catholig i sicrhau y byddai ei olynydd fel Esgob Mynyw yn siaradwr Cymraeg. Hyd at sefydlu Esgobaeth Wrecsam yn 1987 roedd Mynyw yn cynnwys ardaloedd Cymreiciaf Cymru yn y gogledd a'r gorllewin. Byddai nifer o enwau'n cael eu crybwyll o fewn y Cylch fel rhai addas i arwain yr Esgobaeth, gan gynnwys y Tad Diarmuid O Loaghaire, ysgolhaig Celtaidd o Iwerddon a ddaeth yn aelod o'r Orsedd, a'r Tad James Owen O'Reilly, Sais o dras Wyddelig oedd hefyd yn rhugl ei Gymraeg ac eisoes yn gweithio yn Esgobaeth Mynyw. Ond ofer oedd meddwl am ymgeiswyr addas ar gyfer y swydd os na fyddai'r Eglwys ar y lefel uchaf yn rhoi ystyriaeth i'r iaith wrth benodi esgobion. Ceisio sicrhau'r newid agwedd hwnnw oedd un o heriau mwyaf John Daniel yn ei gyfnod fel ysgrifennydd y Cylch.

Yn Ebrill 1966, mewn llythyr at R. O. F. Wynne, datgelodd Cathrin Daniel fod pwyllgor canolog y Cylch wedi ystyried y mater o benodiadau a phenderfynu ar eu cam nesaf. Byddai'r Cylch yn paratoi memorandwm ar y sefyllfa yng Nghymru i'w anfon at y Cennad Apostolaidd, sef cynrychiolydd y Fatican ym Mhrydain, ac yna'n gofyn am gael anfon dirprwyaeth o bedwar i'w gyfarfod yn Llundain i ennyn ei ddiddordeb. Y gŵr oedd yn dal y swydd oedd yr Archesgob Igino Eugenio Cardinale, ac yn ôl Cathrin Daniel roedd yn 'well disposed towards Wales'. Ond ymddengys nad oedd hynny'n wir am bawb yn hierarchaeth yr Eglwys gan gynnwys y Cardinal John Carmel Heenan, Archesgob Westminster. Yn ei llythyr mae Cathrin Daniel yn tanlinellu:

> You will realise that secrecy is of the essence in this matter as the slightest rumour may alert Cardinal Heenan and allied forces and prejudice what we are doing beforehand.

John Daniel oedd awdur drafft cyntaf y memorandwm ac fe'i hanfonwyd at Tom Charles Edwards yn Ampleforth i ofyn ei farn. Roedd ganddo nifer o awgrymiadau, yn ymwneud yn bennaf â'r adran yn sôn am gefndir hanesyddol y Gymraeg a chrefydd yng Nghymru. Ond y prif argymhelliad oedd y dylid anfon copi o Adroddiad Hughes Parry ar yr iaith, oedd newydd ei gyhoeddi, gyda'r memorandwm. Dylid pwysleisio, meddai Tom Charles Edwards, fod y tair prif blaid wleidyddol wedi derbyn argymhellion yr adroddiad a'r unig gwestiwn bellach oedd pa mor gyflym y byddai'r cynigion yn cael eu gwireddu. Dywed yn ei lythyr at John Daniel:

> Yn fy marn i mae [pwysleisio adroddiad Hughes Parry] yn anhepgorol. Fel arfer y mae pobl fel y Dirprwy Apostolaidd yn ymddiddori yng nghefndir politicaidd y sefyllfa. Y maent hwy'n teimlo i'r byw sut y mae'r gwynt yn troi yn Whitehall. Mi fydd gan Syr David fwy o ddylanwad na Cambria Celtica!

(Cambria Celtica oedd Llythyr Apostolaidd y Pab Bened XV yn 1916 a ddechreuodd trwy nodi fod Cymru'n wlad wahanol i 'weddill Lloegr' o ran iaith, traddodiadau a hen arferion.)

Mae'r memorandwm y cytunwyd arno yn ddogfen swmpus o ryw dair mil o eiriau, wedi ei harwyddo gan John I. Daniel, J. P. Brown, H. Pritchard Jones ac R. O. F. Wynne, y pedwar a fyddai yn y ddirprwyaeth oedd yn gobeithio cyfarfod y Cennad Apostolaidd. Mae'n cynnwys nifer o ystadegau a thablau yn dadansoddi'r berthynas rhwng y defnydd o'r Gymraeg ac aelodaeth o wahanol Eglwysi yng Nghymru, gan ddechrau trwy ddatgan yn blwmp ac yn blaen:

It is the considered belief of those who signed the Memorandum that the Hierarchy of England and Wales has failed, as a body, to realise that in Wales the Catholic Church faces a special problem, and that this failure is clearly revealed by the appointments made in recent years to Welsh Bishoprics. Furthemore, since Bishop Petit's health is fragile, it is quite possible that a further appointment will have to be made before long, and if this appointment were made according to the criteria that seem to have guided the appointments to which we refer, there might well be no Catholic bishop left in Wales who either spoke Welsh fluently or had any considerable experience of the problem.

Y ddau gymhwyster hanfodol i esgob nesaf Mynyw, meddai'r memorandwm, oedd gwybodaeth drylwyr a phrofiad o sefyllfa grefyddol Cymru yn ei chyfanrwydd, a bod yn rhugl yn yr iaith Gymraeg. Ar y cyfan, meddir, roedd y gymdeithas Gymraeg ei hiaith yn nes at fod yn gymdeithas Gristnogol na'r un ddi-Gymraeg, ac wedi bod yn fwy llwyddiannus o ran gwrthsefyll y dirywiad cyffredinol mewn cred grefyddol. Ond roedd yr Eglwys Gatholig yng Nghymru wedi methu arfogi ei hun i gymryd ffactorau felly i ystyriaeth. Allan o 130,000 o Gatholigion yng Nghymru, dim ond rhyw fil o leygwyr oedd yn siarad Cymraeg. Tua dwsin o offeiriaid oedd yn siarad yr iaith, a dim un o'r esgobion. Dim ond gwaethygu'r sefyllfa a wnâi'r polisi presennol o ran penodi esgobion.

Yn ôl yr awduron roedd yr Eglwys Anglicanaidd wedi dod i ennill parch newydd ymhlith siaradwyr Cymraeg ar ôl iddi ddechrau penodi esgobion oedd yn siarad yr iaith. Gallai'r un peth ddigwydd i'r Eglwys Gatholig petai'n cymryd y cyfle.

> We believe that the appointments can and must be made
> to reveal the Church's informed concern about the Welsh
> problem, and it is in the hope of securing such appointments
> that we venture to present this Memorandum.

Anfonwyd y memorandwm, ynghyd â chopi o Adroddiad Hughes Parry, at y Cennad ganol mis Mehefin. Fis yn ddiweddarach anfonwyd copi iddo o Adroddiad ar yr Iaith Gymraeg oedd newydd ei gyhoeddi gan Gyngor Cymru, corff enwebedig oedd yn bodoli cyn dyddiau datganoli. Mewn llythyr yn diolch i John Daniel mae'r Cennad Apostolaidd yn dweud ei fod yn cytuno'n llwyr â pharagraff yn yr adroddiad oedd yn sôn am gyfrifoldeb arbennig tuag at y rhai sy'n defnyddio'r Gymraeg wrth addoli. 'Y mae'n amlwg fod agwedd y CA at ein cais yn ffafriol iawn, ac y gallai'r cyfarfod fod yn bwysig,' meddai John Daniel wrth ei gyd-aelodau o'r ddirprwyaeth, a ddaeth at ei gilydd yn yr Eisteddfod Genedlaethol yn Aberafan i drafod sut i gyflwyno'u hachos. Cynhaliwyd y cyfarfod gyda'r Cennad Apostolaidd yn Llundain yn syth wedyn, ar 8 Awst 1966, ac yn ôl yr ohebiaeth a ddilynodd roedd pawb wrth eu bodd. Anfonodd John Daniel i ddiolch i'r Cennad Apostolaidd am ei garedigrwydd tuag atynt 'and to tell you how impressed we were by your evident interest in what we were able to tell you about conditions in Wales'. Cafodd ateb gyda'r troad yn datgan:

> The information you and your colleagues were good enough to give me was much appreciated and I can tell you that the information that I now have regarding the situation in Wales will, when the time comes, be most helpful.

Er mor addawol oedd hynny, bu'r ymarferiad yn aflwyddiannus o ran penodi esgob nesaf Mynyw. Bu'r Esgob Petit yn ei waith am chwe blynedd arall. Ar ôl ei ymddeoliad yn 1972 fe'i holynwyd gan ei ddirprwy, yr Esgob Langton Fox, a ddisgrifiwyd fel 'quintessentially a perfect English gentleman, Home Counties style'. Ond yn ddiweddarach aeth i Aberystwyth i ddysgu Cymraeg, a defnyddiodd yr iaith yn yr Arwisgo yng Nghaernarfon yn 1969.

Mae yna un tro arall yn stori 1966, sy'n dangos sgiliau gwleidyddol John Daniel a'r cyfrwystra oedd ei angen wrth geisio dylanwadu ar benderfyniadau'r Eglwys. Yn ystod y cyfarfod rhwng y ddirprwyaeth a'r Cennad Apostolaidd, nodwyd y byddai dathliadau'n digwydd yng Nghymru y flwyddyn wedyn i nodi pedwar canmlwyddiant cyfieithiad y Testament Newydd i'r Gymraeg gan William Salesbury yn 1567. Awgrymodd y Cennad y byddai'n syniad da cael y Pab i anfon neges o gefnogaeth i'r dathliad.

Ar 20 Hydref 1966 anfonodd John Daniel lythyr at y Cennad yn dweud fod y ddirprwyaeth wedi trafod ei awgrym, gan ystyried dwy broblem. Un oedd sut i wneud yn siŵr y byddai trefnwyr cydenwadol y dathlu yn barod i dderbyn neges gan y Pab. A'r llall oedd sut i alluogi'r Cennad Apostolaidd i awgrymu'r syniad o drefnu'r neges i'r awdurdodau Catholig yng Nghymru heb ddatgelu dim am y Memorandwm a'r cyfarfod cyfrinachol oedd wedi ei gynnal yn Llundain. Y casgliad oedd y dylai'r cysylltiad cyntaf gyda threfnwyr y dathlu gael ei wneud, nid gan y Cylch Catholig ond gan Gomisiwn Eciwmenaidd Esgobaeth Mynyw. Ysgrifennydd y Comisiwn oedd John Daniel, a'r Cadeirydd oedd yr Esgob Langton Fox, Dirprwy Esgob Mynyw.

Cyn i'r Cennad Apostolaidd, oedd ar ymweliad â Rhufain, dderbyn y llythyr hwnnw, cafodd John Daniel ar ddeall fod y Cennad Apostolaidd a Langton Fox eisoes wedi bod yn trafod sut i drefnu neges gan y Pab i'r dathliadau pedwar canmlwyddiant. Ond go brin y gwyddai'r Esgob fod y syniad hwnnw wedi deillio o gyfarfod dirgel yn Llundain a fyddai, petai wedi llwyddo yn ei nod, wedi ei amddifadu o ddyrchafiad i swydd Esgob Mynyw.

Pabell yr Eisteddfod

STONDIN FLYNYDDOL AR faes yr Eisteddfod Genedlaethol oedd cyfrwng hysbysrwydd mwyaf effeithiol y Cylch ar hyd y blynyddoedd. Hyd yn oed i Eisteddfodwyr oedd heb ddigon o chwilfrydedd i alw heibio am sgwrs, roedd gweld enw Y Cylch Catholig ar y maes yn cyfleu'r neges fod Catholigion yn rhan o deulu eglwysi Cymru yn hytrach na chriw o estroniaid. A phan oedd gweithgareddau eraill y mudiad ar eu mwyaf swrth, roedd presenoldeb y stondin yn atgoffa Catholigion nad oedd eu Cylch wedi llwyr ddiflannu.

Agorwyd y stondin am y tro cyntaf yn Ystradgynlais 1954, mewn eisteddfod sy'n cael ei chofio'n bennaf am y glaw. Roedd Anna Elwyn Jones, merch Cathrin Daniel, yn cofio'i mam, oedd yn un o'r trefnwyr, yn disgrifio pobl yn straffaglu i'r babell trwy foddfa o fwd. Daeth annibyniaeth y stondin i ben mewn tywydd crasboeth ym mhrifwyl Meifod yn 2003. Y flwyddyn honno, ar ôl cryn drafod, ymunodd y Cylch ag eglwysi ac enwadau eraill i rannu un safle ar y maes dan faner y sefydliad cyd-eglwysig Cytûn.

Roedd diddordeb y Cylch yn yr Eisteddfod Genedlaethol wedi dechrau cyn y presenoldeb cyntaf hwnnw yn Ystradgynlais. Ar ddechrau Eisteddfod y Rhyl yn 1953 aeth aelodau'r Cylch i Uchel Offeren yn y dref i ofyn bendith ar y Brifwyl. Daeth côr o fyfyrwyr oedd ar wyliau yn yr ardal yno i ganu, a chafwyd pregeth Gymraeg gan y Tad Illtud Evans. Roedd y Tad Illtud, Cymro a fagwyd yn Llundain, yn bregethwr o fri ac yn aelod o'r Dominiciaid, a elwid yn

'Urdd y Pregethwyr'. Roedd llawer o eisteddfodwyr oedd ddim yn Gatholigion wedi dod i'r gwasanaeth.

Uned sengl braidd yn gyfyng oedd y stondin gyntaf yn Ystradgynlais. Ond golygodd ymdrech fawr i'r criw bach oedd yn gyfrifol am ei threfnu. Ffurfiwyd is-bwyllgor i gynllunio'r cynnwys, gydag Edna Hampson-Jones â'i doniau artistig yn gwneud y rhan fwyaf o'r gwaith. Penderfynwyd ar y thema Merthyron Cymru. Mewn llythyr at Mrs Hampson-Jones fis Chwefror 1953 ysgrifennodd cadeirydd y Cylch, R. O. F .Wynne:

> The sort of thing I had in mind for a 'centrepiece' for the Pabell was a crucifix hanging from the centre of the tent flanked on each side with a list in large lettering of the Welsh Catholic Martyrs with the date and manner of death at execution.

Mae Peter Hourahane yn cofio fod poster gan y Pab yn cael ei arddangos yn y babell yn Ystradgynlais. Roedd wedi ei anfon gan y Pab Pius Xll dair blynedd ynghynt gyda neges i Gatholigion Cymru i nodi canmlwyddiant ailsefydlu esgobaethau Cymru yn 1851. 'Braf oedd gweld baneri Cymru a'r Fatican yn chwifio yn ddewr gyda'i gilydd trwy law trwm trwy wythnos yr Eisteddfod,' medd Peter Houlahane.

Yn ôl adroddiad gan Cathrin Daniel yn y *Menevia Record* roedd nifer o lyfrau wedi eu gwerthu ar y stondin, gan gynnwys y *Llyfr Gweddi Cyffredin*, llyfrau defosiynol a chyfrol ysgrifau a gyhoeddwyd gan y Cylch dan y pennawd *Catholigiaeth a Chymru*. Dywed yr adroddiad:

> Ond pwysicach na hyn efallai ydoedd y sgyrsiau a'r cysylltiadau personol a gaed gyda degau o bobl oedd heb sylweddoli erioed *fod* Catholigiaeth Gymreig yn bod heddiw yng Nghymru ynghyd ag Offeiriadaeth Gymreig a'u bod yn

rhan o ddoethineb dynol yr Eglwys Gatholig i atgyfnerthu seiliau ei diwylliant brodorol yn y gobaith y daw yn adlewyrchiad o'r drefn ddwyfol.

Yn ystod yr wythnos cynhaliwyd Offeren yn eglwys y plwyf, arferiad sy'n parhau hyd heddiw. Pregethodd y Tad Ryan o Flaenau Ffestiniog yn Gymraeg i eglwys orlawn, gyda'r Esgob John Petit yn llywyddu. Canwyd yr Offeren gan fynaich o Abaty Belmont ger Henffordd a chôr o Faesteg oedd yn cael ei arwain gan Victor Hampson-Jones.

Yn marn Cathrin Daniel roedd y profiad yn yr Eisteddfod wedi dangos 'bod yng Nghymru ddiddordeb lled ofnus yn yr Eglwys Gatholig; bod rhyw gymaint o eiddigedd ohoni oherwydd ei sicrwydd ohoni ei hun mewn materion oesol ac athrawiaethol sydd wedi mynd yn destun dryswch cyffredinol i'r byd.'

Ym Mhwllheli y flwyddyn ganlynol roedd y Cylch wedi mentro llogi pabell ddwywaith y maint, oedd yn denu llawer o ymwelwyr. Rhoddwyd lle blaenllaw eto i enwau a hanes y merthyron, gyda mapiau lliwgar yn dangos lleoliadau mynachlogydd a mannau sanctaidd. Yn ôl adroddiad y *Menevia Record* roedd dau flaenor Methodistaidd a ddarllenodd yr enwau wedi bod mewn trafodaeth gyda'r stondinwyr ynghylch ystyr gwir ferthyrdod Cristnogol.

Ar y dydd Mawrth roedd criw o Gatholigion, yn bennaf o'r de, oedd yn mynychu'r gwersyll ieuenctid ym Mlaenau Ffestiniog, wedi ymweld â'r babell.

'Mi oedd y babell yn ganolbwynt diddorol iawn i lawer o bobl oedd ddim yn Gatholigion, ond oedd â diddordeb mawr mewn rhyw ffordd ddeallusol a diwylliannol yn y peth Catholig,' medd Anna Elwyn Jones. 'Roedd Mam a John Fitzgerald a Joe Brown yn treulio llawer o amser yn y babell ar hyd y blynyddoedd yn ateb cwestiynau ac yn trafod. Roedd yna dipyn o fywyd fel yna. Roedd ehangu a chael pabell ddwbl yn dipyn o straen ar arian y Cylch gan fod y gost dipyn yn fwy a doedd y Cylch ddim yn ariannog iawn. Mi ddaeth yn dipyn mwy llewyrchus yn ddiweddarach.'

Yn Eisteddfod Rhydaman yn 1970 y daeth Patrick Donovan i gysylltiad â'r Cylch Catholig, a dod i adnabod y Tad John Fitzgerald.

'Fe oedd y cyfryngwr rhwng yr Eglwys Gatholig a'r Cymry Cymraeg,' meddai. 'Roedd cyrraedd maes yr Eisteddfod gyda John Fitzgerald yn agoriad llygad. Roedd e'n nabod cannoedd o bobol, roedd hi'n cymryd dwy awr jyst i rowndio'r maes gyda John. Roedd pawb yn ei gyfarch e. Wrth gwrs roedd e'n cwrdd â'r bobl hyn o steddfod i steddfod: "Blwyddyn newydd dda", dyna fydda'i gyfarchiad e iddyn nhw, a dwi ddim yn gwybod faint o bobl gefais i 'nghyflwyno iddyn nhw oherwydd John. Roedd e'n ddiflino yn ei waith i'r Cylch ac i'r Eglwys Gatholig yng Nghymru.'

Dim ond yn yr Eisteddfod y byddai Carys Whelan yn dod ar draws y Cylch yn ei dyddiau cynnar fel Pabydd. 'Pan o'n i'n mynd â'r plant i'r Steddfod, pabell y Cylch oedd y *base*. Roedd e'n wych achos roedd Tad John Fitzgerald a Joe Brown yna bob tro. Roedd e'n lle ardderchog i adael eich bagiau yng nghefn y babell. Roedden nhw wastad yn cau'r babell am 5 o'r gloch ac roedd offeren wedyn ym mhabell y Cylch. Rwy'n cofio un tro, doedd gyda John ddim bara i'r Offeren, felly fe brynodd e ryw rôl ac fe gawson ni'r Offeren gyda bara go iawn. Roedd hynny'n brofiad cofiadwy.'

Y brodyr Gregory a John Fitzgerald yw'r bobl y mae Sue Roberts yn eu cofio yn ei hymweliadau cyntaf â phabell y Cylch. Roedd rhyfaint o amheuaeth o hyd sut groeso oedd yna i Gatholigion ar y maes, meddai:

Wedyn fe ddaeth Gêm yr Eisteddfod allan, rhyw fath o Monopoly Cymraeg. Un o'r llefydd ar y bwrdd lle'r oedd rhywun yn aros oedd stondin y Cylch Catholig, ac roedd John wedi gwirioni. "Ry'n ni wedi cael ein derbyn o'r diwedd!" meddai.

Yn un eisteddfod, mi gododd John neu Greg neu'r ddau goblyn o stŵr. Roedd rhywun ar y maes wedi clywed fod gan y Catholigion botel o sieri! Roedd hyn cyn i alcohol gael ei ganiatáu ar faes yr Eisteddfod. Am 5 o'r gloch bob nos roedden nhw'n dathlu'r offeren i unrhyw un, cau'r stondin a chael gwasanaeth. A sieri oedd y gwin cymun. Daeth swyddogion yr eisteddfod draw mae'n debyg.

Roedd cost y stondin yn mynd yn fwy o faich ar adnoddau'r Cylch o flwyddyn i flwyddyn, ac yn 1998 anfonwyd llythyr at Esgobion Cymru yn gofyn a fydden nhw'n fodlon ariannu'r stondin. Daeth ateb gan yr Esgob Mullins yn Nhachwedd 1998, yn dweud fod yr Esgobion wedi trafod y llythyr pan oedden nhw ar ymweliad â Rhufain:

> Mae'r Esgobion yn unfryd fod presenoldeb Catholig ar faes yr Eisteddfod yn werthfawr ac yn bwysig. Yr ydym yn ddiolchgar iawn i'r Cylch am y gwaith arloesol a gyflawnwyd dros y blynyddoedd. Yr ydym oll yn nyled y Cylch, yn enwedig y rhai sydd wedi gweithio yn y stondin bob blwyddyn yn ddi-ffael.
>
> Cytunwyd y dylai'r esgobaethau a'r esgobion fod yn gyfrifol am dreuliau'r stondin blynyddol. Byddwn, felly, yn derbyn y cyfrifoldeb ariannol o hyn allan. Barnwn mai'r enw YR EGLWYS GATHOLIG ddylai fod ar y stondin yn hytrach nag enw'r Cylch. Byddwn felly yn dilyn arfer yr Eglwysi eraill ar y Maes. Byddwn, wrth gwrs, yn dibynnu ar aelodau'r Cylch i wneud y trefniadau angenrheidiol er mwyn sicrhau presenoldeb teilwng yn yr Eisteddfod Genedlaethol.

Mewn cyfarfod o'r Cylch yn Hydref 1998 dadleuai nifer o'r aelodau yn erbyn yr awgrym y dylid newid yr enw ar y stondin o'r Cylch Catholig i'r Eglwys Gatholig. Penderfynwyd trafod y mater mewn cyfarfod arall ym mis Chwefror. Dywedwyd wrth y rhai oedd yn paratoi ar gyfer y stondin yn Eisteddfod Ynys Môn y flwyddyn ganlynol am aros nes cael cyfarwyddyd pellach cyn gwneud yr arwydd.

Eisteddfod Tyddewi yn 2002 oedd yr un olaf lle'r oedd gan y Cylch ei stondin ei hun ar y maes. Y flwyddyn wedyn ym Meifod roedd y Cylch yn rhan o frawdoliaeth Cytûn, gan gynnwys yr Eglwys yng Nghymru a'r enwadau Anghydffurfiol. Roedd Anna Elwyn Jones, oedd yn gyfarwydd â stondin y Cylch ers y dechrau un, yn gweld hynny'n beth da:

> Roedd hynny'n dipyn o beth, roedd yna lawer o deimladau cymysg ar y ddwy ochr, dipyn o densiwn i ddechrau. Ond mi weithiodd allan yn od o dda. Roedd 'na gymaint mwy o hwyl wedyn, mwy o gymysgwch o bobl yn dod i mewn i holi cwestiynau am y gwahanol enwadau, roedd popeth wedi mynd yn fwy eciwmenaidd ac mewn ysbryd da ar y cyfan.

Oddi ar hynny mae'r drefn newydd wedi hen ennill ei phlwy, ond nid yw wedi bod o fantais i'r Cylch yn y blynyddoedd diweddar. Ychydig iawn o bresenoldeb y Cylch na'r Eglwys sydd i'w weld arni, arwydd i raddau helaeth fod hen do'r Cylch yn diflannu a neb yn cymryd eu lle ac arwydd hefyd nad yw'r Eglwys wedi gwreiddio cymaint ym mywyd crefyddol y Gymru Gymraeg ag a obeithid ar ddechrau'r ganrif hon.

Mis Mêl yn y Fatican

PRIF LAIS YR Eglwys Gatholig ar y cyfryngau Cymraeg am ddegawdau oedd Dr Harri Pritchard Jones, y meddyg a seiciatrydd a gefnodd yn gynnar ar yr alwedigaeth honno a chanolbwyntio ar ei waith fel llenor. Yn ystod ei addysg feddygol yn Iwerddon y trodd yn Babydd, a hynny yng Ngholeg y Drindod, Dulyn, a oedd ar y pryd yn gadarnle Protestannaidd. Hyd at 1970 doedd Eglwys Gatholig Iwerddon ddim yn caniatáu i'w haelodau fynd yno i astudio heb ganiatâd arbennig gan eu hesgob.

Cafodd Harri ei fagu ym Mhorthaethwy a Llangefni ar Ynys Môn, ei dad yn aelod selog o'r eglwys Anglicanaidd yn y Felinheli, a'i fam yn Fethodist Calfinaidd.

'Mi ges fy magu mwy neu lai yn yr eglwys, a mynd i'r capel ambell dro achos bod y gweinidog wedi bod yn y fyddin fel non-combatant efo fy nhad yn y rhyfel cyntaf,' meddai. 'Ond pan oeddwn i'n bedair ar ddeg, fel llawer un arall, dyma ddweud wfft i'r holl rwtsh.'

Ar ôl rhyw bedair blynedd yn Nulyn roedd wedi dod i gredu yn Nuw unwaith eto a mynychu'r Eglwys Brotestannaidd, fel y byddai Eglwys Anglicanaidd Iwerddon yn cael ei galw bryd hynny. 'Ond mi o'n i'n gweld honno'n wag iawn ac mi wnes i ddechrau mynd i'r Eglwys Babyddol. Mi fûm i'n cwffio'r peth am tua dwy flynedd ond yn y diwedd mi es i'n Babydd. Ac yno'r ydw i wedi bod ers hynny.'

Tybed a fuasai wedi cymryd y cam hwnnw petai heb dreulio'r cyfnod yn Iwerddon?

'Dwi'm yn gwybod. Mi o'n i'n hoff iawn o waith Saunders Lewis, ac roedd hynny'n ddylanwad hefyd. Mi o'n i'n darllen ei waith o'n helaeth ac mae'n siŵr bod hynny wedi parchuso Pabyddiaeth yn fy ngolwg i.'

Fel yn achos rhai Catholigion Cymraeg eraill roedd ei Babyddiaeth ynghlwm hefyd i raddau â'i wleidyddiaeth genedlaetholgar.

'Mi ges i fy magu nid yn unig yn eglwyswr ond yn weriniaethwr hefyd, yn yr ystyr nad ydw i ddim yn credu mewn brenhiniaeth. Roedd fy nhad yn perthyn i Gymdeithas y Tair G [un o'r mudiadau a ddaeth ynghyd i ffurfio Plaid Genedlaethol Cymru] yn y Coleg ym Mangor efo Lewis Valentine ac eraill, ac ro'n i wedi cael fy magu fel 'na. Er bod fy nhad yn heddychwr roedd ganddo barch aruthrol at y gwrthryfelwyr yn Iwerddon, fel oedd gan Valentine a'r criw, er eu bod nhw i gyd yn heddychwyr. Felly mi oedd Iwerddon yn ddeniadol iawn. Ond y peth eironig yn fy hanes i ydi imi ymhyfrydu yng ngwaith James Joyce oedd yn parodïo Pabyddiaeth, yn ei ddychanu fo mewn ffordd. Trwy hynny mi welais i'r ochr arall, yr ochr gadarnhaol i Babyddiaeth ac ymserchu ynddi.'

Ar ôl penderfynu newid aeth i weld offeiriad oedd yn Iesuwr, a threfnu i gael ei hyfforddi ganddo. Roedd y diwrnod y cafodd ei dderbyn i'r Eglwys yn destun dathlu mawr. Roedd dau ffrind yn ei noddi, un yn Gymro o Benmachno o'r enw Gwilym Jones, oedd yn gweithio yn Nulyn ers blynyddoedd.

Doedd yna ddim gwrthwynebiad i'w dröedigaeth gan ei rieni, ac agorwyd y drws i gyfarfod ffrindiau newydd yng Nghymru. Ar ei ymweliad cyntaf â'r Eisteddfod fel Pabydd aeth i dderbyniad lle cafodd ei gyflwyno i'r Esgob Petit, Esgob Mynyw ar y pryd, a chael ei siomi gan ei agwedd at yr iaith Gymraeg:

Dyma fi'n dweud wrtho fy mod i wedi gobeithio y buasai mwy o Gymraeg yn yr Eglwys. Mi ddwedodd ei fod o'n gyrru offeiriaid sy'n dysgu Cymraeg i lefydd anghysbell lle nad oedd disgwyl iddyn nhw gael dyrchafiad. 'Nid dyna ydw i'n ei ddisgwyl gan offeiriad', meddwn i. Roedd o wedi bod yn gweithio yng Ngwlad y Basg ac mi oedd ôl hynny arno fo ar y pryd. Ond mi newidiodd ei agwedd yn llwyr wedi hynny, a chyn iddo farw roedd o'n noddi cyfieithiadau i'r Gymraeg.

Trwy ymhél â'r Cylch Catholig daeth Harri i gyfarfod pobl fel Cathrin Daniel, Saunders Lewis, Robert Wynne, Daniel Huws a'i chwaer Catrin, ac offeiriaid fel y Tad Fiannachta a'r Canon Barrett Davies. 'Mi oedden nhw'n griw gwych iawn oedd yn byw bywyd llawn, roeddan nhw'n mwynhau bwyd a diod mewn ffordd oedd ddim mor gyffredin bryd hynny. Roedden nhw'n gwisgo'u crefydd yn weddol esmwyth.'

Roedd yr agwedd honno'n dipyn mwy apelgar iddo na'r Hen Gorff. 'Dwi'n parchu gallu ac ysblander diwinyddiaeth a llenyddiaeth capelwyr dros yr amser, ond dwi ddim wedi teimlo'n agos at Galfiniaeth erioed.'

Roedd wedi troi'n Babydd a dod adref i Gymru ar ddechrau un o'r cyfnodau mwyaf cyffrous yn hanes yr Eglwys Gatholig. Rhwng 1962 a 1965 bu Ail Gyngor y Fatican yn ystyried holl berthynas yr Eglwys â'r byd modern. Roedd Harri erbyn hynny wedi cyfarfod ei ddarpar wraig Lenna, ar adeg pan oedd hithau a'i brawd, yn annibynnol ar ei gilydd, wedi bod yn ystyried troi at Gatholigiaeth.

Roedd y briodas yn ddigwyddiad arloesol, gan mai nhw oedd y cwpl cyntaf i gael caniatâd yr Archesgob Murphy i ddefnyddio'r Gymraeg yn hytrach na'r Lladin yn y gwasanaeth. Caniatawyd hefyd i weinidog Anghydffurfiol gymryd rhan, a chafwyd cymun yn y ddwy elfen, pethau cyffredin a normal erbyn heddiw ond yn torri tir newydd ar y pryd.

Y bwriad oedd treulio'u mis mêl yn Llydaw, ond oherwydd stormydd enbyd yn y rhan honno o Ewrop, dyma benderfynu teithio ymhellach i'r de gan obeithio cael tywydd brafiach.

'Yn y diwedd dyma ni'n sylweddoli nad oedden ni ddim mor bell â hynny o Rufain. Mi aethon i lawr yno pan oedd llond y lle o newyddiadurwyr oedd yn ffrindiau i ni o Iwerddon, a threulio'n mis mêl yn Fatican Dau. Mi oedd ysbryd newydd adnewyddol anhygoel yno ac mi oedden ni'n ffodus ofnadwy bryd hynny yn gweld gwedd hyfryd iawn ar yr Eglwys Babyddol.'

Bu Harri yn ôl yn Iwerddon am gyfnod yn gweithio fel meddyg ar Ynysoedd Aran, a dysgu'r Wyddeleg yn rhugl. Yn ôl yn ardal Caerdydd, daeth yn weithgar gyda'r Cylch Catholig ac roedd yn helpu i gyfieithu llawer o ddefnyddiau Catholig i Gymraeg. Roedd gan Lenna ac yntau ran allweddol mewn sicrhau offeren Gymraeg reolaidd yn yr Archesgobaeth, fel y cawn weld yn y bennod nesaf. Bu Harri'n drysorydd cenedlaethol y Cylch am flynyddoedd.

Un o'i brofiadau gorau yn y Cylch oedd mynd i enciliad am dridiau yn Llandrindod, dan arweiniad y Tad Illtyd Evans, aelod o Urdd y Dominiciaid, un o Gymry Llundain oedd wedi troi'n Babydd:

Roedd o'n ddyn rhyfeddol, yn dyfynnu Sion Cent a Tudur Aled fel tasa fo wedi'u dysgu nhw fel hwiangerddi. O'i gymharu fo â rhai gweinidogion bryd hynny – *rhai gweinidogion* – roedd ei allu meddyliol a'r ddiwinyddiaeth graff oedd o'n gyflwyno, a'r diwylliant Cymreig a Chymraeg oedd yn ffitio o'i chwmpas hi, roedd o'n apelgar iawn.

Trwy'r Cylch Catholig oeddwn i'n dod i adnabod pobl

hynod ddiddorol. Lleiafrif oeddan ni wrth gwrs – ddim cymaint felly erbyn hyn – ond mi oedd o'n fyd hynod gyffrous.

Y Tad Regan
a'r Offeren Gymraeg

HEN BLASTY YM mhlwyf Llandeulwyn ym Mro Morgannwg yw Castell Hensol. Yno, ym Medi 1965, cynhaliwyd sgwrs dros swper a fyddai'n cael cryn effaith ar y defnydd o'r iaith Gymraeg yn yr Eglwys Gatholig.

Yr adeg honno, yn sgil Ail Gyngor y Fatican, roedd rhai Catholigion Cymraeg yn dechrau anesmwytho. Er bod yna hawl bellach i ddefnyddio ieithoedd brodorol yn hytrach na'r Lladin yn yr Offeren, roedd yn amlwg mai ystyr hynny bron yn ddieithriad yng Nghymru fyddai agor y drws i'r iaith Saesneg. Rhywbeth symbolaidd a mympwyol ar achlysuron fel Gŵyl Ddewi oedd arddel y Gymraeg, yn hytrach nag arferiad naturiol o wythnos i wythnos, a'r tebygrwydd oedd y byddai hynny'n parhau.

Ymysg y Pabyddion oedd yn awyddus i newid y sefyllfa honno roedd Harri a Lenna Pritchard Jones. Roedd Harri erbyn hynny'n seiciatrydd yn Ysbyty Hensol, oedd wedi'i lleoli yn y plasty, ac roedd Lenna ac yntau'n byw ar y safle.

Un o'r prif anawsterau wrth geisio cynyddu'r defnydd o'r Gymraeg yng ngweithgareddau'r Eglwys oedd prinder offeiriaid oedd â digon o grap ar yr iaith i weinyddu offeren yn yr iaith. Roedd hynny'n arbennig o wir ym mhlwyfi'r de ddwyrain.

'Ac wedyn,' medd Harri Pritchard Jones, 'mi wnaethon ni gyfarfod y dyn rhyfeddol yma, Edwin Regan, sy'n Esgob

157

Regan erbyn hyn. Mi oedd o wedi gwneud O3 mewn Cymraeg yn ei lefel O, ac mi'i perswadiwyd o i ddechrau dweud yr offeren yn Gymraeg. Erbyn y diwedd mi oedd o'n pregethu a phopeth yn Gymraeg. Mae o wedi bod yn graig dros yr iaith i ni.'

Rhan o'r cynllun, neu'r cynllwyn, i'w berswadio oedd gwahodd yr offeiriad ifanc i Gastell Hensol i swper. 'Dwi'n cofio'r achlysur yn dda iawn, ' medd yr Esgob Regan. 'Roeddwn i'n gwybod bron yn siŵr beth oedd diben y noson, er nad oedd neb yn siarad am y peth. Fe ges i swper gogoneddus gan Lenna, a thipyn bach o win hefyd – doedd dim *breathalyser* yr adeg honno – ac roedd pawb yn teimlo'n hapus iawn. Yn sydyn dyma Dafydd Dafis o Faesteg yn cyrraedd, roedd e yno gydag un diben. Roedden nhw eisie i fi addo dweud yr offeren yn Gymraeg bob wythnos. Ac yn y diwedd fe wnes i benderfynu dweud OK.'

Mae'n dweud mai prin iawn oedd ei Gymraeg ar y pryd, ond llwyddodd i gadw'i addewid, gyda chymorth nifer o ffrindiau. Arweiniodd y noson yng Nghastell Hensol at flynyddoedd di-dor o wasanaethau Cymraeg ym mhlwyfi Morgannwg.

Ganwyd Edwin Regan ym Mhort Talbot yn 1935, ei dad yn weithiwr dur o dras Wyddelig, a theulu ei fam wedi symud i Gastell-nedd o Wlad yr Haf. Pabydd oedd ei dad o'r crud, a'i fam yn Fethodist, ond newidiodd y sefyllfa honno'n fuan ar ôl i'r ddau gyfarfod.

'Fe ddefnyddiodd fy nhad bolisi tipyn bach yn beryglus, i ddweud y gwir,' meddai. 'Pan oedden nhw'n dechrau canlyn fe ddywedodd e wrth fy mam, "Wel Ellen I'm getting fond of you but I'm telling you this now before we go any further, I'm only going to marry a Catholic!" Fe ddywedais i ar ôl clywed y stori, "Dad, allech chi ddim dweud hynny wrthi!" A dwedodd fy nhad ei fod e wedi gweld cymaint o drafferthion mewn priodasau ynglŷn ag addysg grefyddol y plant a pha eglwys oedden nhw'n mynd i gael eu magu ynddi, fe wnaeth e benderfynu os nag oedd e'n mynd i briodi rhywun Catholig doedd e ddim yn mynd i briodi o gwbwl. Mi wnaeth fy mam droi'n Gatholig.'

Yn eu hanterth, gweithfeydd dur Port Talbot oedd y rhai mwyaf yn Ewrop, a thyfodd cymuned Gatholig o'u cwmpas oedd yn teimlo'n fwy Gwyddelig na Chymreig, gyda Gŵyl Badrig yn cael llawer mwy o gydnabyddiaeth na Gŵyl Ddewi. I'r isddiwylliant hwnnw y perthynai'r Edwin Regan ifanc, er iddo gael ei addysg uwchradd yn y 'Port Talbot County School' yn hytrach nag mewn ysgol Gatholig. Byddai'n mynd yn ddadl yn yr ysgol ambell dro rhwng plant o wahanol gefndiroedd crefyddol, ac mae'n dal i gofio un gwrthdaro.

'Pan oeddwn i tua 14 oed roedd y bachgen yma oedd yn Anglicaniad mawr yn fy herio o hyd trwy ddweud "Rydych chi Gatholigion yn addoli Mair", a finnau'n dweud "Na, dydyn ni ddim yn addoli Mair, rydyn ni'n anrhydeddu Mair." Yn y diwedd, i roi pen ar y ddadl, wnes i golli 'nhymer a'i fwrw fe! Ro'n i'n synnu fy hun mod i wedi gwneud y fath beth!'

Yn 16 oed, aeth i astudio am yr offeiriadaeth yn seminari St John's yn Waterford yn Iwerddon. 'Roeddwn i'n gwybod bryd hynny fy mod eisiau gwneud rhywbeth dros yr Efengyl. Rwy'n aeddfed erbyn hyn ond dyna'r *golden thread* ar hyd fy mywyd,' meddai.

Er bod ei fam yn poeni ei fod yn ifanc i adael cartref cafodd bob cefnogaeth gan ei rieni. Dywedodd ei dad y byddai'n falch ohono hyd yn oed petai'n newid ei feddwl ynglŷn â'i yrfa.

Un effaith annisgwyl a gafodd byw yn Iwerddon oedd gwneud iddo sylweddoli nad oedd yn perthyn i'r traddodiad Gwyddelig o gwbl. 'Yno y gwnes i ddarganfod fy Nghymreictod,' meddai. 'Ac ar ôl sylweddoli y byddwn i rywbryd yn dychwelyd i Gymru, roeddwn i'n awyddus i ddysgu Cymraeg. Dwi'n cofio cael llythyr gan Mrs Edna Hampson-Jones yn rhoi rhyw fath o hwb i mi i ddechrau dysgu ond roedd hi mor anodd gwneud hynny yn Iwerddon. Ond fe ges i ganiatâd y coleg i gael radio ac roedd rhaglen bob dydd ar gyfer pobl oedd yn dysgu Cymraeg. Dyna sut gwnes i ddechrau.'

Ar ôl cwblhau ei gwrs roedd yn rhy ifanc i gael ei ordeinio'n offeiriad am flwyddyn arall, a'i obaith oedd treulio'r flwyddyn honno yng Nghymru. Ysgrifennodd at yr Archesgob McGrath yng Nghaerdydd, gan ddweud wrtho ei fod yn awyddus i ddysgu Cymraeg ac awgrymu y gallai weithio dros yr Eglwys yn rhywle fel Machynlleth, yn dysgu plant efallai, a dysgu Cymraeg ei hun ar yr un pryd. Ddaeth dim ateb i'w lythyr, oedd yn syndod o wybod mor gefnogol oedd yr Archesgob i'r Gymraeg:

> Ond un diwrnod pan oedd llywydd y coleg yn cwrdd â fi
> yn y coridor fe ddwedodd e ei fod wedi cael llythyr gan
> fy Archesgob gyda'r neges "Dwedwch wrth Mr Regan ei
> fod e'n lwcus i gael ei ordeinio o gwbl. Felly fy nghyngor
> i yw i chi gadw'ch pen i lawr, does dim awydd o gwbl ar
> eich Archesgob chi i'ch ordeinio chi, ac fe fydd Archesgob
> Waterford yn eich ordeinio chi mor gynted ag sy'n bosibl."
> Ond wedyn, ddim ond ychydig flynyddoedd yn ôl, dywedais
> i'r stori hynny wrth Esgob Mullins. "Wel Edwin," dywedodd
> e, "Gallaf i ddweud un peth wrthoch chi. Ni welodd
> Archesgob McGrath eich llythyr chi. Roedd e mor awyddus
> i gael offeiriaid i ddysgu siarad Cymraeg." Mae bron yn sicr
> nad oedd yr Archesgob wedi derbyn y llythyr. Roedd e erbyn
> hyn yn hen iawn, a rhywun arall falle yn ateb ei lythyrau.
> Mae hynny wrth gwrs yn hen hen hanes erbyn hyn.

Ar ôl cael ei ordeinio yn Waterford yn 1959 fe'i penodwyd yn gaplan ym Mhont-y-pŵl, lle bu'n dysgu Cymraeg mewn dosbarthiadau nos. Aeth wedyn yn giwrad i Gastell-nedd am saith mlynedd, oedd yn gyfle i fod yn agos at ei rieni ar adeg anodd yn eu hanes. Roedd ei chwaer, oedd yn nyrs, wedi marw o'r ffliw ychydig cyn i'w brawd gael ei ordeinio.

Yn 1966-67 treuliodd flwyddyn yng Ngholeg Corpus Christi yn Llundain yn astudio am ddiploma mewn holwyddoraeth (*catechetics*), dull llafar o addysgu elfennau Cristnogaeth. 'Roedd llawer o bethau'n digwydd ar ôl Ail Gyngor y Fatican, roedd yn adeg chwyldroadol bron ym myd yr Eglwys ac roedd yr Archesgob Murphy eisiau i fi ddysgu'r ffordd newydd,' meddai. Wedyn cafodd ei wneud yn weinyddwr a Deon yn yr Eglwys Gadeiriol yng Nghaerdydd, gan ddal i wneud gwaith addysgu mewn ysgolion a gweithredu fel caplan i leiandy ym Mhorthcawl.

Roedd yng nghanol y cyfrifoldebau hynny pan ofynnwyd iddo fod yn gyfrifol am offeren Gymraeg wythnosol. Y syniad oedd iddo wneud hynny ym Mhen-y-bont ar Ogwr, ond atebodd yntau y byddai hynny'n amhosib gan y golygai ormod o deithio. Ond roedd eisoes yn cynnal offeren Saesneg bob Sul yn y Bont-faen, a chynigiodd gynnal un yn Gymraeg yno yn syth ar ôl yr un Saesneg. 'Trefniant preifat fyddai hwnnw, allwn i ddim ymrwymo'r Archesgobaeth i unrhyw beth fel yna. Dyma oedd y ffordd y gwnaeth y peth ddechrau. Ar y pryd doedd dim Cymraeg 'da fi i ddweud y gwir. Roedd Carys Whelan wedi rhoi'r offeren ar *cassette* a finnau'n ei dysgu fel parot.'

I Carys a Patrick Whelan a'u plant, y cawn fwy o'u hanes yn y bennod nesaf, roedd yr offeren Gymraeg wythnosol o fewn tafliad carreg i'w cartref yn Saint Hilari.

'Roedd y Tad Regan wedi synhwyro bod angen gofal

bugeiliol ar y bobol yma oedd yn siarad Cymraeg fel iaith gynta, ac oedd yn addoli, yn siarad â'u Duw, yn Gymraeg. Felly mi gymerodd e'r cyfrifoldeb o ddysgu digon o Gymraeg i ddweud yr offeren yn Gymraeg i ni. Roedd e'n dod fan hyn i ymarfer ei Gymraeg bob wythnos. Rwy'n cofio'r Tad Murphy, oedd yn offeiriad plwyf yma, Llanilltud Fawr, yn dweud un Sul ar ôl yr offeren, "I think the Lord learned a few new words, I think he thought he knew everything until today!"'

'Roedd y Tad Murphy yn dod o orllewin Iwerddon ac yn gymeriad a hanner,' medd Harri Pritchard Jones. 'Roedd o'n gefnogol iawn i'r Gymraeg. Roedd yr Archesgob Murphy hefyd, er ei fod o'n Sais a ddim yn deall llawer am y Gymraeg, yn eithaf cefnogol.'

Ychydig o gyfle a gâi'r Tad Regan i ymarfer ei Gymraeg yr adeg honno, ond byddai'n defnyddio'r iaith ar benwythnosau wrth ddysgu plant am y Ffydd Gatholig. Mae'n cofio fel y byddai'n cael trafferth ar un adeg i ynganu'r gair 'dwylo'. Yna un diwrnod yn nhŷ'r teulu Whelan, roedd nith fach i'r teulu, nad oedd fawr mwy na babi, yn bresennol. 'Wrth i mi ddweud y gair "dwylo" dyma hi'n estyn ei dwy law ac roeddwn i mor falch – roeddwn i wedi llwyddo!' meddai'r Esgob Regan.

Parhaodd yr offeren Gymraeg yn y Bont-faen am tua ugain mlynedd. Roedd Eglwys Sant Cadog yn ganolog i gylch eang ac yn denu teuluoedd Cymraeg o sawl ardal ar draws y de ddwyrain gan gynnwys Maesteg, y Barri, Caerdydd, Dinas Powys a Phen-y-bont. Byddai ysgol Sul ar gyfer y plant, oedd yn cael eu codi'n naturiol fel Catholigion Cymraeg. Roedd rhai o blwyfolion di-Gymraeg y Bont-faen yn mynychu'r oedfaon Cymraeg gan eu bod yn cael eu cynnal ar amser mwy cyfleus iddyn nhw.

Parhaodd yr Offeren Gymraeg yn y Bont-faen hyd at

1989, pan symudwyd y Tad Regan i Ben-y-bont ar Ogwr fel offeiriad plwyf. Doedd dim sicrwydd y gallai gael amser i deithio'n rheolaidd i'r Bont-faen oddi yno, ac awgrymodd fod yr Offeren Gymraeg yn symud i Ben-y-bont. Symudodd y gynulleidfa Gymraeg i'r plwyf hwnnw, ac yno y bu'r criw yn addoli hyd at 1994 pan symudodd y Tad Regan i'r gogledd ar ôl i'r Pab Ioan Pawl ll ei benodi'n Esgob Wrecsam.

Dim ond yn raddol y dechreuodd yr Esgob Regan gymryd rhan yng ngweithgareddau'r Cylch Catholig. Ar y cyfnod prysur pan ddechreuodd ddweud yr Offeren yn Gymraeg roedd yn anodd iddo fynychu cyfarfodydd y Cylch, oedd bob amser yn cael eu cynnal yn Aberystwyth ar ddydd Sadwrn. 'Mae'n anodd iawn i offeiriad fynd ar ddydd Sadwrn,' meddai. 'Mae llawer o bethau'n digwydd ar y diwrnod hwnnw, y gyffes ac ati, a'r offeren weithiau gyda'r nos. Hefyd, doeddwn i ddim yn siarad Cymraeg yn dda o gwbl. Ac i ddweud y gwir chefais i ddim gwahoddiad chwaith. Falle fod yna ryw fath o glic, neu dyna'r ffordd oedd e'n ymddangos i fi ar y pryd. Ond ar ôl imi gael fy ordeinio fel esgob yn 1994 roedd popeth wedi newid yn llwyr.'

Un Pabydd nad oedd yn perthyn i'r grŵp Cymraeg oedd Saunders Lewis. Mynnai patriarch y Cylch Catholig aros yn driw i'r Offeren Ladin yn Eglwys Gatholig Dinas Powys gyda'r Tad Daniel Mullins yn gweini iddo, er y byddai ei ferch Mair a'i theulu'n dod i'r Bont-faen o dro i dro. Ond yn ystod ei gyfnod yn offeiriad yng Nghaerdydd, ac yntau wedi bod yn dweud yr Offeren yn Gymraeg am tua phum mlynedd, cafodd gyfarfod annisgwyl â Saunders Lewis. Roedd ei neges yn fwy annisgwyl fyth, o gofio'i ymlyniad wrth yr Offeren Ladin:

Roeddwn i'n ymweld un diwrnod â'r cleifion yn ysbyty St
Winifred's yng Nghaerdydd, ac fe ges i wahoddiad gan un
o'r lleianod i ymweld â Mr Lewis. Roedd e eisie fy ngweld i.
Roedd y peth wedi codi braw arna i. Sut oeddwn i'n mynd
i siarad gyda'r dyn mawr yma â'i Gymraeg godidog pan
oeddwn i'n stryglo efo'r Gymraeg? Es i mewn i'r ystafell a
dyna ble'r oedd e, hen ŵr eiddil ar ei wely, 'A, Tad Regan!'
dwedodd e, 'roeddwn i eisie diolch i chi am ddysgu Cymraeg
er mwyn dweud yr offeren er mwyn rhoi cyfle i fy nheulu i
i addoli Duw yn eu mamiaith. Roeddwn i eisie rhoi anrheg
bach i chi', ac fe roddodd e ddegpunt i mi. Dyna'r unig dro i
mi gwrdd â fe. Pan fuo fe farw roedd yr angladd yn yr eglwys
gadeiriol yng Nghaerdydd pan oeddwn i'n dal i fod yn Ddeon
yno.

Ar ôl iddo ddechrau mynychu cyfarfodydd rheolaidd y
Cylch yn Aberystwyth, derbyniodd yr Esgob Regan awgrym
Sue Roberts, ysgrifennydd y Cylch ar y pryd, y dylid
amrywio'r lleoliadau yn hytrach na chwrdd yn yr un lle bob
tro. Felly newidiwyd y patrwm, gan gyfarfod unwaith yn
Llandudno, unwaith yng Nghaerdydd a chael un cyfarfod
blynyddol yn Aberystwyth, ac mae'r drefn honno'n parhau
hyd heddiw gan ddenu mwy o aelodau.

Yr Esgob Regan yw cadeirydd a chonglfaen y Cylch ers
blynyddoedd, a chawn sôn eto am rai o'i weithgareddau.
Cafodd fwy o gyfle i ymarfer ei Gymraeg ar ôl symud i'r
gogledd. 'Rwyf wedi croesi'r bont, ond yn dal i weithio ar yr
iaith,' meddai.

'Yn fy marn i mae mor bwysig,' meddai. 'Rydyn ni'n ceisio
defnyddio'r Gymraeg er mwyn hyrwyddo ysbrydolrwydd,
crefydd a chariad pobl Gatholig – a phobl eraill hefyd
– tuag at Dduw. Dyna ydi'n prif amcan. Dydi hi ddim yn
amcan i hyrwyddo'r iaith Gymraeg. Mae'n hollol iawn i
Gymdeithas yr Iaith a mudiadau fel yna wneud hynny. Ond

i ni yn y Cylch Catholig, mae'n rhaid i ni ddeall ein bod ni yma i efengylu, mewn ffodd briodol wrth gwrs, a gofalu am Gatholigion Cymraeg eu hiaith. Mae mor bwysig i ni sylweddoli hynny.'

'Pobl Fatican 2 ydyn ni'

FEL YN ACHOS sawl aelod arall o'r Cylch, priodi Pabydd oedd y dylanwad pwysicaf ym mhererindod Carys Whelan o'i chefndir Anghydffurfiol i'r Eglwys Gatholig. Ond roedd ei diddordeb mewn Catholigiaeth eisoes wedi ei hadu gan ddylanwad mwy anarferol: cerddoriaeth eglwysig o'r chweched ganrif.

Digwyddodd hynny pan oedd y ferch o'r Rhondda wedi mynd i'r Brifysgol yn Aberystwyth i astudio Cerddoriaeth a Chymraeg. Roedd wedi cael magwraeth Gymraeg yn Nhonpentre, ei thad yn ddiacon yn Hebron, capel y Bedyddwyr, a'i dau dad-cu wedi bod yn ysgrifennydd yr un capel. Yn Aberystwyth, wrth astudio Hanes Cerddoriaeth, bu'n gwrando ar gyfres o recordiau gan gwmni HMV, *Sacred Music from the Sixth Century: Gregorian Plain Chant*. Cafodd y profiad hwnnw effaith ddofn arni: 'Ar ôl cyrraedd Aber ro'wn i'n mynd gyda fy ffrindiau rownd y gwahanol gapeli ac eglwysi, a ffeindio bod dynion yn yr eglwys Gatholig yn canu'r gerddoriaeth yma, a'i bod hi'n dal yn gerddoriaeth fyw. Ro'wn i eisie edrych mewn i beth oedd wedi gwarchod y gerddoriaeth dros bymtheg can mlynedd. Roedd cymaint o ddyfnder ynddo fe. Dyna sut y dechreuodd y cyfan.'

Yn y cyfnod hwnnw yn Aberystwyth y cyfarfu ei gŵr, Patrick, oedd wedi ei eni yn Aberteifi ond ei fagu ar aelwyd Gatholig yn Llundain, ei dad yn Wyddel a'i fam yn Saesnes. Yng nghwmni Patrick dechreuodd fynychu'r eglwys Gatholig yn rheolaidd, gan ddal i gael ei swyno gan y gerddoriaeth. A daeth i'r casgliad nad oedd rhaid iddi wadu dim yn ei chefndir Anghydffurfiol wrth glosio at Gatholigiaeth.

'Pan o'n i'n mynd gartre o'r coleg ro'n i'n dal i fynd i'r ysgol Sul yn Hebron, ac roedd fy athrawes yn dweud pethe fel "O ddifri, maen nhw'n talu am gyffes!" – roedd yr hen ragfarnau'n fyw iawn. Ond erbyn inni briodi yn yr Eglwys Gatholig yn Nhreorci roedden nhw wedi dod i nabod Patrick ac fe ddaethon nhw i gyd lan at yr Eglwys i ddymuno'n dda i ni. Ac roedden nhw'n gefnogol drwy'r blynyddoedd wedyn.'

Arhosodd tan ei phriodas cyn ymuno â'r Eglwys Gatholig. Byddai gwneud hynny ynghynt wedi bod yn ormod i'w mam, meddai, ond roedd bod yn briod â Phabydd yn ddigon o gyfiawnhad i gymryd y cam. Bu'r ddau'n byw am bum mlynedd ym Mhont-y-pŵl cyn symud i bentref Saint Hilari ym Mro Morgannwg a sefydlu meithrinfa blanhigion yno. O dipyn i beth diflannodd hen ragfarnau ei mam ynglŷn â Chatholigiaeth, yn enwedig wrth weld pum plentyn y teulu'n cael eu magu'n Gatholigion:

Yn y diwedd roedd Mam yn dod gyda ni i'r eglwys. Os oedd hi'n mynd i aros gyda'n whar roedd hi'n gorfod cael gwybod os oedd hi'n mynd i fod yno dros y Sul – roedd hi eisie mynd â dillad parch er mwyn mynd i'r cwrdd gyda nhw. Ond os oedd hi'n dod fan hyn o'n i'n gofyn oedd hi am ddod gyda ni i'r eglwys 'Alla i ddim â dod fel hyn achos sdim dillad iawn 'da fi'. 'Wel allwch chi ddod fel y'ch chi.' 'O na fe te', medde hi ac o'dd hwnna'n ei siwtio hi'n iawn.

Bu Carys yn cynnal dosbarthiadau Cymraeg i oedolion ac yn darlledu'n gyson ar arddio a materion crefyddol. Daeth i gysylltiad â'r Cylch Catholig trwy'r babell ar faes yr Eisteddfod Genedlaethol, ac yn yr 1980au bu'n rhan o'r tîm a fu'n cyfieithu'r Llyfr Offeren i'r Gymraeg. Cawn fanylu mewn penodau eraill am y gweithgareddau hynny, ac am gyfraniad allweddol y teulu i ddatblygiad yr Offeren Gymraeg wythnosol a ddechreuwyd yn Eglwys Sant Cadog yn y Bont-faen. Roedd eu profiad fel teulu yn adlewyrchu'r newidiadau ieithyddol yn sgil Ail Gyngor y Fatican:

> Roedd Luned, yr hynaf, yn cael ei bedyddio yn 1965 yn Lladin, Gareth yn cael ei fedyddio yn 1966 yn Saesneg, y newid yn digwydd yn y cyfnod hynny. Erbyn 1970 pan oedd Donal yn cael ei fedyddio, fe gath e'i fedyddio yn Gymraeg. Ac o hynny mlaen roedden ni'n cael clywed yr offeren yn Gymraeg.
>
> Unwaith roedd y plant yn ddigon hen i gymryd rhan yn yr offeren, roedden nhw'n gwneud y casgliad, yn mynd â'r bara a'r gwin lan i'r allor, wedyn pan oedden nhw'n ddigon hen i wneud y darlleniadau roedden nhw i gyd yn cael tro ar ddarllen, gwasanaethu ar yr allor, i gyd yn Gymraeg. Roedd pawb yn rhan o'r un gymuned oedd yn dod at ei gilydd jyst am yr awr yna ar bnawn Sul.

Yn wahanol i Saunders Lewis a rhai o aelodau mwyaf traddodiadol yr Eglwys, nid yw Carys Whelan yn gweld eisiau'r Lladin yn y gweithgareddau.

> Dwi'n lico'r canu Lladin, y Kyrie a'r Sanctus. Maen nhw'n glasuron erbyn hyn ac yn cael eu defnyddio o bryd i'w gilydd. Y problemau sydd wedi codi yw bod rhai pobl yn hiraethu ar ôl ffurf yr offeren oedd yn bodoli cyn Ail Gyngor y Fatican. Dyna lle mae'r dadlau ac mi all fynd yn rhywbeth fydd yn rhannu plwyfi. Mae 'na feddylfryd sydd ddim yn feddylfryd Fatican 2. Ond pobl Fatican 2 ydyn ni!

Trwy'r babell a'r Offeren flynyddol yn yr Eisteddfod y dechreuodd Carys ymhél â'r Cylch Catholig, ac mae'r dathliad hwnnw yn dal yn bwysig i'r teulu. Mae'n dangos, meddai, 'bod ni ddim jyst yn ddyrnaid bach fan hyn a fan draw; bod yna yna bobol drwy Gymru gyfan sydd yn naturiol yn siarad Cymraeg ac yn Gatholigion. Roedd yn hwb bob tro i gwrdd â'r bobol yna yn y Steddfod a dod i nabod pobol o wahanol ardaloedd hefyd.'

Bu Carys yn flaenllaw yn y mudiad dros undod Cristnogol. Yn 1990 daeth yr Eglwys Gatholig yn aelod llawn o'r mudiad eciwmenaidd Cytûn sydd â'r nod o '(g)alluogi'r eglwysi i addoli â'i gilydd ac i dystiolaethu yng ngoleuni argyhoeddiadau ei gilydd'. Yn 1997 daeth Carys yn llywydd y mudiad, penodiad a groesawyd yn y cylchgrawn Cristion, a nododd mai hi oedd 'y Pabydd cyntaf, y wraig gyntaf a'r person lleyg cyntaf i ddal y swydd'.

Ym Mehefin 1982 daeth y Pab Ioan Pawl yr Ail i Gaerdydd ar ddiwedd ei ymweliad â Phrydain, y tro cyntaf erioed i unrhyw Bab roi ei droed ar ddaear Cymru. Wrth iddo gynnal Offeren ac annerch y dorf enfawr yng Nghaeau Pontcanna, Carys Whelan oedd wedi ei dewis i ddarllen llith yn Gymraeg. Pan ddaeth y gwahoddiad roedd yn brofiad 'hyfryd ac eto'n arswydus', meddai. A hyd yn oed ar y diwrnod hwnnw, deuai atgofion yn ôl am ei magwraeth yng nghapel y Bedyddwyr yn Nhonpentre:

Beth oedd yn braf oedd hyn: ro'n i wedi cael ffrog smart ac wedi prynu het, achos pan o'n i'n darllen yn y gymanfa yn Hebron roedd rhaid cael het. Felly, ges i het i ddarllen i'r Pab. Rhyw chwe wythnos wedi 'ny fe es i lan i Hebron i briodas cyfnither i fi ac roedd y tylwyth i gyd yn y capel. Roedd lot o bobol leol wedi dod i weld y briodas ac yn sefyll ar y pafin tu fas i weld y bobol yn dod ac yn mynd, ac ro'n nhw'n mo'yn siarad 'da fi achos ro'n nhw'n mo'yn dweud gymaint o'n nhw wedi cael gwefr o weld y Pab. Ro'n nhw wedi dwli ac eisie dweud wrtho i bod nhw'n teimlo bod nhw

wedi cael rhan yn y peth achos mod i yno 'mod i fel merch
o Hebron mewn rhyw ffordd wedi cynrychioli pobol y Ton i
gyd yn y gwasanaeth. Roedd yn hyfryd iawn, ro'n nhw'n dal i
deimlo 'mod i'n perthyn iddyn nhw ac felly roedden nhw ryw
ffordd wedi cael rhan yn y diwrnod.

'Dydi'r Gymraeg ddim mor ddieithr i'r eglwys erbyn hyn'

ER Y BYDDAI'R rhan fwyaf o bobl yn ei chysylltu â Llanrwst, lle bu'n cadw siop lyfrau Gymraeg am flynyddoedd, yn Nhŷ-croes ger Rhydaman y cafodd Arianwen Parri ei geni a'i magu. Eglwyswr oedd ei thad, a'i mam yn Fedyddwraig, ac i'r Eglwys yng Nghymru y byddai hithau'n mynd ar y Sul. Flynyddoedd wedyn, ar ôl priodi'r athro ysgol a'r awdur Dafydd Parri, y dechreuodd ymddiddori mewn Catholigiaeth.

'Roedden ni'n briod ers rhyw ddwy flynedd, a finnau newydd agor y siop yn Llanrwst,' meddai. 'Roedd Dafydd wedi cael ei dderbyn i'r Eglwys Bresbyteraidd ond doedd gan yr un ohonon ni lawer o argyhoeddiad crefyddol. Wedyn mi gafodd Dafydd a finnau brofiad oedd yn gyffredin inni'n dau, mwy neu lai ar yr un adeg ac eto'n annibynnol ar ein gilydd. Rhyw brofiad o euogrwydd mawr oedd e, ac eto doedden ni ddim yn gwybod pam.

Dyma Dafydd yn dweud, "Fyddwn ni damaid gwell â mynd at weinidog na'r person, fyddan nhw ddim yn deall be dan ni'n trio'i ddweud. Wyt ti'n nabod rhywun yn yr Eglwys Gatholig?" Roedden ni'n ymwybodol fod yna'r fath beth â chyffesu yn yr Eglwys Gatholig. Roeddwn i'n weddol gyfarwydd â Cathrin Daniel, ddim yn ei nabod hi'n dda ond wedi'i chyfarfod pan oeddwn i'n athrawes yn Ninbych. Felly mi ddois i gysylltiad â hi, ac mi ddaeth hithau draw i gael sgwrs efo ni'n dau. O ganlyniad i hynny mi benderfynais i 'mod i'n mynd am hyfforddiant i'r Eglwys Gatholig. Ond mi ddeudodd Dafydd ei fod am aros am dipyn, ac felly y bu. Gadael y capel wnaeth o, a dim ymuno â dim byd arall.'

Roedd yr hyfforddiant yn golygu rhyw ddeuddeg wythnos yn mynychu Tŷ'r Offeiriad yn Llanrwst yn dysgu am y sagrafennau a beth oedd yr Eglwys Gatholig yn ei olygu. Ac roedd rhai agweddau braidd yn chwithig ar y dechrau, yn enwedig y gyffesgell.

'Mae cyffesu'ch pechodau yn beth dieithr i ni Gymry,' meddai. 'Yn hynny o beth mae'r capeli wedi gwneud dipyn o ddrwg. Maen nhw wedi pwysleisio cymaint ar yr unigolyn, y Fi fawr, a'n gwneud ni'n hunanbwysig. Neu fel yna dw i'n meddwl, falle mod i'n anghywir.'

Doedd ei mam, y Fedyddwraig, ddim yn deall ei thröedigaeth o gwbl. 'Mae'n siŵr bod fy nhad yn siomedig, ond doedd o ddim yn dangos hynny i mi. Roedd e'n poeni mwy am fod fy nwy chwaer wedi cael eu hachub ac yn mynd i'r Neuadd Efengylaidd yn Nhŷ-croes. Roedd y Catholigion yn fwy derbyniol na hynny!'

O fewn y teulu, fodd bynnag, roedd yna draddodiad gwrth-Gatholig cryf ar y ddwy ochr.

'Roedd chwaer hynaf fy mam yn Fedyddwraig i'r carn ac yn ffyrnig yn erbyn y Catholigion, ac yn erbyn yr Eglwys yng Nghymru o ran hynny. Ganddi hi y clywais i stori am fy Mamgu Maerdy – hi oedd mam fy nhad, a Maerdy oedd enw'u fferm. Roedd hi, mae'n debyg, yn wallgof yn erbyn Catholigion, ac yn ôl Anti Leusa roedd hi unwaith wedi mynd i mewn i Eglwys Gatholig yn Abertawe gyda'r bwriad o watwar. Yr hyn wnaeth hi i'w dirmygu nhw oedd croesi ei hunan yn y dŵr sanctaidd – croesi ei phen ôl! Ac mi gafodd ei herlyn allan o'r eglwys! Bu Mamgu Maerdy farw pan o'n i'n bedair oed.'

Does gan ei hwyres ddim amheuaeth o gwbl ynglŷn â'i phenderfyniad i ymuno â'r eglwys a barodd gymaint o ofid i'w mam-gu. 'Mae wedi ehangu fy ffordd o feddwl,' meddai. 'Gogoniant y peth yw'r teimlad o fod yn rhan o fudiad byd-eang. Mi allwch chi fynd i unrhyw wlad ac i'r offeren yn y fan honno, ac er nad ydych chi ddim yn deall yr iaith rydach chi'n gallu dilyn yn berffaith oherwydd ei fod o'r un math o wasanaeth. Mae'r elfennau pwysicaf sef y cysegru a'r cymun yn union yr un fath ym mhob iaith.'

Roedd yr Offeren yn Lladin pan ddechreuodd hi fynychu'r gwasanaethau. 'Roeddwn i'n hoffi'r Lladin, ac wedi ei hastudio yn yr ysgol,' meddai. 'Mi ddaru amryw ohonon ni oedd yn Gymry trwyadl Gymraeg, fel Cathrin Daniel, erfyn ar yr offeiriad i gadw'r offeren yn Lladin, yn yr esgobaeth yma beth bynnag. Ond gwrthod wnaethon nhw a throi'n Saesneg wnaeth o.'

Trwy Cathrin Daniel, cafodd ei chyflwyno'n gynnar i'r Cylch Catholig. 'Hi oedd y cysylltiad cynta, ac wedyn mi fyddai pobl fel Harri Pritchard Jones yn galw yn y siop. Roeddwn i hefyd yn mynd i'r ŵyl ddrama yng Ngarthewin, ac mi fydden ni'n mynd fel teulu i'r gwasanaeth Nadolig yno ganol nos. Roedd yr awyrgylch yn hyfryd yno mewn stabal.'

Bu'n cymryd rhan mewn ymgyrchoedd gan y Cylch i roi mwy o le i'r Gymraeg yng ngweithgareddau'r Eglwys. 'Roedd yr Esgobion ar y cyfan yn gefnogol, ond rhai o'r offeiriaid yn erbyn. A'r gwaetha o'r rheini oedd rhai o'r Gwyddelod!'

Dros y blynyddoedd gwelodd yr un dirywiad yn y gefnogaeth i'r Eglwys Gatholig ag i'r enwadau Protestannaidd. Siom iddi oedd gweld eglwysi Trefriw a Betws-y-coed yn cau.

'Roedd yr eglwys fach oedd yn Nhrefriw yn hyfryd. Hen dŷ oedd e, tŷ carreg reit ar ochr y ffordd, a'r capel wedi'i adeiladu yn wal y tŷ, roedd yn ddymunol ac yn ddeniadol. Peth paganaidd oedd ei dynnu i lawr. Dyna wnaethon nhw yn Betws hefyd, oherwydd bod mo'i hangen hi medden nhw. Mi dynnwyd y cwbl i lawr.'

Ond yn Llanrwst mae'n gweld pethau'n sefydlogi rhywfaint yn ddiweddar.

'Ar fore Sul mi gawn ni ryw hanner cant i drigain yn yr eglwys. Yn ystod yr wythnos mae'n wan iawn, rhyw hanner dwsin ohonon ni sydd yna. Mae yna offeren bob bore a dosbarth gweddïo ar nos Iau. Dwi'n mynd tua thair neu bedair gwaith yr wythnos.'

Mae'n gweld yr agwedd tuag at y Gymraeg wedi gwella yn ei heglwys. 'Mae 'na gryn hanner dwsin ohonon ni'n dweud yr offeren yn Gymraeg tra mae'r lleill yn ei ddeud o yn Saesneg. Hefyd mae un o'r llithoedd yn Gymraeg trwy'r amser. Mae 'na ddigon ohonon ni'n Gymry Cymraeg i gymryd ein tro. Pump ohonon ni oedd yna, ond dydd Sul dwetha mi ddaeth 'na ddysgwraig i ymuno efo ni i ddarllen yn Gymraeg. Roedd hi'n nerfus iawn ond mi wnaeth. Dydi'r Gymraeg ddim mor ddieithr i'r eglwys erbyn hyn.'

Cymryd y bara gyda'r Anglicaniaid

BYW YN LLYDAW ar ddechrau'r 1950au ddaeth â Mair Piette i gysylltiad â'r Eglwys Gatholig. Roedd wedi ei magu ar aelwyd Anghydffurfiol yng Nghaerdydd, cartref lle'r oedd trafod bywiog ar faterion crefyddol. Parhaodd ei diddordeb hithau mewn crefydd pan oedd yn fyfyrwraig ym Mhrifysgol Birmingham, lle'r ymunodd â Mudiad Cristnogol y Myfyrwyr (SCM). Graddiodd yn y gwyddorau cymdeithasol, gan gymhwyso wedyn fel gweithiwr cymdeithasol seiciatrig mewn ysbyty yn Llundain.

Er gwaetha'i diddordeb mewn crefydd roedd Catholigiaeth yn dal yn gwbl ddieithr iddi nes iddi gyfarfod Llydäwr a Phabydd, Jean Piette. Priododd y ddau yn 1950 a mynd i fyw am ddwy flynedd yn Llydaw. Bu Mair am rai blynyddoedd wedyn cyn troi at yr Eglwys Gatholig. Meddai:

Pan oedden ni'n byw yn Lanyon roeddwn i'n mynd ambell waith i'r ysgol Gatholig leol i wrando ar yr Offeren a hefyd roedd côr yno ac roedd e'n effeithiol iawn. I fi roedd e'n fath o theatr neu gyngerdd, roedd y symudiadau a'r gwisgoedd a'r holl beth yn apelio ataf i ar y lefel yna. Ond ro'n i'n dal i fynd i gapel Protestannaidd yn Llydaw.

Yn 1952 daeth y teulu yn ôl i Gymru gyda merch fach

saith mis oed, ar ôl i Dr Jean Piette gael gwaith yn y Fridfa
Blanhigion yn Aberystwyth:

Aethon ni i fyw wedyn i Gomins Coch a ro'n i'n mynd i
gapel Annibynwyr yno. Braidd yn ddigalon oedd y profiad
capelog i mi yr adeg honno. Roedd 'na dipyn o gecru rhwng
y gwahanol deuluoedd, gwahanol ffermydd, doedd dim
llawer o gynhaliaeth i'w gael o'r capel. Ond o'n i'n dal i
chwarae'r organ yno ambell waith a mynd i'r gymdeithas
ddiwylliannol.
    Erbyn hyn roedd y plant yn tyfu ac roedd y gŵr yn mynd
â nhw i lawr i'r dre i'r eglwys. Ffermwyr oedd yn mynd â
nhw, allen ni ddim fforddio car. Wedyn dechreuais i weithio
rhan amser ac roedd gyda ni chydig mwy o arian a ges i gar.
O'n i wedyn yn gyrru nhw lawr i'r Eglwys yn Llanbadarn ac
yn eistedd tu fas yn darllen yr *Observer* pan oedden nhw yn
yr Eglwys.

    Maes o law cafodd waith gydag Ysbyty'r Meddwl
yng Nghaerfyrddin:

Roedd gyda ni glinig yn dod bob pythefnos i Aberystwyth. Fi
oedd yn gwneud y gwaith cymdeithasol, yn cydweithio gyda'r
seiciatryddion oedd yn dod lan i'r clinic. O'n i'n ymweld â'r
bobl oedd yn byw yn y wlad, doedd e ddim yn waith hawdd.
O'n i mewn cyfnod o anawsterau a wnes i ddechrau mynd
i mewn i'r eglwys Gatholig. Roedd popeth yn Lladin ar yr
adeg honno ac roedd côr yn dod lawr o Gastell Brychan, y
coleg Catholig. Oedd e'n gôr da iawn ac oedd gen i rywfaint
o Ladin, wnes i Ladin yn yr ysgol. Profiad theatrig oedd e'n
bennaf ond o'n i'n meddwl fod mwy o ysbrydiaeth yn hyn
nag ym mywyd y capel. Wedyn pan oedd y plant yn dysgu'r
catecism, o'n i'n eu helpu nhw, a wnes i benderfynu bod well
imi ymuno â'r Eglwys. Ac o'n i wedi digalonni gyda'r capel, i
fod yn onest.

Ei chysylltiad cyntaf â'r Cylch Catholig oedd mynd ar bererindod i Aberteifi tua 1960. Ymunodd â gorymdaith fanerog trwy'r dref a chlywed y Tad John Fitzgerald yn pregethu ar y stryd. Dywed iddi gael ysgytwad wth glywed cymaint o Gymraeg yn yr Eglwys Gatholig a daeth y Tad John yn ffrind agos i'r teulu:

> Yn fuan wedyn roedd hi'n bosib cael offeren yn Gymraeg. Tad John oedd yn ei wneud e, a roedd fy ngŵr yn teipio iddo fe. Chydig iawn ohonon ni oedd yn mynd i'r offeren yr adeg honno. Roedd Tad John yn gwybod sut i bregethu. Dyw'r Eglwys Gatholig ar y cyfan ddim mor gryf am bregethu i'r lleygwyr, yn enwedig yn y de. Roedd yn beth da inni gael rhywun oedd yn rhoi dipyn o sylwedd i'r bregeth.
>
> Dwi'n cofio mynd i enciliad mewn lleiandy yn Llandrindod tua 1965, roedd tri o blant gyda ni'r adeg honno a daethon nhw gyda ni. Roedd Harri a Lenna Pritchard Jones yno, a nifer o offeiriadon o'r gogledd oedd yn dysgu Cymraeg. John a Gregory Fitzgerald oedd y rhai mwyaf hyddysg yn yr iaith. O'n ni'n cael sgyrsiau a gweddïau, oedd e'n brofiad ysbrydol da.

Yn 1971 bu farw ei gŵr, a thair blynedd wedyn symudodd Mair Piette i Gaerdydd er mwyn cael gwaith 'dipyn bach mwy diddorol' yn ysbyty'r Eglwys Newydd. Roedd ganddi hefyd dylwyth ym Mhontypridd. Bu'n mynychu'r Offeren Gymraeg yn y Bont-faen am flynyddoedd, heb gael llawer o flas ar y pregethu. Ar yr un pryd bu'n mynd gyda chyfnither oedrannus oedd mewn cartref henoed i oedfaon yng nghapel yr Annibynwyr yn Minny Street, lle'r oedd y Parchedig Eifion Powell yn weinidog. 'Roedd e'n bregethwr diddorol iawn. O'n i wedi cilio o'r Eglwys i raddau yn y cyfnod hwnnw,' meddai.

Daeth yn ôl i Aberystwyth ar ddechrau'r nawdegau

ac ailgydio yng ngweithgareddau'r Cylch. Aeth ar encil i Bantasaph ger Treffynnon gyda'r Esgob Regan yn arwain: 'Roedd e'n dda iawn, mae e mor ddiymhongar.' Wedyn cafwyd encil eciwmenaidd gyda'r Anglicaniaid yn Llannon:

> Y Parch. Enid Morgan oedd wedi cael y syniad. Roedd hi a'r Tad Dorian Llywelyn yno, a chyn-Esgob Bangor yn arwain. Dorian oedd yn rhoi cyfarwyddyd ysbrydol i ni. Roedd hi'n encil dda iawn a phawb yn cael Offeren gyda'i gilydd. Dyw Catholigion ddim i fod i gymryd y bara gydag Anglicaniaid. Yn bersonol dwi yn ei gymryd e. Dw i'n ddrwgdybus iawn o lawer o'r pethau Catholig, mae'n rhaid cyfaddef. Mae gen i gefndir cymaint mwy eang na rhai. Roedd Tad John yn eitha eang, ond roedd e'n gorfod cadw'r llinell. Bydda fe'n siarad yn eangfrydig gyda ni. Ond roedd rhai ohonyn nhw'n gul iawn.

Cwsg ac adfywiad y Cylch

Yn 1967, ar ôl pum mlynedd yn ysgrifennydd y Cylch Catholig, penderfynodd John Daniel fod yn offeiriad. Gadawodd Aberystwyth a threulio blwyddyn yn astudio ym Mharis. Wedyn ym Mai 1968 ymledodd cyffroadau chwyldro'r myfyrwyr trwy brifysgolion a cholegau Ffrainc, gan gynnwys y coleg lle'r oedd yntau'n fyfyriwr. Daeth ei gyfnod ym Mharis i ben ynghynt na'r disgwyl, a chafodd ei anfon gan yr Esgob i weithio mewn canolfan yn ardal Wigan. Doedd o ddim yn hoff o'r fan honno a gadawodd ar ôl rhyw ddeufis gan ddychwelyd i'r byd academaidd, yn yr adran Athroniaeth yn y Brifysgol ym Mangor.

Yn ystod ei gyfnod fel ysgrifennydd y Cylch, roedd wedi dechrau gweld y dirywiad a'r dadrithiad oedd wedi peri i'w ragflaenydd Joe Brown roi'r gorau i'r ysgrifenyddiaeth. Roedd anghytuno ynglŷn â natur y mudiad, a rhai o'r hen do yn colli'u brwdfrydedd. Mae'r duedd honno'n cael ei chadarnhau yn rhai o lythyrau Cathrin Daniel at R. O. F. Wynne. Yn un o'r rheini, dywedodd:

> You must realise that as far as I am concerned, I have been tolerated in the Cylch so long simply because I am Welsh speaking. The tragedy is that all our original members have allowed themselves to be pushed out to the detriment of all our aims.

Roedd John Daniel wedi mynd i deimlo nad oedd y Cylch yn bodoli bellach heblaw ar bapur, ond gwnaeth un ymdrech arall i'w adfywio. Ysgrifennodd at yr holl aelodau i'w gwahodd i gyfarfod yn Aberystwyth i benderfynu a oedd hi'n werth dal ati. Dywedodd wrth Trystan Owain Hughes:

> Yn y cyfarfod hwnnw yn Aberystwyth mi wnes i ymddiswyddo a daeth Peter Hourahane yn ysgrifennydd yn fy lle. Ond a bod yn berffaith onest ddaru hynny ddim gwneud llawer o wahaniaeth. Ddaru pethau ddim adfywio mewn gwirionedd nes i Anne Uruska ddod yn ysgrifennydd yn yr 80au, mi wnaeth hi waith mawr iawn. Ac mae'r ysgrifennydd presennol, Mrs Sue Roberts o Bwllheli, mae hi hyd yn oed yn fwy gweithgar.

*****

Ar Ebrill 30, 1986 ymddangosodd yr adroddiad canlynol yn *Y Cymro*:

> Mewn cyfarfod yn Aberystwyth yn ddiweddar sefydlwyd y Cylch Catholig ar ei newydd wedd. Etholwyd yr Esgob Mullins yn Gadeirydd a'r Tad John Fitzgerald yn Is-gadeirydd.
>
> Yn ei araith agoriadol mynegodd yr Esgob Mullins deimladau pawb yn y cyfarfod pan ddywedodd "y dylai fod yn bosibl i Gymry Cymraeg Catholig fyw eu bywyd yn gyfan trwy gyfrwng yr iaith Gymraeg. Trwy weithgareddau'r Cylch, gobeithir y daw'r profiad hwn yn fwy cyffredin i Gatholigion ledled Cymru."

Roedd y cyfarfod hwnnw yn un o'r rhai pwysicaf yn hanes y Cylch Catholig, er mai ychydig o sylw a gafodd ar y pryd. Am rai blynyddoedd cyn hynny, prin fod y Cylch Catholig yn bodoli heblaw mewn enw. Mae'n wir fod y stondin yn dal i gael ei chynnal yn ddi-dor ar faes yr Eisteddfod

Genedlaethol bob blwyddyn, a bod *Cylch Translations* Joe Brown wedi ymddangos yn ddi-fwlch, ond prin iawn oedd y gweithgareddau eraill. Roedd rhai o'r selogion cynnar wedi marw, a brwdfrydedd rhai o'r gweddill yn pylu gyda'r blynyddoedd, weithiau oherwydd dadrithiad ynglŷn â cholli'r Offeren Ladin. Oni bai am y cyfarfod hwnnw yn Aberystwyth, mwy na thebyg y byddai'r Cylch wedi marw'n dawel. Yn lle hynny fe daniwyd rhywfaint o frwdfrydedd ymhlith cenhedlaeth newydd.

Prif ysgogydd yr adfywiad oedd Anne Uruska, brodor o Gaerdydd o dras Bwylaidd a gwraig Iestyn, mab ieuengaf Cathrin Daniel. Roedd Anne Uruska wedi dod yn adnabyddus cyn hynny fel un o arweinwyr Cymdeithas yr Iaith Gymraeg. Darganfod y Gymraeg oedd ei hanes hi, ar ôl magwraeth Gatholig mewn ardal ddosbarth gweithiol yng nghanol y brifddinas. Mae'n disgrifio'r cefndir hwnnw mewn pennod yn y llyfr *Fy Nghymru I* a gyhoeddwyd yn 1978:

Byddai'r offeiriad Pwyleg yn dod i'r tŷ o dro i dro ar achlysuron arbennig i gynnal gwasanaeth Pwyleg i ni'r teulu. Bûm i a'm brodyr yn mynychu'r ysgol Bwyleg bob dydd Sadwrn. Heblaw am y cysylltiadau cryf oedd gennym â Gwlad Pwyl a'r iaith Bwyleg, dyn â chanddo sawl iaith yw 'nhad, yn siarad Rwsieg â'r dyn drws nesaf, Wcraineg a'r dyn dros yr heol, a rhywfaint o Eidaleg yn y siop fach ar y gornel. Hefyd, wrth gwrs, bryd hynny Lladin oedd iaith yr Eglwys.

Mynychodd ysgolion Catholig yng Nghaerdydd, ac yn Ysgol Uwchradd Heathfield House cafodd wersi Cymraeg am flwyddyn. Wedyn roedd rhaid iddi ddewis rhwng Cemeg a Chymraeg, a dewisodd Gemeg. Oherwydd hynny, meddai, bu rhaid iddi wneud ymdrech ymwybodol i ddysgu Cymraeg, a thrwy hynny daeth i werthfawrogi'r iaith yn well. Trwy Aelwyd yr Urdd yng Nghaerdydd a gwersyll Glan-llyn, ac yna fel myfyrwraig yng Ngholeg y Drindod, Caerfyrddin, daeth i feistroli'r Gymraeg, gan ymuno â Chymdeithas yr Iaith a maes o law cael swydd lawn amser fel ysgrifenyddes y Gymdeithas.

Law yn llaw â'r ymgyrchu dros yr iaith, parhaodd ei brwdfrydedd crefyddol, a'i hawydd i weld y Gymraeg yn cael mwy o le gan yr Eglwys. Bu'n byw mewn gwahanol rannau o Gymru, gan ddod i weld sefyllfa'r iaith mewn nifer o blwyfi Pabyddol cyn ymsefydlu yn Aberystwyth. Ond doedd y Cylch Catholig yn fawr mwy nag enw iddi cyn iddi fynd ati i ymdrechu i'w adfywio.

> Roeddwn i wedi cael fy nghyflwyno i'r Offeren yn Gymraeg yn Archesgobaeth Caerdydd. Yno roedden ni'n defnyddio llyfrau *Addolwn Dduw* – ac roedd enw 'Y Cylch Catholig' i'w weld ar y llyfrau. Yn ogystal â'r Offerennau bob Sul yn Eglwys Cadog Sant, Y Bont-faen, rwy'n cofio Offeren Gymraeg yn yr Eglwys Gadeiriol i ddathlu Dydd Gŵyl Dewi, ac Offeren i agor adeiladau newydd ein hysgol ni pan symudodd Ysgol Heathfield House o'i safle yng nghanol y ddinas.

Mewn cyfnod o fyw yn Nhrefor, cafodd y profiad o fynychu Offeren Gymraeg yn wythnosol ym Mhwllheli, gyda'r Eglwys yn defnyddio llyfrau oedd wedi eu gwneud gan y plwyf ei hun. 'O ran gweddill Cymru,' meddai, 'roedd Offerennau Cymraeg yn ysbeidiol, neu unwaith y mis, neu ychydig yn "ddwyieithog" – os oedd pobl yn ffodus. Ond yn gyffredinol, ychydig o Offerennau Cymraeg oedd yn y plwyfi a bron ddim cyfle i Gatholigion Cymraeg gwrdd â'i gilydd, a dim llyfrau ysbrydol ar gael heblaw eithriadau prin.'

Gwelodd angen mudiad 'i gynorthwyo Catholigion Cymraeg i fyw bywyd ysbrydol cyflawn trwy gyfrwng eu hiaith eu hunain, gan gynnig cyfleoedd am addoliad yn

Gymraeg, a chan hyrwyddo'r gwaith o ddarparu llyfrau ac adnoddau angenrheidiol at y diben hwn'. Cam tuag at hynny oedd y cyfarfod yn Aberystwyth a ddisgrifiwyd gan *Y Cymro* fel 'sefydlu'r Cylch Catholig ar ei newydd wedd'.

Byddai pawb yn cydnabod fod y Cylch y bu Anne Uruska yn gyfrifol amdano fel ysgrifennydd yn fwy effeithlon ac egnïol na'r hyn oedd yn bodoli cyn hynny. Cafodd sylfaen ar gyfer gweithredu ymarferol ei gosod yn y cyfarfod hwnnw yn Aberystwyth. Wedi nodi dewis yr Esgob Mullins yn Gadeirydd a'r Tad John Fitzgerald yn Is-gadeirydd, a'r bwriad i Gymry Cymraeg Catholig allu byw eu bywyd yn gyflawn trwy'r Gymraeg, dywed adroddiad *Y Cymro* ymhellach:

> Ar y gweill yn barod, mae yna gyfarfod arall i Gatholigion Cymraeg ddydd Sadwrn yn Aberystwyth; encil yng nghanolfan bererindota genedlaethol yr Eglwys [Gatholig] yng Nghymru – sef Eglwys Fair y Tapr yn Aberteifi; a llyfr offeren newydd – a gaiff ei gyhoeddi ym 1988.

Cyn cyflawni unrhyw amcanion, roedd un broblem allweddol i'w goresgyn: doedd gan y Cylch ddim arian. I'r adwy y tro hwn daeth merch arall o Gaerdydd oedd yn yr ysgol gydag Anne Uruska ac fel hithau wedi dysgu Cymraeg. Daeth Sue Roberts wedyn yn ysgrifennydd y Cylch ac mae'n dal yn un o hoelion wyth y mudiad. Yn ei thŷ hi a'i gŵr Wil ym Mhwllheli y cynhaliwyd noson i roi arian yng nghoffrau'r Cylch Catholig ym Mai neu Fehefin 1986.

'Doeddwn i ddim yn y cyfarfod yn Aberystwyth, nac yn gwybod fawr am fodolaeth y Cylch cyn i Anne ddod acw a sôn am y peth,' medd Sue. 'Doedd ganddyn nhw yr un ddimai goch, ac felly mi gafwyd *shindig* yn ein tŷ ni. Roedd Anne yno, Siôn a Catrin Daniel, Anna, y Tad John Ryan – ond roedden ni hefyd wedi gwahodd Catholigion lleol o'r plwyf ym Mhwllheli, ac mi ddaeth llwyth ohonyn nhw draw. Dwi'n cofio fod y Tad Anthony Jones, offeiriad y plwyf ar y pryd, wrthi'n dysgu Cymraeg ac yn eithriadol o frwd dros y Cylch. Roedd e wedi annog pobl i ddod yno, a dwi'n meddwl fod cymaint o bobl y plwyf ag o bobl y Cylch yno. A dweud y gwir dwi'n meddwl mai pobl Pwllheli roddodd y rhan fwyaf o'r arian a godwyd y noson honno.'

Y Llyfr Offeren

UN O FLAENORIAETHAU cyntaf y Cylch ar ôl ei adfywio oedd cyhoeddi Llyfr Offeren y Sul yn Gymraeg. Yr Offeren yw elfen bwysicaf addoliad yn yr Eglwys Gatholig, a Lladin oedd iaith yr elfen honno trwy'r canrifoedd. Ond fel y soniwyd, newidiodd hynny yn sgil Ail Gyngor y Fatican yn nechrau'r chwedegau. Er bod hawl bellach i gynnal yr Offeren mewn ieithoedd brodorol, roedd yn amlwg mai'r Saesneg fyddai'r iaith honno yn y rhan fwyaf o Gymru. Wrth geisio sicrhau fod yr Offeren Gymraeg yn ennill ei phlwyf, roedd dau faen tramgwydd i'w goresgyn. Un oedd prinder offeiriaid oedd yn ddigon hyderus yn yr iaith, sefyllfa sy'n dal hyd heddiw, a'r diffyg arall oedd nad oedd y Llyfr Offeren, neu'r 'Misal', ar gael yn Gymraeg. Hwnnw yw'r llyfr sy'n cynnwys yr holl gyfarwyddiadau a thestunau angenrheidiol ar gyfer dathlu'r Offeren gydol y flwyddyn rhwng dau glawr. Dim ond rhannau o'r Offeren oedd wedi eu cyfieithu cyn hynny.

Cyhoeddwyd *Y Llyfr Offeren Cymraeg* yn 1988, yn enw 'Esgobaeth Mynyw ar ran Esgobion Cymru'. Mae'n gyfrol swmpus a safonol, gyda 634 o dudalennau; tasg enfawr a gyflawnwyd o fewn tair blynedd gan y ddau gyfieithydd, y Tad John Fitzgerald a Patrick John Donovan a phanel fu'n eu cynorthwyo. Er bod Patrick Donovan yn llai adnabyddus na'r Tad Fitzgerald, roedd ei gyfraniad yntau'n allweddol yn y dasg enfawr o gynhyrchu Llyfr Offeren y Sul.

Mae Patrick Donovan yn disgrifio'i hun fel 'hanner Gwyddel a hanner Cymro'. Cafodd ei fagu ym Mhort

Talbot, ei fam o Fro Gŵyr a theulu ei dad wedi ymfudo i ardal Abertawe o Cork ar ddiwedd y bedwaredd ganrif ar bymtheg. Doedd dim Cymraeg ar yr aelwyd ond dysgodd yr iaith yn ysgol Gatholig Sant Joseph dan ddylanwad athrawon ysbrydoledig gan gynnwys yr ymgyrchydd iaith Emyr Llewelyn. Graddiodd Patrick mewn Cymraeg yn Aberystwyth a bu'n dysgu Cymraeg ym Mhrifysgol Cork am ddwy flynedd. Dychwelodd i Aberystwyth lle bu'n swyddog clasuron i'r Academi Gymreig ac yna ar staff Geiriadur Prifysgol Cymru. Roedd yn gyd-olygydd y Geiriadur am ddeng mlynedd cyn ymddeol yn gynnar.

Yn Eisteddfod Genedlaethol Rhydaman yn 1970 y daeth i wybod gyntaf am fodolaeth y Cylch Catholig, gan gyfarfod y Tad John Fitzgerald am y tro cyntaf ym mhabell y Cylch ar y Maes.

'Ychydig bach yn herciog oedd fy Nghymraeg ar y pryd ond roeddwn i'n dechrau bod yn ddigon rhugl i gymryd rhan mewn pethau,' meddai. 'Mae gen i ryw gof falle 'mod i wedi darllen yn Gymraeg yn yr Offeren yn yr eisteddfod honno. Ond y peth pwysig i fi oedd cwrdd â John Fitzgerald. Roedd e'n newydd fel darlithydd yn yr adran athroniaeth yn y coleg ac yn chwilio am unrhyw un oedd yn fodlon bod yn fyfyriwr, a dyna pam y gwnes i flwyddyn o athroniaeth gyda'r Tad John gan ddechrau yn 1970. Roedd e'n ddifyr iawn, yn gwbl anobeithiol o anhrefnus fel darlithydd, ond â sbarc o ddiddordeb ynddo oedd yn ddifyr iawn i mi. Hyd y gallaf gofio, wnes i ddim byd gyda'r Cylch am rai blynyddoedd wedyn.'

Roedd eisoes wedi dod i adnabod y Tad Gregory Fitzgerald, oedd yn gaplan y myfyrwyr yn Aberystwyth, ym mhabell y Cylch yn yr Eisteddfod gyda'i frawd John a Joe Brown.

'Roedd Greg yn gymeriad hoffus iawn, dwi'n ofni ei fod

e'n ei weld ei hunan ychydig yng nghysgod ei frawd John o ran gyrfa academaidd,' meddai. 'Dwi wastad yn ei gofio fe'n hoffi chwarae triciau bach ar gyfer y plant, triciau gydag arian trwy'i fysedd, roedd rhywun yn cymryd ato fe. Dyna'r bobl sy'n dod i fy meddwl i fel hoelion wyth y Cylch yn y cyfnod yna.'

Ar ddechrau'r wythdegau y dechreuodd Patrick ymddiddori go iawn yng ngwaith y Cylch, gan fanteisio ar yr adnoddau yn swyddfeydd Geiriadur y Brifysgol i baratoi defnyddiau ar gyfer y babell yn yr Eisteddfod. Roedd ei brofiad ar y Geiriadur hefyd yn werthfawr ar gyfer y gwaith cyfieithu enfawr oedd i ddod i ran John Fitzgerald ac yntau.

Roedd y Tad Fitzgerald wedi bod yn aelod o un o'r pwyllgorau oedd yn paratoi'r *Beibl Cymraeg Newydd*. Ei gyfrifoldeb bryd hynny oedd cyfieithu rhai o lyfrau'r Testament Newydd, gan elwa ar ei addysg mewn Lladin a Groeg yng Nghaergrawnt. Roedd y *Beibl* i gael ei gyhoeddi yn 1988, ac yn sgil hynny roedd y testunau ar gael ymlaen llaw, ar ffurf electronig, i gyfieithwyr y Llyfr Offeren. Erbyn hynny hefyd roedd y gwaith ar Eiriadur y Brifysgol yn cael ei wneud yn gyfrifiadurol, ac roedd Patrick yn gallu cael help arbenigol gan ei gydweithwyr wrth baratoi darnau o'r Llyfr Offeren.

'Roedd John a finnau'n cwrdd bob nos Fercher, fuaswn i'n dweud am dair blynedd, i gynhyrchu'r darnau yna o'r Misal Cymraeg,' meddai. 'Roedden ni wedi penderfynu fod angen cyfieithu'r holl ddarnau ychwanegol at y darlleniadau ac ati o'r newydd. Felly dyna oedden ni'n wneud am gyfnod o ryw dair blynedd. Roedden ni'n mynd yn ôl at y Lladin, yn edrych wysg ein hochor ar y Saesneg bob hyn a hyn. Dwi'n medru digon o Ladin i wybod beth oedd yn mynd ymlaen. Roedd John a finnau'n gwneud y cyfieithiad gyda'n gilydd ac wedyn yn mireinio hynna, ac wedyn darllen yn uchel. Mae Daniel Hughes wedi dweud fod y gweddïau sydd wedi eu cyfieithu ar gyfer y Misal yn ddarllenadwy iawn, a'r rheswm am hynny yw eu bod nhw wedi eu bwriadu ar gyfer eu darllen yn uchel.'

I gefnogi'r cyfieithwyr, casglodd yr Esgob Mullins banel litwrgaidd at ei gilydd. Ymhlith yr aelodau roedd Lenna Pritchard-Jones, John Daniel, Carys Whelan a'r Prifardd a pherson Anglicanaidd Euros Bowen.

'Fe fuon ni'n cwrdd yn gyson yn Aberystwyth,' medd Carys Whelan. 'Roedd Euros Bowen yn dod bob tro yn ffyddlon, rwy'n cofio cyrraedd un tro a'r Tad John ac Euros yno, a'r Tad John yn sefyll a'i gefn at y tân ac yn dweud, "Dyna ni, ry'n ni wedi gwneud cyfieithiad ar y pryd o weddi'r Arglwydd, allwn ni i gyd gytuno?" Roedd y bobl yma oedd ar y panel yn siarad nifer o ieithoedd a doedd neb byth yn cyfeirio at y Saesneg. Roedden nhw'n trafod y pynciau diwinyddol a gofyn i Lenna a fi, "Ydi hwnnw'n dweud beth y'n ni'n mo'yn iddo fe ddweud?" a ninnau'n dweud "Gwneith, wneith hwnna'r tro!" Roedden ni yno fel siaradwyr Cymraeg i wneud yn siŵr bod yr hyn oedden nhw'n gynhyrchu yn gywir. Wrth gwrs roedd llawer ohonyn nhw'n arbenigwyr ar yr iaith eu hunain.'

Patrick hefyd oedd yn gyfrifol am gysodi'r Llyfr Offeren. Ar y pryd roedd yn dechrau ymddiddori mewn cysodi cyfrifiadurol, ac roedd cyfaill ac yntau wedi ffurfio cwmni bach i wneud gwaith cysodi academaidd yn Gymraeg ac yn Saesneg. Defnyddiwyd y sgiliau hynny ar y *Llyfr Offeren*.

'Roeddwn i'n dal i weithio ar y deunydd yn Eisteddfod Porthmadog yn 1987, ac erbyn hynny'n dechrau bod ychydig yn ofnus a fydden ni'n cyrraedd y nod, ond fe lwyddon ni i wneud hynny,' meddai.

Dros y blynyddoedd bu Patrick yn helpu John Fitzgerald

trwy ddarllen proflenni llawlyfrau a sagrafennau eraill. Er gwaethaf yr holl ddefnyddiau a baratowyd, mae'n siomedig cyn lleied o ddefnydd o'r Gymraeg sydd yna yng ngwasanaethau'r Eglwys Gatholig heddiw. Ond mae'n credu mai paratoi'r defnyddiau ar gyfer defnyddio'r Gymraeg yw cyfraniad pwysicaf y Cylch Catholig. Bu hefyd yn gyfrifol am gynhyrchu fersiwn Gymraeg a Saesneg o'r *Llyfr Gweddi Bach* a gyhoeddwyd yn 2015, fel y cawn sôn yn ddiweddarach.

Y CYLCHgrawn Catholig

Y Cylchgrawn Catholig oedd enw cyfnodolyn cyntaf y Cylch Catholig, yr un y byddai'r Tad Barrett-Davies yn ei olygu a'i ddyblygu yn nwy flynedd cyntaf y Cylch ar ddechrau'r 1940au. Cafodd hwnnw, fel y gwelsom, ei ddisodli gan yr *Efrydiau Catholig* deallusol ac uchelgeisiol a gynhyrchid gan Saunders Lewis. Daeth yr *Efrydiau* i ben ar ôl deng mlynedd, a'r unig gyhoeddiad rheolaidd cysylltiedig â'r Cylch wedi hynny oedd y *Cylch Translations*, ffrwyth llafur y band-un-dyn Joe Brown. Ond yn haf 1993 fe atgyfodwyd teitl *Y CYLCHgrawn Catholig* ar gyfer cyhoeddiad newydd sbon. Yn safonol ei gynnwys, roedd eto'n fwy darllenadwy ac ehangach ei apêl na'r *Efrydiau Catholig*.

Y Bwrdd Golygyddol oedd Patrick Donovan, John Fitzgerald, Daniel Huws a Harri Pritchard Jones, gyda John Fitzgerald yn gwisgo mantell y golygydd.

Mewn rhagair i'r rhifyn cyntaf mae'r Esgob Mullins yn sôn am gynhadledd yr oedd newydd fod ynddi yn Rhufain, gydag esgobion o bob cyfandir yn bresennol. Pwnc y drafodaeth oedd 'cynnwys y Ffydd a sut i'w chyflwyno hi yn y byd cyfoes'. Roedd wedi sylwi ar wahaniaethau yn agweddau esgobion o wahanol rannau o'r byd, ac yn defnyddio'r profiad hwnnw i osod y Cylch Catholig – a'r cylchgrawn newydd – mewn cyd-destun byd-eang.

Dywed erthygl yr Esgob:

Yr oedd esgobion o'r hen fyd, y byd cyntaf fel y'i gelwir, yn canfod problemau o'r tu mewn i'r Eglwys ac o'r tu allan. I bobl Affrica ac Asia, yr eglwysi ifainc fel yr oeddynt yn dymuno cael eu galw, yr oedd hyn oll yn fagl ac yn rhith. Llawenydd y Ffydd Gristnogol a gobaith mawr am y dyfodol oedd yn nodweddu eu hagwedd nhw. Ac i bobl yr ail fyd, y gwledydd cyn-Gomiwnyddol, her a chyfle'r sefyllfa newydd oedd yn amlwg iddynt...

Gwers bwysig i mi oedd hyn oll. Yr ydym ni yng Nghymru yn cael ein syniadau trwy Loegr, a llyfrau a chyfnodolion Saesneg yn ddylanwad mawr arnom ni i gyd. Ac eto, y mae bodolaeth y Cylch Catholig yn dystiolaeth ein bod yn perthyn i genedl arbennig ac i draddodiad a gwareiddiad sydd yn llawer hŷn na'r un Eingl-Americanaidd. Mae hanes y pobloedd Celtaidd yn awgrymu nad yw ein pobl ni yn gallu para yn hir heb blygu glin i Greawdwr nef a daear. Yn hanes y Cymry, y mae cyfnodau wedi bod pryd yr anghofiwyd am yr Arglwydd Iesu. Hyd yn hyn, dychwelyd at seiliau Cristnogol ein gwareiddiad a'n hunaniaeth a achubodd y genedl hon a sicrhau ei pharhad.

Gan fy mrodyr o'r eglwysi ifainc, fe'm hatgoffwyd mai hyder a gobaith a ddylai nodweddu Catholigion ymhob oes ac ymhob gwlad. 'Yr wyf fi gyda chwi bob amser hyd ddiwedd y byd' yw addewid yr Arglwydd inni. Trwy gyfrwng y cylchgrawn newydd hwn, byddwn yn rhannu ein Ffydd â'n cyd-Gymry. Gobeithio y byddwn yn cyflawni hyn yna gan rannu hefyd y llawenydd, yr hyder a'r cariad unol sydd yn etifeddiaeth i'r rhai sy'n beiddio cymryd Crist ar ei air.

Cyhoeddwyd *Y CYLCHgrawn Catholig* ddwywaith y flwyddyn hyd at 1998, pan ymddangosodd un rhifyn yn unig yn ystod yr haf. Un rhifyn a welwyd y flwyddyn ganlynol hefyd. Yn hwnnw fe atgynhyrchir erthygl dan y pennawd 'Gweddi'r Meddwl', oedd wedi ymddangos gyntaf yr yr *Efrydiau Catholig* hanner can mlynedd ynghynt. Rhifyn haf

1999 oedd *Y CYLCHgrawn Catholig* olaf i weld golau ddydd. Mae'r golygydd, John Fitzgerald, yn dechrau ei olygyddol gyda'r frawddeg 'Nid yw'n mynd yn haws cynhyrchu'r *CYLCHgrawn* hwn, a dyma'r ail flwyddyn yn olynol nad oes gennym ond un rhifyn.' Does dim mwy o eglurhad, ond hwnnw oedd rhifyn olaf *Y CYLCHgrawn Catholig*.

Y Tad Tony ac Eglwys ddwyieithog Llanedern

PAN SYMUDODD YR Esgob Edwin Regan i'r gogledd ar ôl cael ei wneud yn Esgob Wrecsam, roedd pryder ynghylch dyfodol yr Offeren Gymraeg wythnosol yn y de ddwyrain. Digon prin oedd offeiriaid gyda digon o Gymraeg i gynnal y traddodiad. Llanwyd y bwlch i ddechrau gan y Tad Ieuan Wyn Jones, Caerdydd. Yn frodor o Benrhiw-ceibr yng Nghwm Cynon ac yn gyn-athro a chyn-Annibynnwr, byddai rhai'n ei gofio yn Eisteddfodau Cenedlaethol yr 1960au yn gofalu am babell Urdd Siarad Cymraeg, mudiad yr oedd wedi ei sefydlu ei hun i hyrwyddo'r defnydd o'r iaith.

Pan gytunodd i ofalu am yr Offeren Gymraeg roedd eisoes yn wael ei iechyd, a phenderfynwyd na ellid disgwyl iddo deithio bob wythnos trwy'r gaeaf i Ben-y-bont, lle byddai'r gwasanaeth yn arfer cael ei gynnal. Yn lle hynny byddai'r gynulleidfa Gymraeg yn symud i Eglwys y Galon Sanctaidd yn Lecwydd ar gyrion Caerdydd. Ond cyn hir aeth y Tad Ieuan yn rhy wael i ddal ati, aeth i fyw i gartref Nazareth House yng Nghaerdydd, ac yno y bu farw.

I'r adwy wedyn daeth offeiriad ifanc egnïol o'r enw Tony Hodges, brodor o Ferthyr Tudful oedd wedi dysgu Cymraeg. Fe'i penodwyd yn offeiriad plwyf yn Llanedern, Caerdydd yn 2003, ac aeth ati i droi'r eglwys fesul tipyn yn eglwys ddwyieithog er mai ychydig iawn o'r plwyfolion oedd yn siarad Cymraeg. Mae Eglwys Sant Philip Evans yn adeilad helaeth a modern sy'n gwasanaethu tair stad fawr ym Mhen-twyn, Llanedern a Phontprennau. Daeth y plwyf annhebygol hwnnw yn arloesol trwy Gymru o ran defnyddio'r Gymraeg mewn eglwysi Catholig, ac yn gartref naturiol i'r Offeren Gymraeg yng Nghaerdydd a'r cyffiniau.

Magwyd Tony Hodges mewn teulu Catholig oedd yn cadw tafarn ym Merthyr ers dwy neu dair cenhedlaeth. Yr unig Gymraeg ar yr aelwyd oedd ambell ddywediad fel 'dishgled o de' y byddai ei dad wedi eu clywed gan ei rieni yntau, a byddai rhai o ffyddloniaid hŷn tafarn yr Eagles yn dweud pethau fel 'Ishta lawr man hyn' a 'mochyn jawl'! Bu Tony'n astudio Cymraeg am ddwy flynedd yn Ysgol Uwchradd yr Esgob Hedley, heb weld fawr o debygrwydd rhwng ymadroddion ffurfiol y gwersi â'r fersiynau llafar yr oedd wedi eu clywed gartref.

Ei ddiddordeb mawr yn ifanc oedd anifeiliaid. 'Roedd llawer o fechgyn yn fy nosbarth yn gwybod pwy oedd yn chwarae i ba dîm pêl-droed, a finne'n gwybod am bethe hollol wahanol fel "dentition of a giraffe, meddai. Roedd â'i fryd ar weithio gydag anifeiliaid, o bosib fel milfeddyg neu swolegydd, ond yn cael ei dynnu i gyfeiriad arall hefyd. 'Roeddwn i'n teimlo fod Duw isie i fi ystyried bod yn offeiriad. Ond yn syth ar ôl i fi feddwl efalle wy'n gallu gwneud hynny ro'n i'n meddwl "sori, ti'n jocan, Duw! Wy'n rhy swil. Dwi ddim isie sefyll yn siarad o flaen criw o bobl. You've got the wrong boy!" Ond fe ddaeth y teimlad yn ôl yn gryf iawn drachefn a thrachefn. Felly yn y diwedd dywedais i wrtho fe, "Right, I'll give it a go but if anything goes wrong it's your fault!" A dyna beth ddigwyddodd.'

Bu'n fyfyriwr am bedair blynedd yng Ngholeg Oscott ger Birmingham ar gyfer darpar offeiriaid. Yno fe ddechreuodd deimlo'n fwy o Gymro a sylweddoli pwysigrwydd yr iaith Gymraeg. Roedd dosbarth Cymraeg anffurfiol yn cael ei gynnal yno, a gwahoddodd y myfyrwyr yr Esgob Daniel Mullins i'r Coleg i gynnal Offeren Gymraeg. Yn honno bu raid i Tony ddarllen – 'rwtsh llwyr' meddai am ei berfformiad. Bu'r Esgob Mullins yn cynnal ysgolion haf i fyfyrwyr o Gymru oedd mewn colegau Catholig yn Lloegr ac aeth â nhw un flwyddyn i Nant Gwrtheyrn a Choleg Harlech. Bu'r profiadau hynny'n hwb mawr i Tony wrth iddo ddechrau croesi'r bont.

Ar ôl gadael Oscott penderfynodd ei fod eisiau mwy o brofiad bywyd cyn mynd yn syth i'r offeiriadaeth. Treuliodd flwyddyn a hanner yn Llundain yn gweithio yn Argos, MacDonald's a'r DHSS, cyn mynd yn ôl i Archesgobaeth Caerdydd a chael ei anfon i astudio yng Ngholeg Sant Padrig yn Carlow yn Iwerddon.

Yn ôl yng Nghymru bu'n gurad am chwe blynedd yn Eglwys y Santes Fair yn Nhreganna, Caerdydd. Yno fe gwrddodd siaradwyr Cymraeg fel Anne Uruska ac Iestyn Daniel, oedd yn ei annog i ddefnyddio mwy o Gymraeg. Bedyddiodd Tony eu merch gan ddefnyddio'r Gymraeg. Adeg ei ordeinio cafodd ei benodi hefyd yn gaplan i'r byddar a'r trwm eu clyw trwy Gymru gyfan. Roedd eisoes wedi dysgu iaith arwyddion, a bu'n arwain oedfaon yn yr iaith yng Nghasnewydd, Caerdydd, Abertawe a'r Wyddgrug.

Ei blwyf cyntaf fel offeiriad oedd Ynysowen, Merthyr Tudful. Wedi tair blynedd yno treuliodd flwyddyn Sabothol yn offeiriad yn y Pyrenees yn ne Ffrainc, gan ddysgu Ffrangeg yn gyflym yn ogystal â'r iaith leol, Ocitaneg. 'Roedd yn grêt defnyddio iaith arall a gweld sut mae pobol yn addoli mewn ffyrdd Catholig sy'n hollol wahanol weithiau i ni,' meddai. 'Roedd yn gwneud i fi feddwl, beth sy'n Gatholig, te? Beth sy'n bwysig a beth sydd ddim? Mae lot o bobl yn cymysgu'r traddodiadau gyda T fawr a thraddodiadau gyda t fach. Traddodiadau T fawr ydi'r pethe pwysig ym mywyd yr

Eglwys. Traddodiadau t fach yw'r pethau diwylliannol, sy'n perthyn i'r gymuned, i'r ardal. Felly mae'n bosib i newid y traddodiadau gyda t fach, mae'n dibynnu ar y wlad.'

Yn ôl yng Nghymru fel offeiriad plwyf ym Margoed, teimlai gywilydd am ei brinder Cymraeg, a phenderfynodd ddilyn cwrs dwys ym Mhrifysgol Morgannwg, gan ddefnyddio rhywfaint o Gymraeg yng nghylchlythyr y plwyf. Ar ôl symud i blwyf Sant Philip Evans yn 2003 cwblhaodd radd yn y Gymraeg.

Doedd dim defnydd o'r Gymraeg o gwbl yn y plwyf cyn i Tony gyrraedd, ac aeth ati'n syth i newid hynny. Trodd neges ffôn y plwyf yn ddwyieithog gyda'r Gymraeg yn gyntaf, y plwyf Catholig cyntaf yng Nghymru i wneud hynny. Ychwanegodd fwy o Gymraeg fesul tipyn. Wrth i hynny ddigwydd, roedd mwyafrif y plwyfolion yn hollol fodlon derbyn y Gymraeg.

Y sacristan – gweinyddwraig wirfoddol yr eglwys – oedd Cathy McGillivray, disgybl yn ysgol ramadeg Heathfield House, Caerdydd, yr un pryd ag Anne Uruska a Sue Roberts a myfyrwraig Sbaeneg yn Aberystwyth oedd wedi dysgu ychydig o Gymraeg. Cafodd ei hannog gan Tony i ddal ati a chyn bo hir roedd y ddau'n trafod holl waith y plwyf yn Gymraeg. Daeth Cathy wedyn yn ysgrifennydd y Cylch Catholig am gyfnod byr. Mabwysiadodd y plwyf bolisi dwyieithog swyddogol – neu dairieithog wrth gynnwys iaith arwyddion – gyda'r Gymraeg yn flaenllaw ar eu gwefan ac ar y rhan fwyaf o arwyddion y tu mewn a'r tu allan i'r eglwys.

Ar ôl deall fod y Tad Ieuan Wyn Jones yn rhy wael i ddal i gynnal yr Offeren Gymraeg yng Nghaerdydd aeth y Tad Tony at awdurdodau'r Archesgobaeth ac awgrymu eu bod yn trosglwyddo'r gwasanaeth i'r plwyf lle'r oedd awyrgylch Gymraeg yn bodoli eisoes. Cynigiodd gymryd y cyfrifoldeb am hynny, a sefydlwyd patrwm o gynnal yr Offeren am hanner awr wedi naw bob bore Sul. Roedd 30 neu fwy o addolwyr yn dod yno'n rheolaidd, Yn ogystal ag Offeren y Sul cafwyd Offeren Gymraeg ar noswyl Nadolig a chryn dipyn o gynnwys Cymraeg yn ystod yr Wythnos Sanctaidd.

Roedd Tony wedi ymuno â'r Cylch Catholig ar ôl gweld hysbyseb trwy hap a damwain pan oedd yn fyfyriwr. Doedd ganddo ddim digon o hyder yn ei Gymraeg i ddod i gysylltiad ag aelodau eraill yr adeg honno, ac ar ôl dod yn offeiriad y dechreuodd ymhél o ddifrif â'r Cylch. Cysylltiad rhydd ac anffurfiol oedd rhwng y Cylch a'r eglwys wrth geisio darparu mwy o ddefnyddiau Cymraeg, ac felly y dylai pethau fod yn ôl Tony.

'Trwy Gymru mae'r Cylch yn helpu ni i gefnogi'r naill a'r llall a rhannu profiadau - a chwyno am rai pethau sy'n digwydd hefyd! Dechreuais i nid oherwydd bod y Cylch Catholig yn dweud "Dyma'r ffordd i wneud pethau" Wi'n byw yng Nghymru a dwi isie defnyddio'r Gymraeg, ac mae'r Cylch Catholig yn helpu pobl i wneud hynny yn hytrach na rheoli pobl.'

Ysbrydoliaeth yn y New Inn

CYFARFOD GWEITHWYR O Iwerddon yn nhafarn ei rhieni yng Nghwm Gwendraeth oedd y sbardun a arweiniodd Saundra Storch yn y pen draw at yr Eglwys Gatholig. Roedd y New Inn ym Mhontyberem yn lle poblogaidd gyda'r Gwyddelod oedd yn gweithio ar bwll glo newydd yn yr ardal. I Saundra, oedd yn mynychu capel yr Annibynwyr, roedd agwedd y Gwyddelod tuag at grefydd yn ysbrydoliaeth.

'Roedden nhw'n dod mewn i'r dafarn ac yn gofyn, "Where's the nearest Catholic Church?" Hynny a "What do you do in this one horse town for entertainment?" Os bydden i wedi mynd i Iwerddon fydden i ddim wedi gofyn ble oedd capel yr Annibynwyr! Roedd rhyw naws oboutu'u hagwedd nhw at grefydd oedd yn apelio ataf i. Ro'n nhw'n llawn ysbryd. Beth oedd wedi digwydd i ni'r Cymry, a ninne hefyd yn Geltiaid? Yn ystod y Grawys fydde'r Gwyddelod ddim yn yfed cwrw, dim ond oren a phethe felly – dim bob un ohonyn nhw, cofiwch! Doeddwn i rioed wedi clywed am shwd beth. Roedd crefydd yn bart o'u bywyde nhw. I ni roedd e'n rhywbeth o'ch chi'n neud ar ddydd Sul a wedyn o'ch chi'n anghofio oboutu'r holl beth nes yr wythnos ar ôl hynny. Mae rhai'n meddwl 'mod i wedi dod yn Gatholig oherwydd bod y gŵr yn Almaenwr ac yn Gatholig. Ond na, roedd y peth wedi digwydd cyn hynny gyda'r Gwyddelod.'

Atebodd hysbyseb gan y Catholic Truth Society oedd yn gofyn 'Do you want to know more about the Catholic Church?' a dechrau derbyn pamffledi wythnosol. Yn fuan wedyn, cyfarfu Wilhelm Storch yn nawns y Co-op ym Mhontyberem. Roedd yntau wedi dod i'r ardal i weithio i gwmni Thyssen, oedd yn adeiladu twneli ar gyfer pwll glo newydd Cynheidre. Ar ôl mynd adref dywedodd Saundra wrth ei rhieni ei bod wedi cwrdd â'r dyn yr oedd yn mynd i'w briodi.

'Fe ofynnodd e'r un cwestiwn â'r Gwyddelod i mi, ble oedd yr eglwys Gatholig? Roedd yr offeren bryd hynny mewn tŷ tafarn o'r enw New Lodge. Aeth Willy â fi yno ac roedd y lle'n llawn, sa'i'n cofio gweld shwd growd mewn un stafell fach. Roedd popeth yn Lladin pryd hynny ac roedd Willy'n eitha cartrefol. Roedd e'n rhywbeth oedd e wedi'i glywed ar hyd ei fywyd.'

Priododd y ddau yn eglwys Gatholig Porth Tywyn. Roedd hyn cyn i Saundra ymuno â'r Eglwys. 'Do'n ni ddim yn cael – beth wedech chi – y *full works*!' Roedd Willy wedi ei fagu yn ninas Fulda yn agos at y ffin gyda Bavaria, rhan Gatholig iawn o'r Almaen. Roedd ymweld â'r ardal honno'n agoriad llygad i Saundra.

'Roedd eu bywyd nhw'n hollol wahanol i 'mywyd i fel Cymraes. Roedd gweddïo yn rhan o'u bywydau nhw. Ro'n i'n mynd i'r capel ar ddydd Sul a gweddïo yno, ond ro'n nhw'n dweud gras cyn cinio, gweddïo ar ôl cinio, wedyn fe fydden nhw'n gweddïo am rywun oedd yn sâl, gweddïo os oedd rhywun wedi marw, os oedd pen-blwydd rhywun – hyn i gyd gartre yn y tŷ. Os oedd bechgyn ifanc oedd yn ffrindiau i Willy yn dod yno, bydden nhw i gyd yn ymuno gyda ni a gweddïo rownd y ford. Doedd neb yn swil neu'n embarasd. Roedd e'n bart o'u bywyd dyddiol nhw.'

Wnaeth Saundra ddim ymuno'n syth â'r Ffydd Gatholig. Digwyddodd hynny ymhen ychydig flynyddoedd, pan oedd eu dau fab wedi eu geni. Roedd Willy'n mynd i'r eglwys bob dydd Sul a hithau adref yn gofalu am y plant, a theimlai fod

hynny'n creu rhaniad yn y teulu. Trefnwyd i'r offeiriad, y Tad
David Bottrell, roi gwersi iddi bob nos Fercher am gyfnod o
tua chwe mis cyn iddi gael ei derbyn i'r Eglwys. Chafodd hi
ddim ymateb cas gan ffrindiau a chymdogion, er bod rhai'n
meddwl ei bod yn ymuno â chorff nad oedd a wnelo ddim â
Chymru. Roedd ei rhieni'n parchu ei phenderfyniad, ac yn
y diwedd trodd ei mam hefyd yn Babyddes.

Bellach mae gan Bontyberem eglwys Gatholig newydd,
Eglwys y Groes, a godwyd yn bennaf i ddarparu ar gyfer
gweithwyr oedd yn dod i weithio yn y pyllau glo. Pan
ollyngwyd yr offeren Ladin, achosodd hynny newid mawr
wrth i fwy a mwy o Saesneg ddod i'r gwasanaethau.

'Gallwch feddwl sut oedden ni'n teimlo fel Cymry,' medd
Saundra. 'Roedd pawb arall wedi cael Offeren yn eu hiaith
eu hunain, ond doedden ni ddim. Roedd hwnna'n creu
problemau enfawr ymhlith y Cymry Cymraeg. Roedd rhai
yn dweud mai beth sy'n bwysig yw'r Offeren, ac rwy'n cyd-
fynd, mae'r Offeren a'r ewcharist yn dod cyn iaith. Mae un
Gymraes sy'n ffrind i fi, dyw hi ddim yn mynd i'r Offeren os
na fydd hi yn Gymraeg. I fi rwyf mor falch o allu mynd i'r
offeren, hwnna sy'n dod gynta. Ond roedd yna rai pobol yng
Nghymru isie newid y sefyllfa lle'r y'n ni'n gallu teimlo fel
estron yn ein heglwys ein hunain. Diolch i Dduw am y criw
bach 'na ddechreuodd y Cylch Catholig.'

Dechreuodd Saundra fynychu cyfarfodydd y Cylch ar
ôl sgwrs a gafodd gydag Iestyn Daniel yng Nghadeirlan
Gatholig Abertawe. Oni bai am y Cylch, meddai, fyddai dim
darpariaeth Gymraeg o fewn yr Eglwys.

'Dwi ddim yn credu bod yr Eglwys yn ystyried y broblem
sy gyda ni. Ry'n ni wedi cael y Misal a'r llyfrau gweddi – dim
ond trwy aelodau'r Cylch ry'n ni wedi cael y rheina. Pan
oedd ein plant ni'n fach ac yn mynd i'r Cymundeb cynta,
roedd popeth yn Saesneg. Dwi'n cofio'n dwy ferch yn dod

'nôl ata i o'r eglwys a bydden nhw'n llefen, doedden nhw ddim yn deall y Chwaer, oedd hi'n dod o Iwerddon, a doedd hi ddim yn deall nhw. Nawr mae pethach ar gael i'r plant, a'r Cylch Catholig sy wedi gwneud y gwaith hyn. Ble bydden ni hebddyn nhw!'

Yn yr 1970au cynigiodd y Tad David Bottrell, Sais â chanddo gydymdeimlad â'r Gymraeg, ddysgu dweud yr Offeren yn yr iaith. O ganlyniad fe gafwyd Offeren Gymraeg ym Mhontyberem bob nos Fercher, er mawr foddhad i Saundra. 'Y tro cynta clywes i'r offeren yn Gymraeg rwy'n cofio'r dagrau'n dod lawr yn wyneb i,' meddai. 'Roedd e'n brofiad mor emosiynol.'

Daeth yr arfer hwnnw i ben yng Nghwm Gwendraeth pan fu raid i'r Tad Bottrell symud o'r ardal. Wedyn cafwyd Offeren Gymraeg unwaith y mis yn Rhydaman, gyda nifer o offeiriaid oedd wedi dysgu Cymraeg yn cymryd rhan. 'Roedd honno'n gymdeithas fach hyfryd, roedd mor braf gweld cymaint o Gymry Cymraeg yn dod at ei gilydd fel Catholigion,' medd Saundra. 'Ond wedyn roedden nhw eisie adeiladu eglwys newydd, daeth yr hen eglwys i lawr, ac fe gollon ni hynny hefyd. Unwaith ry'ch chi'n stopo rhywbeth mae'n galed ei gael e'n ôl. Dwi ddim yn credu bod yr Eglwys yn deall y broblem mewn gwirionedd.'

Bu'n teithio i Abertawe ar yr ail ddydd Mawrth o bob mis, i Offeren Gymraeg gyda'r Tad Ceirion Gilbert yn Eglwys Dewi Sant. 'Mae'n bell i drafeili o Gwm Gwendraeth ar amser anodd o'r dydd, ond rwy'n falch ei fod e i gael a bod yr eglwys yn weddol lawn.' Sicrhau fod yr Offeren ar gael yn Gymraeg yn yr eglwysi ar y Suliau yw'r gwaith y dylai'r Cylch ganolbwyntio arno ym marn Saundra. Mae'n cydnabod fod offeiriaid Cymraeg yn brin, ac yn nodi Eglwys Phillip Evans yng Nghaerdydd fel enghraifft o'r hyn sy'n bosib.

Mae Saundra yn weithgar yn holl weithgareddau'r Cylch. Mynychodd nifer o enciliau a phererindodau, a bu'n arwain un o'r sesiynau mewn encil ar Ynys Bŷr, lle mae awyrgylch arbennig meddai. 'Mae'r mynachod yno ers y drydedd ganrif. Rwy'n teimlo fod sancteiddrwydd y lle wedi suddo mewn i'r cerrig. A wedyn ry'ch chi'n edrych draw tua Dinbych y Pysgod lle mae'r holl bobol a'r sŵn. Mae'n rhwydd i weddïo ar Ynys Bŷr.'

Bellach daeth y Ffydd Gatholig yn rhan ganolog o'i bywyd. 'Mae popeth rwy'n ei wneud yn ymwneud â'r Eglwys, a wi ddim yn credu y byddwn i'n gallu mynd ymlaen hebddo fe,' meddai. Astudiodd am radd MA mewn Cristnogaeth Geltaidd ym Mhrifysgol Llanbed, gan ddarllen barddoniaeth yr Oesoedd Canol am bererindodau a'r Forwyn Fair. Mae'n cofio ffrind yn dweud wrthi fod y galon wedi mynd allan o Gymru gyda'r Diwygiad Protestannaidd ac na ddaeth dim yn ei lle. 'O'n diolch i Dduw fod y capeli wedi bodoli. Fe gadwon nhw'r iaith a darparu addysg grefyddol. Oni bai am hynny fe fydden ni wedi colli popeth.'

Mae'n gweld yr Eglwys Gatholig yn dal ei thir, ond yn gweld cydweithio rhwng gwahanol eglwysi yn hanfodol. 'Gofynnodd ffrind i mi ym Mhontyberem faint sy'n dod i'n heglwys ni. Wel eglwys fach yw hi gyda lle i oboutu 70, a fe wedais i bod rhyw 25 i 30 yn dod mewn. "Wel dyna lwcus," wedodd hi, "pump ydyn ni yn y capel." Mae'n amser nawr i ni ddod at ein gilydd. Rwy'n edrych ymlaen at undod Cristnogol, bod ni gyd yn gallu gweddïo dan un to, anghofio beth sy'n ein gwahanu ni a chanolbwyntio ar beth sy'n ein dala ni gyda'n gilydd. Rwy wedi cael gwahoddiad i ddod i bregethu un dydd Sul yng nghapel Libanus lan yn Cwm Gwili, a rwy'i wrth fy modd. Chwarae teg iddyn nhw yn y capeli, 'na ichi gam yntefe! Ac mae'r Esgob Mullins yn dod i bregethu yn Soar. Tase'r hen dadau ond yn gwybod fod Esgob o'r Eglwys Gatholig yn pregethu yng nghapel y Methodistiaid! Mae'r walydd yn dod lawr. Mae'r ffin yn diflannu, a diolch i Dduw am hynny.'

'Codi'r Cylch
i lefel broffesiynol'

YN EBRILL 1997, dechreuodd Sue Roberts ar ei gwaith fel ysgrifennydd y Cylch Catholig. Fel y gwelsom, roedd y Cych wedi ei atgyfodi o'i syrthni yn yr wythdegau, yn bennaf trwy ymdrechion Anne Uruska. Un o'i chyfoedion yn nyddiau'r ysgol yng Nghaerdydd a barhaodd â'r gwaith gydag egni a brwdfrydedd, gan ei arwain at yr hyn a ddisgrifiwyd gan sawl aelod fel y cyfnod mwyaf llewyrchus yn ei hanes.

Clywsom yn barod i John Daniel ddweud na fu adfywio mewn gwirionedd ar y Cylch nes i Anne Uruska ddod yn ysgrifennydd a bod ei holynnydd, Sue Roberts o Bwllheli, hyd yn oed yn fwy gweithgar. Yn ôl Anna Elwyn Jones yn 2009, 'Mi ddaeth Sue i mewn a chodi'r Cylch i lefel broffesiynol, gan ddod â syniadau newydd. Roedd yna raen ar yr hyn oedd hi'n wneud. Tra'r oedd pethau'n digwydd yn *ad hoc* cyn hynny, mae hi wedi gwneud gwaith anhygoel o werthfawr.'

Cafodd Susan Howard ei magu ar aelwyd Gatholig, Saesneg ei hiaith, yng Nghaerdydd, lle'r oedd ei thad yn gerddor proffesiynol gyda Cherddorfa Gymreig y BBC. Roedd ei thad yn Babydd a'i mam yn Annibynwraig ond yn gefnogol i grefydd ei gŵr ac yn dysgu gweddïau Catholig i'w phlant. Byddai hefyd, er nad yn siarad Cymraeg, yn canu caneuon Cymraeg i Sue a'i brawd a'i chwaer. Fel yn hanes sawl teulu arall roedd mam-gu Sue yn siarad Cymraeg ond wedi penderfynu peidio trosglwyddo'r iaith i'w phlant am ei bod yn teimlo nad oedd ei Chymraeg Sir Frycheiniog hi ei hun gystal â'r Cymraeg coeth y byddai'n ei glywed ar y radio.

'Roeddwn i wastad isie dysgu Cymraeg, a dwi ddim yn gwybod pam,' meddai Sue. Cafodd wersi Cymraeg yn Ysgol Gynradd Cefn-onn, Llanisien ac yna yn ysgol uwchradd Gatholig Heathfield House, ble'r oedd Mrs Olwen Jones, gwraig J. E. Jones, Ysgrifennydd Cyffredinol Plaid Cymru ar y pryd, yn athrawes Gymraeg. Pan ymddeolodd Mrs Jones bu raid i Sue astudio Cymraeg ar ei phen ei hun ar gyfer ei Lefel O, cyn mynd ymlaen i chweched dosbarth Ysgol Gymraeg Rhydfelen.

Pan oedd hi tua 11 oed aeth i aros yng ngwersyll yr Urdd yn Llangrannog, a dod i adnabod y Tad Gregory Fitzgerald, a fyddai'n dod yno i ddathlu'r offeren yn Gymraeg. 'Tad Greg' a drefnodd iddi dreulio wythnos neu ddwy yn aros ar fferm y teulu Jones Lewis, Rhyd-y-gof Isaf yng Ngheredigion a chafodd gyfle drwy ysgol Heathfield House i dreulio cyfnod yn ysgol Tregaron i wella'i Chymraeg. Yr adeg honno fe ymunodd â Phlaid Cymru, a gwleidyddiaeth a'r iaith Gymraeg, yn hytrach na'r Eglwys Gatholig, oedd yn mynd â'i bryd yn bennaf yn ei harddegau, er bod ei chrefydd hefyd yn bwysig iddi.

'Y Tad Greg oedd fy nghysylltiad rhwng yr Eglwys a'r Gymraeg,' meddai. 'Roedd e wedi meistroli'r Gymraeg ac yn barddoni yn yr iaith, er mai ei frawd John mae'r rhan fwyaf o bobl yn ei gofio erbyn hyn.'

Y stondin ar faes yr Eisteddfod Genedlaethol, lle'r oedd y naill neu'r llall o'r brodyr Fitzgerald bob amser yn bresennol, oedd ei hunig gysylltiad â'r Cylch Catholig yn ystod y cyfnod swrth yn hanes y mudiad.

Ar ôl ei phriodas hi a Wil Roberts yn 1973 symudodd

y ddau i fyw i wahanol rannau o Wynedd cyn cartrefu ym Mhwllheli.

'Roeddwn i mor lwcus i fod yn byw mewn ardal Gymraeg lle mae 'na wastad wasanaethau Cymraeg wedi bod yn yr Eglwys Gatholig ers y pedwardegau. Maen nhw wastad fan hyn wedi cael offeiriadon sy wedi dysgu Cymraeg. Mi ddaru'r Esgob Petit sylweddoli os oedd e eisie gwasanaethu pobl yn y pen yma o'r wlad bod rhaid iddo fe gael pobl oedd yn medru dysgu Cymraeg a siarad gyda phobl yn eu mamiaith.'

O'i chartref ym Mhwllheli y dechreuodd Sue Roberts ar ei gwaith fel ysgrifennydd y Cylch Catholig yn 1997. Ar ddechrau ei chyfnod yn y gwaith anfonodd holiadur at yr aelodau yn holi pa weithgareddau fydden nhw'n hoffi eu gweld yn cael blaenoriaeth gan y mudiad. Mae'n dweud yn yr adroddiad blynyddol fod y rhai a atebodd bron yn unfrydol ynglŷn â'r materion pwysicaf:

- Pwysigrwydd cyfle i fynychu'r Offeren yn Gymraeg yn aml ac o fewn cyrraedd.
- Gwerthfawrogiad o'r cyfle i gwrdd â chyd-Gatholigion Cymraeg eu hiaith.
- Gwerthfawrogiad o Lyfr Offeren y Sul a chyhoeddiadau eraill y Cylch.
- Yr angen i ymestyn allan tuag at y Cymry nad ydynt yn deall llawer am y Ffydd Gatholig.

Penderfynwyd sefydlu gweithgorau yn nhair esgobaeth Cymru i yrru'r gwaith yn ei flaen, gydag offeiriad yn gyfrifol am gynnull pob gweithgor. Ond mae'n ymddangos nad oedd gweithredu'r blaenoriaethau ddim yn fater mor hawdd â'u nodi. 'Yn anffodus' meddai'r Adroddiad Blynyddol am 1997, 'o achos pwysau gwaith y Cynullwyr nid oes yr un o'r [gweithgorau] wedi cwrdd.'

Yn 1997 hefyd, mewn erthygl yn y *Wrexham People*, cyfnodolyn yr esgobaeth, gwahoddodd yr Esgob Regan y darllenwyr i gynnig syniadau ar sut i ddod â Chatholigion Cymraeg lleol at ei gilydd. Yn ei hymateb dywedodd Sue Roberts mai dathlu'r Offeren drwy gyfrwng y Gymraeg a ddylai fod yn ganolog:

> Gwn mai lleiafrif yw'r Cymry Catholig Cymraeg hyd yn oed
> yn y plwyfi Cymreiciaf, ond os na cheir dathlu'r Offeren
> yn y Gymraeg yn rheolaidd, o leiaf yn y plwyfi yma, bydd
> yn amhosibl i'r Gymraeg gael unrhyw fath o statws yn yr
> Eglwys. Tybed a fyddai modd ... i drefnu bod yr offeiriadon
> sy'n medru dathlu'r Offeren yn y Gymraeg yn ymweld â'r
> plwyfi yma?

Heb gefnogaeth offeiriadon yn gyffredinol, meddai, byddai'n anodd iawn cynyddu'r defnydd o'r Gymraeg yn yr Eglwys. Ymylol oedd y Gymraeg, neu hyd yn oed Gymreictod, i'r rhan fwyaf ohonynt. Ond credai y byddai'n deg gofyn iddynt gyhoeddi digwyddiadau Cymraeg yn eu plwyfi, annog eu plwyfolion i fynychu'r digwyddiadau Cymraeg, a bod yn bresennol eu hunain yn y digwyddiadau pwysicaf.

Yn gymdeithasol, roedd gweithgareddau'r Cylch Catholig yn hanfodol i unrhyw ymdrech i Gymreigio'r Eglwys:

> Er mai lleiafrif yw'r Cymry Cymraeg yn yr Eglwys maent yn
> eithaf lluosog o ran nifer. Pe byddai modd dod â nhw at ei
> gilydd i achlysuron lled gymdeithasol medrid creu undod a
> allasai fod yn erfyn cryf i'r Eglwys.
>
> Mae'n bosibl defnyddio'r Cylch Catholig i drefnu
> achlysuron o'r fath cyn belled â bod y rhwyd yn cael ei
> thaflu'n ehangach nag aelodaeth y Cylch. Gwnaed hyn wrth
> drefnu Encil Pantasaph; cafwyd croestoriad o'r cyffredin a'r
> ysgolhaig ymysg yr encilwyr...

Roedd y cyfeiriad at y 'croestoriad o'r cyffredin a'r ysgolhaig' yn mynd at wraidd un o ddyheadau canolog Sue Roberts, sef dangos fod y Cylch yn fudiad croesawgar ac agored, a chwalu'r ddelwedd oedd gan rai Catholigion Cymraeg ei fod yn fudiad elitaidd ac ysgolheigaidd, nad oedd lle iddyn nhw yn ei rengoedd.

'Mae yna le i ysgolheictod wrth gwrs, yn enwedig pan fydd angen cyfieithu defnyddiau o'r Lladin! Ond roeddwn i'n gweld fod llawer o Gymry cyffredin, Catholigion Cymraeg, nad oedden nhw byth yn gwneud dim byd â'r Cylch, a hefyd ro'n i'n gweld bod dim byd yn cael ei wneud ar gyfer plant a phobl ifanc,' meddai.

Y cam ymarferol cyntaf oedd ceisio creu rhestr aelodaeth ddibynadwy allan o gofnodion digon bratiog oedd wedi eu cadw trwy'r blynyddoedd, gan geisio darganfod pwy oedd yn dal yn fyw, a diweddaru'r cyfeiriadau. Buan y gwelodd nad oedd diwedd ar y broses honno.

'Yn unrhyw eisteddfod, neu unrhyw ddigwyddiad gan y Cylch, mi fydda i'n trio ychwanegu enwau newydd o blith y bobl sydd â diddordeb go iawn,' meddai. 'O dipyn i beth rydyn ni wedi medru chwynnu'r rhestr. Ond mae 'na rai enwau o hyd nad oes gen i ddim syniad pwy ydyn nhw neu os ydyn nhw'n dal yn fyw.'

Y prif weithgarwch cenedlaethol i ddenu'r aelodau oedd pererindod flynyddol, i Aberteifi am y ddwy flynedd gyntaf ac yna i Dreffynnon. Doedd achlysuron o'r fath ddim yn bethau newydd yn hanes y Cylch, ond bod ymdrech newydd yn cael ei gwneud i ddenu darpar bererinion o bob oed ac ardal. Mae'n werth manylu rhywfaint am y trefniadau ar gyfer y bererindod i Eglwys Mair y Tapr yn Aberteifi, a gynhaliwyd ar 7 Mawrth 1998. Anfonwyd posteri at offeiriadon ledled Cymru gan ofyn iddynt eu harddangos yn eu heglwysi, yn ogystal â chyhoeddi'r achlysur yn eu llythyr wythnosol at y plwyfolion. I eglwysi'r gogledd rhoddwyd manylion hefyd am fws a fyddai'n galw mewn nifer o ganolfannau, a'r gost yn amrywio o £7 i rai'n teithio o Bwllheli, Bangor a Chaernarfon i £3 i rai'n cael eu codi yn Aberystwyth. Teirpunt oedd y gost i blant o bob lleoliad. Pwysleisiai'r llythyr y byddai'r Esgob Regan yn teithio ar y bws o'r gogledd.

Anfonodd yr ysgrifennydd newydd wahoddiad hefyd i'r Archesgob Ward, Archesgob Caerdydd, fynychu'r bererindod, gan bwysleisio fod ymdrech arbennig yn cael ei gwneud i sicrhau y byddai hon yn bererindod gofiadwy i Gatholigion Cymraeg. Cafodd lythyr yn ôl gan yr Archesgob yn dweud na allai fod yn y bererindod ei hun, ond ei fod wedi gofyn i'r Tad Harding o Abergwaun fynd i'w gynrychioli yn Aberteifi. Yn yr un llythyr, cyfeiriodd yr Archesgob Ward at fater arall yr oedd Sue Roberts wedi ei godi, sef yr angen am i Gymru gael Cardinal ei hun o fewn yr Eglwys. Roedd y mater hwnnw'n codi ei ben bob hyn a hyn, meddai'r Archesgob, ond rhaid cofio fod yna wledydd llawer mwy na Chymru oedd hyd yma heb eu Cardinal eu hunain. Credai y cymerai rai blynyddoedd cyn y gwelid Cardinal i Gymru:

> However it does no harm to remind Rome that we do exist and you should feel free to express your opinion as an individual and as secretary of Y Cylch Catholig.

Cyn diwedd y flwyddyn 1998 dechreuodd sgandal cam-drin plant a fyddai'n arwain, yn y pen draw, at ymddiswyddiad yr Archesgob Ward.

I fynd yn ôl at bererindod Aberteifi, roedd Sue Roberts yn ymwybodol o werth rhoi cyhoeddusrwydd i weithgareddau'r Cylch, a gwahoddwyd rhaglen radio Eifion Jones – y cyflwynydd 'Jonsi' – i Aberteifi. Anfonwyd gwahoddiad hefyd i'r rhaglen deledu *Heno*, gan bwysleisio y byddai plant yn cael lle blaenllaw yng ngweithgareddau'r diwrnod, gyda phlant y de yn gyfrifol am y darlleniadau a phlant y gogledd yn gwasanaethu ar yr allor ac yn yr orymdaith.

Byddai'r diwrnod yn dechrau gydag Offeren am hanner dydd, cinio neu 'Agape' i ddilyn am ddau a Gorymdaith am dri, gyda'r pererinion yn canu ac adrodd y llaswyr wrth gerdded, bendithiad i ddilyn, a phaned a chacen cyn troi am adref.

Un peth na ellid ei drefnu ymlaen llaw oedd y tywydd, ac ar ôl gadael Pwllheli am 6.30 y bore aeth y bws oedd yn cario pererinion y gogledd i drafferthion ar y daith wedi glawogydd mawr.

'Roedd yna lifogydd yn y Canolbarth a phont Machynlleth wedi cau,' medd Sue. 'Roedd llifogydd hefyd ar y lôn gefn yn ymyl Glandyfi ond mi ddaru'r "Moto Coch" – y bws Clynnog and Trefor – ddal i fynd er bod y dŵr yn dod i mewn i'r bws. Roedd tua chant o bobl yn Aberteifi, oedd yn anhygoel, lle'r oedd hanner dwsin yn nifer dda cyn hynny, ac roedd y diwrnod yn llwyddiant mawr.'

Erbyn yr ail flwyddyn yn Aberteifi roedd nifer y pererinion i lawr i rhwng 60 a 70 ac er bod y bererindod honno hefyd yn llwyddiannus penderfynwyd nad oedd pobl eisiau gwneud yr un peth flwyddyn ar ôl blwyddyn.

'Dyw pethe ddim fel oedden nhw ers talwm pan mai trît y flwyddyn oedd mynd yn y bws, fel y trip ysgol Sul,' medd Sue. 'Mae pobl yn medru mynd mor hawdd o le i le dyddie yma.'

Felly penderfynwyd symud y lleoliad i Dreffynnon yn Sir y Fflint, lle bu Ffynnon Gwenffrewi yn denu pererinion ers yr Oesoedd Canol. Roedd y lleoliad yn anghyfleus i aelodau'r Cylch o'r de, ond o fewn cyrraedd hwylus i rai o ardaloedd Cymreiciaf y gogledd. Denwyd llond bws o blant o ysgol

Santes Helen, Caernarfon, yr unig ysgol Gatholig naturiol Gymraeg, i'r bererindod gyntaf ac am y ddwy flynedd ar ôl hynny. 'Roedd y pererindodau yma hefyd yn llwyddiannus iawn ond unwaith eto roedd rhywun yn ffeindio ar ôl tua'r bedwaredd flwyddyn fod pobl yn dweud "O mi es i llynedd",' meddai Sue.

'Beth oeddwn i'n ei weld yn bwysig ofnadwy ar y pererindodau yma oedd eu gwneud nhw'n achlysuron braf a sicrhau fod bwyd ar gael. Ar y tripiau Treffynnon roedd y lleianod yn gwneud paned a chacen ac ati a doedden ni ddim yn talu llawer. Roedd yn bwysig ofnadwy sicrhau fod pethau ddim yn mynd yn syrffedus. Roedd yna weddïo, wrth gwrs, ond roedd rhaid cadw pethau'n ysgafn ac yn fyr, yn enwedig os oedd rhywun yn mynd â llwyth o blant. Dydyn ni ddim wedi gwneud llawer o bererindodau rheolaidd ers hynny, er bod rhai eraill wedi'u cynnal yn Aberteifi a mannau eraill. Ac mae rhai ohonyn nhw wedi bod yn boblogaidd iawn.'

O ran darpariaeth benodol ar gyfer pobl ifanc, sefydlwyd cyrsiau blynyddol yng Ngwersyll yr Urdd yng Nglanllyn, gan ddechrau yn 1998. Mae'r penwythnosau hynny, medd Sue, wedi datblygu'n un o weithgareddau mwyaf llwyddiannus y Cylch, gyda rhyw 30 i 40 o blant o bob rhan o Gymru yn eu mynychu.

'Maen nhw'n cael llawer o hwyl ar y llyn ac yn mwynhau holl adnoddau'r gwersyll, ac ar yr un pryd mae'r cyrsiau'n rhoi profiad positif braf o'u crefydd iddyn nhw, wrth gyfarfod â phlant eraill sy'n Gatholig ac yn siarad Cymraeg. Yn y cwrs cyntaf i'w gynnal mi gefais i sioc pan ddaeth bachgen bach o Drawsfynydd ataf ar yr ail ddiwrnod a dweud "Cor Miss, do'n i ddim yn gwybod ein bod ni'n gallu gweddïo yn Gymraeg yn eglwys ni." Roedd hynny'n beth ofnadwy. Roedd o'n mynd i Ddolgellau i'r eglwys, a phob dim yno yn Saesneg, felly doedd o ddim yn gwybod fod modd iddo weddïo yn Gymraeg.'

Eglwys Sant Garmon

Yn 2000 aeth Sue a'i gŵr Wil am dro yn ardal Abersoch, a throi i mewn i Eglwys Sant Garmon: yr union eglwys y digwyddodd y Tad Ó Fiannachta daro arni pan oedd y gweithwyr a'i cododd yn cwblhau'r adeilad yn 1953. Bron hanner canrif yn ddiweddarach roedd yr adeilad mewn cyflwr truenus, gyda thwll yn y to, y ffenestri'n pydru ac aroglau tamprwydd oddi mewn er bod y tywydd yn sych a chynnes. Dim ond am ryw ddeufis yn yr haf y byddai'n cael ei ddefnyddio, a byddai angen arian mawr i adfer yr adeilad, oedd yn cynnwys fflat ar gyfer offeiriad, i gyflwr derbyniol. Go brin y byddai'r eglwys wedi goroesi oni bai am weledigaeth Sue Roberts, a arweiniodd ymhen rhyw saith mlynedd at wobr a ddyfarnwyd iddi gan y Pab.

Roedd codi arian i adnewyddu'r adeilad yn ddigon o her, ond problem lawer mwy fyddai denu offeiriadon yno i gynnal yr Offeren. Syniad Sue, a ddaeth iddi mewn fflach, oedd troi hen lety llwm yr offeiriad yn fflat moethus o safon uchel. Gallai offeiriaid ddod yno i aros am ddim, cyn belled â'u bod yn cynnal Offeren yn yr eglwys nos Sadwrn a fore trannoeth. Y tu allan i'r tymor gwyliau, roedd y fflat yn cael ei gosod yn fasnachol.

Llwyddodd Sue i werthu'r syniad i ymddiriedolwyr Esgobaeth Wrecsam, ac fe'u hargyhoeddodd y gallai godi digon o arian i dalu am yr adnewyddu o fewn cyfnod rhesymol. Cymerodd yr ymddiriedolwyr hi ar ei gair gan ganiatáu £175,000 i adnewyddu'r eglwys a'r fflat ac agorwyd Eglwys Sant Garmon ar ei newydd wedd yn swyddogol yn 2002. Bu'n Sue'n apelio'n bersonol ym mhob offeren yn Sant Garmon, trefnodd gyngherddau, ffeiriau, stondinau a phob math o weithgareddau. Ar ôl pum mlynedd roedd £175,000 wedi ei godi, gosodwyd y gwaith i adeiladwyr lleol, gan ddefnyddio defnyddiau o'r ardal. Roedd yr holl ddyledion wedi eu talu erbyn 2005, a'r eglwys yn cynnal ei hunan yn ariannol, gyda chyflenwad llawn o offeiriaid i gymryd gwasanaethau yn ddi-dâl trwy dymor yr haf.

Yn Ionawr 2007, mewn seremoni yn ei heglwys ei hun ym Mhwllheli, cyflwynodd yr Esgob Edwin Regan fedal ar ran y Pab i Sue Roberts am ei gwaith caled dros yr Eglwys Gatholig ledled Cymru a thu hwnt. Wrth dderbyn y *pro ecclesia et pontifice medal* ('i'r Eglwys ac i'r Pab') ymunodd â chriw dethol o leygwyr o Gymru a dderbyniodd yr un anrhydedd. Wrth gyflwyno'r fedal iddi, soniodd yr Esgob Regan am ei gwaith nodedig yn symbylu adfer yr eglwys yn Abersoch, ei blynyddoedd o wasanaeth dros y Cylch Catholig a'i llwyddiant yn denu offeiriadon o wlad Pwyl i Gymru.

Pererindod Lourdes

Yng Ngorffennaf 2001 torrodd y Cylch dir newydd trwy gynnal y bererindod gwbl Gymraeg gyntaf erioed i Lourdes yn Ffrainc. Bu'r dref farchnad wrth droed y Pyrenees yn gyrchfan boblogaidd i bererinion ers canrif a hanner, ar ôl i Bernadette Soubirous, 14 oed, ddweud iddi weld y Forwyn Fair yn ymddangos yno yn 1858. Bob blwyddyn bydd miliynau yn tyrru i'r dref, llawer ohonyn nhw'n gleifion yn chwilio am iachâd. Bellach dywedir fod gan Lourdes, gyda phoblogaeth o 15,000, fwy o westyau nag unman arall yn Ffrainc heblaw Paris.

Bu pererindodau o Gymru i Lourdes, trwy gyfrwng y Saesneg, yn cael eu cynnal yn gyson ers yr 1960au. Yn 2001, am y tro cyntaf erioed, trefnwyd un drwy gyfrwng y Gymraeg yn cael ei harwain gan y Tad Dorian Llywelyn. Aeth criw cwmni teledu Ffilmiau Elidir hefyd ar y daith i gynhyrchu rhaglen *Dechrau Canu Dechrau Canmol* ar gyfer S4C.

Wrth edrych yn ôl mae Sue Roberts yn credu fod pererindod Lourdes yn drobwynt yn hanes y Cylch Catholig gan iddyn nhw dreiddio at bobl gyffredin oedd heb ymwneud â gweithgareddau'r Cylch cyn hynny. Yn eu plith roedd aelodau o gôr Eglwys Sant Joseff, Pwllheli, oedd yn arwain y gweithgareddau cerddorol, y rhan fwyaf ddim yn Gatholigion er i rai ohonyn nhw droi at yr Eglwys yn ddiweddarach. Ychydig o aelodau mwyaf selog y Cylch oedd ar y daith honno, a'r rheini'n cynnwys Arianwen Parri,

Saundra Storch a'r Chwaer Miranda Richards. Roedd eraill ar y daith oedd yn Gatholigion ond heb deimlo'n gysurus yn y Cylch cyn hynny am eu bod yn meddwl amdano fel rhywbeth i bobl academaidd.

Yn ystod yr ymweliad bu'r côr yn canu yn yr offeren ryngwladol yn y basilica tanddaearol gerbron 40,000 o bererinion, o bedwar ban y byd ac o bob cenedl ac iaith. Mewn cyfweliad gyda Huw Llywelyn Davies, cyflwynydd *Dechrau Canu Dechrau Canmol*, dywedodd y Tad Dorian Llywelyn fod agweddau cadarnhaol iawn i Lourdes – 'y rhan fwyaf yn gadarnhaol' – ac eto bod rhai pethau nad oedd yn hoff iawn ohonyn nhw, fel 'yr holl siopau trugareddau ac ati'. Ond y cleifion, mewn cadeiriau olwyn ac ar eu *stretchers*, yn yfed dŵr wedi'i fendithio ac yn ymdrochi, oedd yn ganolog i bopeth. 'Dwi'n credu bod pawb sy'n dod yma yn cael iachâd, falle nad y corff sy'n cael iachâd ond mae 'na ryw gronfa o ras yma,' meddai.

Dywedodd Sue Roberts ar y rhaglen iddi fod yn Lourdes o'r blaen, pan oedd hi'n ddifrifol wael flynyddoedd ynghynt. 'Do'n i ddim yn gallu cerdded, mi ddois i mewn cadair olwyn, mi es i i'r baths am y tro cynta ar *stretcher*,' meddai. Ar ôl mynd adref cafodd brofion mewn ysbyty yn Llundain a doedd y canlyniadau ddim yn arbennig o dda. Ond wedi dwy neu dair wythnos yn yr ysbyty, dechreuodd wella. Doedd hi ddim am ddyfalu pa ran a chwaraeodd Lourdes yn ei gwellhad. 'Ond dwi'n iachach nawr yn fy neugeiniau nag oeddwn i yn fy ugeiniau.'

Saga'r Cynllun Iaith

PROBLEM YMARFEROL FWYAF y Cylch, ym marn Sue Roberts, oedd diffyg amser i drefnu ei weithgareddau, gan fod ei gwaith hi a'r arweinwyr eraill i gyd yn cael ei wneud yn wirfoddol yn eu horiau hamdden. Ddwy neu dair blynedd ar ôl iddi ddechrau gweithio fel ysgrifennydd, gwelodd gyfle i gael arian gan Fwrdd yr Iaith Gymraeg i benodi trefnydd amser llawn. I wneud hynny roedd angen i'r mudiad baratoi cynllun iaith. Mae'n dal yn siomedig i'r cyfle hwnnw gael ei golli:

> Roedd y WI (Sefydliad y Merched) wedi llwyddo i gael arian gan y Bwrdd i gyflogi trefnydd. Roedd y Bwrdd yn talu cyflog trefnydd am dair blynedd a hefyd yn rhoi arian tuag at redeg swyddfa. Mi sgwennais i gynllun iaith ar gyfer yr Eglwys ac mi wnes i ei roi o flaen y Cylch Catholig, oedd wedi gwirioni. Mi fasa'n golygu fod gennyn ni rywun oedd yn cael ei gyflogi i drefnu digwyddiadau ac i wneud yr holl bethau oedd angen eu gwneud. Unwaith bod gyda ni drefnydd am dair blynedd mi fasen ni wedi mynd ati i ffeindio'r arian ein hunain wedyn.

Roedd y cynllun iaith a baratowyd yn amlinellu rhaglen dair blynedd i gryfhau'r iaith Gymraeg o fewn yr Eglwys. Awgrymwyd yr amcanion strategol canlynol:

- Cynyddu gwybodaeth a defnydd o'r Gymraeg ymhlith offeiriadon.

- Paratoi deunydd addas ar gyfer defnyddio'r Gymraeg yng ngwasanaethau'r Eglwys.
- Annog cynulleidfaoedd i ddysgu Cymraeg ac i'w defnyddio yng ngweithgareddau'r Eglwys.
- Datblygu gweithgareddau Cymraeg i ieuenctid o fewn yr eglwysi.
- Cynyddu presenoldeb gweithredol y Gymraeg yn yr eglwysi.
- Darganfod faint o Gatholigion sy'n medru siarad Cymraeg.

Gosododd y ddogfen dargedau ar gyfer yr amcanion a chynigion manwl ar sut i'w cyrraedd, gan gynnwys amcanbrisiau am dair blynedd y rhaglen.

Cafodd y cynllun gefnogaeth cadeirydd Bwrdd yr Iaith ar y pryd, yr Arglwydd Dafydd Elis Thomas, ac roedd y gobeithion yn uchel y byddai'r cynllun yn cael ei fabwysiadu. Ond nid felly y bu. Y maen tramgwydd oedd yr Archesgob John Aloysius Ward, Archesgob Caerdydd, pennaeth yr Eglwys Gatholig yng Nghymru. Mae'r Archesgob yn cael ei gofio'n bennaf am dynnu nyth cacwn yn ei ben drwy wrthod yn glir â derbyn unrhyw gyfrifoldeb na chynnig unrhyw fath o ymddiheuriad ar ran yr Eglwys pan garcharwyd dau o'i offeiriadon am gam-drin plant. Roedd adroddiadau tanllyd yn ei erbyn yn ymddangos yn y wasg yn feunyddiol, bron, am wythnosau lawer a thaflodd rhaglen Panorama betrol ar y fflamau drwy ddarlledu rhaglen gyfan ar yr helynt. Dim ond ar ôl i'r Fatican gymryd y cam hynod anarferol o alw'r Archesgob i Rufain y cytunodd i ymddeol. Drwy ei ystyfnigrwydd, roedd wedi llwyddo i ennyn gwawd a dirmyg y genedl gyfan.

Yr hyn sy'n fwy perthnasol i hanes y Cylch yw agwedd yr Archesgob Ward at yr iaith Gymraeg. 'Maen nhw'n dweud fod Ward yn ddyn digon dymunol i fod yn ei gwmni ond

mi wnaeth niwed difrifol i'r Eglwys yr adeg hynny,' medd
Sue Roberts. 'A llugoer a dweud y lleiaf oedd ei agwedd at
y Gymraeg!'

Gydag agwedd felly gan bennaeth yr Eglwys Gatholig
yng Nghymru, doedd y tir ddim yn ffrwythlon ar gyfer
ymdrechion y Cylch i Gymreigio'u heglwys a'i pherswadio i
roi lle teilwng i'r Gymraeg yn ei gweithgareddau. Mae Sue
Roberts yn teimlo fod ei wrthwynebiad i lunio polisi iaith
swyddogol wedi llesteirio Cymreictod yr Eglwys a gwaith y
Cylch hyd heddiw.

'Dydyn ni byth ers hynny wedi datblygu fel y baswn i'n
dymuno inni wneud, oherwydd diffyg arian a gallu i gyflogi
pobl,' meddai. 'Rydyn ni'n dibynnu'n llwyr ar gyfraniadau'r
aelodau ac mae gorfod poeni am arian yn broblem barhaus.
Rydw i'n dal i ddweud hynny fel tôn gron. Mae gan yr Eglwys
[Anglicanaidd] yng Nghymru, a hyd yn oed y banciau ac ati,
bolisi iaith. Does gan yr Eglwys Gatholig ddim un.'

Ymgyrchu dros Esgob Cymraeg (eto)

UN ELFEN O waith y Cylch trwy'r blynyddoedd fu ceisio perswadio awdurdodau'r Eglwys Gatholig i gymryd y Gymraeg i ystyriaeth wrth benodi esgobion ac offeiriaid. Soniwyd eisoes am ddirprwyaeth o'r Cylch yn mynd i gyfarfod y Papal Nuncio – cynrychiolydd y Pab yn y Deyrnas Unedig – i ddadlau dros bwysigrwydd y Gymraeg pan oedd darogan yn yr 1970au fod yr Esgob Petit ar fin ymddeol. Yn fuan ar ôl dechrau ar ei gwaith fel ysgrifennydd y Cylch, clywodd Sue Roberts am fwriad i benodi Esgob Cynorthwyol i Fynyw a fyddai maes o law yn olynu'r Esgob Mullins yn yr Esgobaeth honno. Roedd y Cylch yn awyddus i weld penodi siaradwr Cymraeg a fyddai'n rhannu brwdfrydedd yr Esgob Mullins dros yr iaith. Ysgrifennodd Sue lythyr at y Papal Nuncio yn dadlau o blaid hynny, a hyd yn oed yn awgrymu enw offeiriad addas ar gyfer y swydd. Dywedodd yn y llythyr, dyddiedig 21 Hydref 2000:

> As you know there are only three Catholic Bishops in Wales and Bishop Mullins has taken an active part in representing the Church in Welsh public life. He has done more than any of his predecessors to present the Church to a largely non-conformist Wales in a sympathetic and attractive manner. He has learned Welsh fluently and he has been taken to the bosom of the Welsh-speaking Wales that forms so much of his diocese.

If this work is not continued the Catholic Church will be at a severe disadvantage. Its profile in the community will become much less visible and a valuable bridge connecting the Church to Welsh secular life will be lost.

It is crucial that Bishop Mullins' successor is a fluent Welsh speaker. Wales is changing rapidly and with the advent of devolution and the Assembly all institutions of any substance have personnel that are able to respond to the requirements of the Welsh language media and Welsh public life in general. If the Church does not have such a person as one of its Bishops it is in danger of becoming marginalised.

Yr enw a awgrymodd y Cylch ar gyfer y swydd oedd y Tad Dorian Llywelyn, offeiriad Llanbedr Pont Steffan. Yn ogystal â bod yn siaradwr Cymraeg brodorol, meddai'r llythyr, roedd y Tad Dorian wedi astudio yn Sbaen ac America, wedi darlithio'n helaeth a chyhoeddi llyfr yn ddiweddar ar ysbrydolrwydd yng Nghymru. Byddai'n benodiad delfrydol i fod yn Esgob nesaf Mynyw meddai'r llythyr:

By appointing him the Church would be showing its commitment to Wales and showing that it is taking its responsibilities for temporal as well as spiritual life in Wales seriously. It is an opportunity that must not be missed.

Nid am y tro cyntaf, chafodd ymbil y Cylch Catholig ddim dylanwad ar awdurdodau eu Heglwys. Pan ymddeolodd yr Esgob Mullins ym Mehefin 2001 fe'i holynwyd gan y Tra Pharchedig Mark Jabalé, brodor o'r Aifft. Yn 2005 penodwyd y Tad Dorian Llywelyn yn Athro yn adran Astudiaethau Diwinyddol y Bellarmine College of Liberal Arts yn Los Angeles.

Emynau Catholig

ROEDD DYDD GWENER, 7 Ebrill 2006 yn garreg filltir bwysig i'r Cylch Catholig. Y diwrnod hwnnw yn Nhŷ'r Archesgob yng Nghaerdydd fe gyhoeddwyd *Emynau Catholig*, y casgliad sylweddol cyntaf erioed o emynau Cymraeg ar gyfer yr Eglwys Babyddol a'r noson honno cafodd y llyfr ei ddefnyddio am y tro cyntaf mewn Offeren arbennig yn Eglwys Philip Evans, Llanedern, yr eglwys oedd wedi rhoi lle mor ganolog i'r Gymraeg yn ei gweithgareddau.

Yn cynnwys 261 o emynau a deg o osodiadau cerddorol ar gyfer yr Offeren, roedd yn llenwi bwlch pwysig yn hanes yr Eglwys. Nododd y *Menevia Record* ar y pryd fod Catholigion am rai canrifoedd wedi bod yn eiddigeddus o ganu cynulleidfaol y traddodiad Protestannaidd. Roedd hynny'n arbennig o wir yng Nghymru gyda'r emynau gwych a symbylwyd gan y Diwygiad Methodistaidd. Efallai, meddai'r cylchgrawn, ei bod yn hen bryd i Gatholigion wynebu'r her.

Roedd y Cylch wedi cyhoeddi casgliad llai o emynau Cymraeg yn 1960, a hwnnw yn ei dro yn seiliedig ar un cynharach a gyhoeddwyd yn 1938. Mae tua thri chwarter yr emynau yn y llyfr newydd i'w gweld hefyd yn *Caneuon Ffydd*, y llyfr emynau cydenwadol swmpus a gyhoeddwyd yn 2001. Ceir nifer o gyfieithiadau hefyd, rhai wedi'u comisiynu'n arbennig ar gyfer y gyfrol gan y prifardd Dafydd Pritchard, y Tad John Fitzgerald, Gillian Williams, Daniel Huws ac aelodau eraill o'r Cylch Catholig.

Yn ei ragymadrodd i'r llyfr dywed yr Esgob Emeritus Daniel Mullins fod galw cyson wedi codi i adfer dyfnder defosiwn a gorfoledd i Offeren y Sul ac i wasanaethau eraill y plwyfi. Ychwanegodd:

> Yr wyf yn mawr obeithio y bydd plwyfi ym mhob rhan o Gymru yn derbyn ac yn mabwysiadu'r llyfr hwn, *Emynau Catholig*. Boed iaith y mwyafrif yn Saesneg neu yn Gymraeg, mae pawb yn gallu dysgu canu yn y Gymraeg. Mae'r tonau yn rhai cyfarwydd a pheth hawdd, i blant ac i oedolion, yw dysgu ynganu'r caneuon a'u canu yn ystyrlon a chydag arddeliad. Bydd hyn yn gam tuag at ddarganfod o'r newydd y gwerthoedd Cristnogol sydd yn sail i'r holl wareiddiad.

Cafodd copïau o'r *Emynau Catholig* eu cyflwyno i'r Pab, Archesgob Westminster ac Archesgob Caergaint.

Sain Ffagan, 25 Ebrill 2009

Pan agorwyd eglwys gyda nodweddion Catholig o'r canol oesoedd yn Sain Ffagan yn 2007, trefnodd Sue Roberts bererindod yno i ddathlu'r Offeren Gatholig gyntaf yn yr Eglwys ers y Diwygiad Protestannaidd.

Symudwyd Eglwys Sant Teilo o Landeilo Tal-y-Bont, Cwm Tawe i Sain Ffagan, garreg wrth garreg, ac mae'n enghraifft nodedig o eglwys ar droad yr unfed ganrif ar bymtheg, ychydig cyn y diwygiad Protestannaidd.

Dim ond lle i 120 o bobl oedd yn yr eglwys a bu pobl yn ymgiprys am docynnau – yn wir byddai wedi bod yn bosibl llenwi'r eglwys ddwywaith neu dair drosodd a llwyddwyd i wasgu 150 i mewn! Daeth pobl yno o bob rhan o Gymru ar gyfer yr achlysur hanesyddol, gan gynnwys llond bws o'r Gogledd.

Esgob Edwin Regan oedd y prif Offrymwr ac Archesgob Peter Smith ac Esgob Mullins yn cyd-ddathlu â nifer o offeiriadon Cymru. Darllenodd yr Archesgob Peter ran o'r Weddi Ewcharistaidd yn y Gymraeg am y tro cyntaf erioed. Roedd ei ynganiad yn eithriadol o dda.

Daeth ysgolion Catholig y cylch i gymryd rhan yn y Gwasanaeth hefyd. Pobl ifanc o ysgolion Sant Richard Gwyn, y Barri, Esgob Hedley, Merthyr Tudful a Chardinal Newman, Pontypridd oedd yn gwneud y darlleniadau ac yn darllen yr ymbiliau. Roeddynt yn wych ac yn gredyd i'w hathrawon. Canwyd y salm i gyfeiliant y delyn gan Tim Hughes.

Defnyddiwyd Cwpan Dowlais yn y Cymun yn ystod yr Offeren, un o'r achlysuron prin pan roddwyd caniatâd i'w defnyddio. Mae'r gwpan yn dyddio'n ôl i 1469 pan gomisiynodd Dafydd Ddu o Hiraddug y gwpan ym Mharis. Yn ogystal, roedd replica o gwpan a phaten Abaty Cymer yn cael eu harddangos. Cafwyd eu benthyg dan oruchwyliaeth Sain Ffagan gan yr Amgueddfa Genedlaethol.

Llwyddodd y digwyddiad i ddenu llawer o gyhoeddusrwydd yn y wasg a hefyd ar newyddion y BBC ac S4C.

Sant John Roberts – y dyn

SONIWYD EISOES AM brofiad cofiadwy Raymond Garlick yn ystod ei gyfnod yn y Cylch Catholig yn teithio ar fws trwy gefn gwlad Sir Feirionnydd yn cario bys dynol, mwy na phedwar cant a hanner oed, ar ei lin. Digwyddodd hynny'n weddol fuan ar ôl ei dröedigaeth, ac yntau, efallai, heb gyfarwyddo'n iawn â'r arfer Catholig o gadw rhannau o gyrff y seintiau er parch i'w coffadwriaeth.

Yr adeg honno, tua chanol yr ugeinfed ganrif, ychydig o bobl Cymru fyddai wedi clywed sôn am John Roberts, y merthyr a'r sant o Drawsfynydd y cedwir un o'i fysedd yn Eglwys Gatholig Gellilydan. Mae'n wir fod cannoedd o Gatholigion wedi dod i ddathlu ei fywyd yn Nhrawsfynydd yn 1960, ac iddo gael ei ganoneiddio gan y Pab ddeng mlynedd wedi hynny, pan gafodd ei gydnabod yn un o ddeugain o ferthyron Cymru a Lloegr. Mae dau lun ohono i'w gweld yn Eglwys Gellilydan, yr eglwys Gatholig agosaf at ei gartref, lle bydd gwasanaeth i'w goffáu bob blwyddyn ar Ragfyr 10, diwrnod ei ferthyrdod. Ond ychydig o sylw a gâi digwyddiadau felly, na hanes ei fywyd, y tu allan i'r Eglwys Gatholig.

Newidiodd hynny'n llwyr yn gynnar yn y ganrif hon, wrth i'r Cylch Catholig drefnu rhaglen o ddigwyddiadau i nodi pedwar canmlwyddiant ei ferthyrdod. Yn y cyfnod yn arwain at Ragfyr 10, 2010 cynhaliwyd cyfres o gyfarfodydd, gwasanaethau a phererindodau yng Nghymru, yn Lloegr ac ar y Cyfandir i ddathlu bywyd Sant John Roberts. Ymunodd enwadau Protestannaidd a phobl Trawsfynydd yn rhai o'r gweithgareddau, a daeth John Roberts yn llysgennad mor effeithiol â Hedd Wyn i'w fro enedigol. Hwn oedd un o'r cyfnodau prysuraf yn hanes y Cylch Catholig a'r mwyaf ffrwythlon o ran cyhoeddusrwydd. Cyn manylu am y dathliadau, mae angen rhoi braslun o fywyd John Roberts.

Fe'i ganwyd yn 1577 ar fferm Rhiw Goch, yn fab i deulu o uchelwyr ac yn ddisgynnydd, yn ôl y sôn, i rai o hen dywysogion Cymru. Er iddo gael ei fagu'n Brotestant a'i fedyddio yn Eglwys Madryn Sant yn Nhrawsfynydd, mae'n bosib ei fod wedi dod i gysylltiad â Chatholigiaeth yn gynnar yn ei oes. Credir iddo gael ei addysgu gan fynach oedd wedi gorfod gadael mynachdy Sistersaidd Cymer, rhwng Trawsfynydd a Dolgellau pan chwalwyd y Mynachlogydd yn ystod teyrnasiad Harri'r Wythfed.

Yn 1596 aeth i astudio yng Ngholeg Sant Ioan, Rhydychen, coleg oedd yn denu nifer o Gymry. Yno fe ddaeth i adnabod John Leander Jones o Lanfrynach ger Aberhonddu, a ddaeth yn un o arweinwyr y Benedictiaid, neu Urdd Bened, lle byddai John Roberts ymhen blynyddoedd yn gwneud ei farc. Gadawodd Rydychen wedi dwy flynedd a mynd i'r Festival Inn yn Llundain i astudio'r gyfraith. Yn ôl *The Catholic Martyrs Wales 1535-1600* gan T. P. Ellis roedd y Festival Inn yn 'hotbed of Popery' ac yn dynfa i Gatholigion o Gymru.

Yn 1598 aeth John Roberts i deithio Cyfandir Ewrop. Ei unig gymhelliad, yn ôl T. P. Ellis, oedd mwynhau ei hun, ond y daith honno a newidiodd gwrs ei fywyd. Ym Mharis teimlodd alwad grefyddol, a chafodd ei dderbyn i'r Eglwys Gatholig yng Nghadeirlan Notre Dame. Ei uchelgais am weddill ei fywyd oedd troi Cymru a Phrydain yn ôl at yr Hen Ffydd.

Fe'i hanfonwyd i baratoi ar gyfer yr offeiriadaeth yng

ngholegau'r Iesuwyr yn Bordeaux yn Ffrainc ac yna i Valladolid yn Sbaen, lle daeth i adnabod nifer o Gymry, gan gynnwys Roger Gwynn o Blas Bodfel ym Mhen Llŷn a Thomas Evans o Gaernarfon. Yn Valladolid hefyd roedd Cymro o anian dra gwahanol. Roedd Lewis Owen, fel John Roberts, yn hanu o Sir Feirionnydd ac wedi astudio yn yr un coleg ag yntau yn Rhydychen cyn mynd i deithio'r Cyfandir. Yn ôl rhai adroddiadau roedd yn ŵyr i ddyn o'r un enw ag yntau, y Barwn Lewis Owen o Ddolgellau, erlidiwr Gwylliaid Cochion Mawddwy, a lofruddiwyd gan y Gwylliaid. Erlid Pabyddion oedd galwedigaeth y Lewis Owen arall. Ar ôl ymuno am gyfnod ag Urdd yr Iesuwyr, trodd yn elyn milain i Gatholigion ac yn brif ysbïwr Llywodraeth Llundain yn y cyrchoedd yn eu herbyn. Byddai'n troi ymhlith myfyrwyr o Brydain mewn colegau Pabyddol ar y Cyfandir i gasglu gwybodaeth am rai oedd yn dal i hyrwyddo'r Hen Ffydd. I Lewis Owen a'i adroddiadau y mae llawer o'r diolch fod cymaint o fanylion am fywyd John Roberts wedi goroesi.

O Goleg yr Iesuwyr yn Valladolid ymunodd John Roberts â mynachdy'r Benedictiaid yn yr un ddinas. Gyda'r Urdd honno y treuliodd weddill ei fywyd. Cymerodd ei lwon yn abaty San Martino yn Santiago de Compostella gan fabwysiadu'r enw Fra Juan de Mervina – 'Y Brawd Ioan o Feirionnydd'. Bu'n astudio wedyn yn Salamanca, a chafodd ei ordeinio'n offeiriad yn 1602.

Cenhadu oedd ei fywyd wedi hynny. Teithiodd trwy Baris a Brwsel a chyrraedd Llundain yn 1603, y mynach cyfandirol cyntaf i ddychwelyd i Loegr i ledaenu'r Hen Ffydd ar ôl diddymiad y mynachlogydd. Cafodd ei ddal a'i garcharu, ac fe allai fod wedi ei ddienyddio am deyrnfradwriaeth oni bai i'r Brenin Iago'r Cyntaf benderfynu rhyddhau nifer o Gatholigion fel 'gweithred o ras' adeg ei goroni. Y gosb i John Roberts oedd 'alltudiaeth ddiderfyn', a manteisiodd ar ei ryddid trwy fynd i Sbaen i gyfarfod pennaeth y Benedictiaid yno. Roedd eisiau trafod cynllun i sefydlu coleg Benedictaidd yn Douai yng ngogledd Ffrainc.

Yn 1603 torrodd y pla du allan yn Llundain, gan ladd hyd at 40,000 o bobl. Gan fentro'i fywyd ei hun, dychwelodd John Roberts i Loegr gyda'r bwriad o weini ar y cleifion a gweinyddu'r sacrament olaf i Babyddion ar eu gwely angau. Cafodd ei arestio yn un o borthladdoedd de Lloegr, ond fe'i rhyddhawyd ar ôl i'r awdurdodau fethu â'i adnabod. Yn ôl yn Ffrainc, llwyddodd i ddod o hyd i dŷ addas ar gyfer sefydlu'r coleg Benedictaidd yn Douai, a gosod sylfeini ar gyfer Coleg Sant Gregori.

Ymhen y flwyddyn llwyddodd i osgoi ysbiwyr yn y porthladdoedd a chyrraedd Llundain. Hwn oedd cyfnod y 'Gunpowder Plot', pan gafodd wyth o gynllwynwyr Pabyddol eu dienyddio am geisio lladd y brenin. Doedd a wnelo John Roberts ddim byd â'r cynllwyn hwnnw, ond roedd yn un o nifer o Gatholigion a arestiwyd yn Llundain yn ei sgil. Fe'i cadwyd mewn cadwyni yng ngharchar y Gatehouse am saith mis, ond fe ymyrrodd Llysgennad Ffrainc ar ei ran, ac unwaith eto fe'i dedfrydwyd i 'alltudiaeth ddiderfyn'. Saith gwaith i gyd cafodd ei arestio, naill ai yn Llundain neu ar ei ffordd yno. Dihangodd o'r Gatehouse unwaith trwy ffeilio trwy farrau ei gell. Dro arall daeth Llysgennad Ffrainc unwaith eto i achub ei groen. Bob yn ail â gweinyddu ar y tlodion a'r cleifion yn Llundain byddai'n casglu arian i sefydlu Coleg y Benedictiaid yn Douai i hyfforddi offeiriaid. Cafwyd y maen hwnnw i'r wal ac agorodd Coleg Sant Gregori, gyda John Roberts yn brior cyntaf.

Yn 1610 roedd y pla du eto'n anrheithio poblogaeth Llundain, a John Roberts yno'n gweini ar y cleifion. Fe'i harestiwyd am y seithfed tro mewn tŷ yn Chancery Lane pan oedd newydd orffen gweinyddu'r Offeren. Torrwyd drws y tŷ i lawr 'yn enw'r Brenin', a llusgwyd y Tad Roberts i garchar Newgate. Dridiau'n ddiweddarach fe ymddangosodd, ynghyd ag offeiriad arall, y Tad Somers, i sefyll ei brawf gerbron barnwyr oedd yn cynnwys Esgob Llundain a'r Prif Ustus Coke. Y cyhuddiad oedd 'bod yn offeiriaid yn y deyrnas'. Wrth annerch y llys dywedodd John Roberts nad oedd arno gywilydd o arddel ei Ffydd, ac ychwanegodd:

> I am here to do so; and if my one life were ten thousand lives, and every life ten thousand times more dear to me than mine is, I would give them all in this cause. I have returned to this country to work for the salvation of souls, and should continue to do so were I to live longer.

Dyfynnodd eiriau o Efengyl Mathew:

> Ewch gan hynny a dysgwch yr holl genhedloedd, gan eu bedyddio hwy yn enw y Tad, y Mab a'r Ysbryd Glân; gan ddysgu iddynt gadw pob peth a orchymynnais i chwi.

'Nid yw'ch gweinidogion chwi yn gwneud hyn, nac yn cyflawni gorchmynion Crist yn eu bywydau na'u gweithredoedd,' meddai wrth ei farnwyr Protestannaidd. Roedd ei dynged yn anochel: dedfrydwyd y Tad Roberts a'r Tad Somers i gael eu crogi, eu chwarteru a'u diberfeddu.

Dienyddiwyd y ddau offeiriad, ynghyd ag 16 o ladron, yn Tyburn ar 10 Rhagfyr 1610. Oherwydd cefnogaeth y dorf, oedd yn ymwybodol o'r hyn yr oedd y Tad Roberts wedi ei wneud ar ran y rhai oedd yn dioddef o'r pla, gorfodwyd yr awdurdodau i adael i'r ddau offeiriad farw cyn gweithredu gweddill y ddedfryd.

Sant John Roberts – y dathlu

Trawsfynydd a Gellilydan, Mehefin 2007

Erbyn haf 2007 doedd pererindodau ddim mor boblogaidd ag y buont cyn hynny, a dim ond rhyw ddwsin o bererinion a ddaeth i Feirionnydd ar Fehefin 12. Ond roedd yn ddiwrnod difyr a llwyddiannus i'r rhai oedd yno. Er nad oedd hwn yn rhan o'r gyfres o ddigwyddiadau i ddathlu pedwar canmlwyddiant John Roberts, y bererindod hon a sbardunodd y dathliadau oedd i ddod.

Trwy gydol y dathliadau hynny bu'r Cylch yn cydweithio'n agos gyda Trawsnewid, asiantaeth adfywio ardal Trawsfynydd. Ar fore'r bererindod hon traddododd cadeirydd yr asiantaeth, Keith O'Brien, ddarlith ar fywyd John Roberts yn Eglwys Sant Madryn yn Nhrawsfynydd, ble credir i'r sant gael ei fedyddio. Roedd arddangosfa ar John Roberts eisoes wedi agor yng Nghanolfan Dreftadaeth Ednowain yn y pentref, a murlun ohono i'w weld yn yr ysgol gynradd leol.

Yn y bore hefyd, aeth pererinion o'r Cylch Catholig i Eglwys Gellilydan i gynnal offeren ac i anrhydeddu 'crair' John Roberts, sef y bys oedd wedi ei gadw adeg ei ddienyddiad. Gweinyddwyd yr offeren ar y cyd gan yr Esgob Edwin Regan, y Tad Sean Hynes a'r Tad Michael Tomkins.

Yr y prynhawn, ymunodd pererinion y Cylch Catholig a chriw Trawsnewid y tu allan i Lys Ednowain lle agorodd yr Esgob Regan Lwybr John Roberts yn swyddogol. Mae'r llwybr troed a beicio, deng milltir o hyd, yn un o lwybrau Treftadaeth Gristnogol Gwynedd. Mae'n arwain o eglwys Sant Madryn heibio Rhiw Goch, man geni John Roberts, i Abaty Cymer ger Dolgellau ble credir iddo gael ei addysg gynnar.

2010 – Blwyddyn o ddathliadau

10 Rhagfyr yw dydd Gŵyl Sant John Roberts. 2010, pedwar can mlynedd ei ferthyrdod, oedd y flwyddyn brysuraf erioed yn hanes y Cylch Catholig. Trefnodd Sue Roberts galendr o ddathliadau, o Offeren agoriadol yn Nolgellau, pererindodau dramor i Sbaen a Douai yn Ffrainc, Offeren awyr agored yn adfeilion Abaty Cymru, dathliad hanesyddol yn Abaty Westminster yn Llundain ac Offeren glo yn Eglwys Gadeiriol Caerdydd. Daeth miloedd lawer i'r gwahanol ddathliadau a dyma'r flwyddyn fwyaf llwyddiannus o bell i'r Cylch.

Dechrau'r Dathlu – 10 Rhagfyr 2009

Roedd lansiad y dathliadau pedwar can mlynedd ei ferthyrdod ar 10 Rhagfyr 2009 yn achlysur a fydd yn aros yn y cof. Daeth dros 200 o bobl o bob rhan ac o bob enwad i Eglwys Ein Harglwyddes y Saith Dolur yn Nolgellau ar 10 Rhagfyr 2009. Esgob Edwin oedd y prif offrymwr gyda nifer fawr o offeiriadon o bell ac agos yn cyd-ddathlu gan gynnwys rhai o Loegr ac un o Iwerddon, Y Tad David Jones.

Arweiniwyd yr orymdaith i'r eglwys gan yr Arglwydd Dafydd Elis Thomas, Llywydd y Cynulliad yng nghwmni Cadeirydd Cyngor Gwynedd, Maer Dolgellau, nifer o gynghorwyr ac arweinwyr yr eglwysi a chapeli eraill. Roedd Mrs Eleri Llwyd yn cynrychioli'i gŵr, Elfyn Llwyd AS, a oedd yn methu â bod yn bresennol. Darlledwyd peth o'r gwasanaeth yn fyw gan Heno ar S4C.

Daeth cynrychiolaeth o gôr Esgobaeth Wrecsam yno i gynorthwyo gyda'r canu o dan law medrus yr arweinydd Paul Booth. Roedd baner arbennig o'r sant wedi'i gomisiynu gan Mrs Sue Booth, Porthmadog ac ymddangosodd am y tro cyntaf ar y noson yn yr orymdaith. Bydd yn cael ei defnyddio ym mhob achlysur yn ystod y flwyddyn o ddathlu.

Ymweliad â Senedd Ewrop a Douai

Roedd John Roberts yn lledaenu ei neges ledled Ewrop. Lle well, felly, i ddathlu pedwar can mlwyddiant ei waith nag yng nghanol yr Ewrop fodern, Senedd yr Undeb Ewropeaidd?

Cafodd 42 o bererinion eu croesawu i'r Senedd gan Jill Evans, yr Aelod Seneddol Ewropeaidd dros Gymru fis Mai 2010. Roedd wedi trefnu derbyniad a daeth aelodau lleiafrifol eraill o'r Senedd yno i sôn am gyfraniad y cenhedloedd llai, fel Cymru, sy'n rhan o wladwriaethau mwy, i ddiwylliant Ewrop heddiw.

Roedd Douai, tref yng ngogledd Ffrainc lle sylfaenodd John Roberts fynachlog Fenedictaidd, wedi taenu'r carped coch i'r pererinion. Cafwyd derbyniad swyddogol gan Faer y dref, a oedd wedi trefnu ymweliad â'r hen fynachlog, a gafodd ei dinistrio adeg y Chwyldro Ffrengig. Mynachod o Douai ddaeth drosodd ar ôl hynny i sefydlu'r fynachlog newydd gyntaf yng Nghymru a Lloegr ers y Diwygiad Protestannaidd, yn Downside, Gwlad yr Haf.

Roedd yr awdurdodau Eglwysig wedi trefnu Offeren o ddiolch ym mhrif eglwys Douai, ac, yn anarferol, wedi caniatáu canu ei chlychau canoloesol. Roedd yr eglwys dan ei sang, pedwar offeiriad Catholig oedd yn siarad Cymraeg ar yr allor ac, yn ddiweddglo, tynnodd dau gerddor y to i lawr drwy berfformio ymdeithgan fyrlymus ar gyrn hela.

Ond roedd agwedd ychydig yn fwy personol i'r daith i un o'r pererinion. Lladdwyd ewythr Glynda O'Brien, gwraig

Keith O'Brien, cadeirydd Trawsnewid, yn ffosydd y Rhyfel Byd Cyntaf a doedd neb o'r teulu wedi ymweld â'i fedd o'r blaen. Yr unig gyfeiriad oedd ganddi ato oedd nodyn ym Meibl y teulu yn dweud 'Ellis John – lladdwyd yn France ar 27 Awst 1917, ei gladdu ar y 29ain yn Vlamertinghe yn 30 oed yn y Rhyfel Mawr'.

Cafodd osod tusw o flodau ar ei fedd ac yna cafod y pererinion ymweld â bedd rhywun ychydig bach mwy adnabyddus o Drawsfynydd, Hedd Wyn. Nid nepell o'i fedd, mae cofeb i Hedd Wyn ar wal ar fin y ffordd fawr. Lieven Dehandschutter, Aelod o Senedd Ewrop erbyn hyn, oedd yn gyfrifol amdani. Taniwyd ei ddiddordeb yng Nghymru a'r Gymraeg ar ôl cael lifft gan Dafydd Wigley pan oedd yn fyfyriwr ac yn bodio o gwmpas y wlad.

Gyferbyn â'r gofeb mae caffi yn llawn trugareddau o Gymru ac arddangosfa o hanes Hedd Wyn. Yno y bu'r pererinion yn gwledda mewn cinio ffurfiol gyda Lieven Dehandschutter, y gŵr gwadd, yn traddodi ei anerchiad yn Gymraeg.

'Roedd yn berl o bererindod,' medd Sue Roberts. 'Roedd yr enwadau wedi uno, yr Esgob Regan yn arwain ar ran yr Eglwys Gatholig, y Canon Andrew Jones ar ran yr Eglwys yng Nghymru a'r Parchedig Pryderi Llwyd Jones ar ran yr Eglwys Bresbyteraidd. Roedd Senedd Ewrop yn dangos fod gwladwriaethau, fel yr enwadau, ar eu hennill ganwaith drosodd drwy gydweithio, a'n hymweliadau â mynwentydd y Rhyfel Mawr, a marwolaeth John Roberts ei hunan, yn ein hatgoffa o'r uffern a all ddeillio o anghofio hynny.'

Sbaen, 9-16 Medi 2008

Mewn llythyr at Esgob Mynyw yn 1951 mae'r Tad Illtud Evans, golygydd y misolyn *Blackfriars*, yn crybwyll ei fod wedi bod yn Santiago de Compostela, y gyrchfan enwog

i bererinion yng Ngalisia, gogledd orllewin Sbaen. Roedd
Santiago yn lleoliad o fri aruthrol i Gymru'r Oesoedd Canol,
meddai, gan ychwanegu: 'I think it would be one of time's
appropriate revenges if the Bishop of Menevia were to lead
a pilgrimage there one day!'

Fwy na hanner canrif yn ddiweddarach fe wireddwyd
rhan o broffwydoliaeth y Tad Illtud, wrth i'r Esgob Regan
arwain grŵp o bererinion o Gymru i'r ddinas ar arfordir
Galisia. Go brin mai dial am gamweddau'r gorffennol oedd
ar feddwl yr Esgob: pererindod eciwmenaidd oedd hon,
gyda'r Canon Andrew Jones, Archddiacon Meirionnydd
gyda'r Eglwys yng Nghymru, yn gyd-arweinydd.

Dechrau digon helbulus a gafodd y daith honno. Ar un
adeg roedd ofnau na fyddai'n digwydd o gwbl, oherwydd
ffrae ieithyddol. Penderfynodd banc Barclays na allen nhw
dderbyn siec o bron i £22,000 a ysgrifennwyd gan y trefnydd
Sue Roberts i dalu am gostau'r pererinion, am fod y siec
yn Gymraeg. Daliodd Sue ei thir, gyda chefnogaeth gadarn
yr Esgob Regan. Bedair gwaith fe anfonodd y banc y siec
yn ôl i 'r cwmni teithio, Tours for Churches, a chodwyd y
mater gydag Aelod Seneddol Sue, Hywel Williams o Blaid
Cymru. Roedd yr achos hwn, meddai'r AS, yn profi'r angen
am ddeddfwriaeth newydd ar hawliau'r iaith Gymraeg
– rhywbeth a ddigwyddodd dan bwerau'r Cynulliad yn
fuan wedyn. Gyda phythefnos i fynd cyn dyddiad cychwyn
y bererindod, fe dderbyniodd Barclays y siec, gan feio
'camgymeriad dynol' am y camddealltwriaeth, a thalu
pum can punt tuag at gostau'r daith fel arwydd o ewyllys
da. Yn sgil yr helynt cafodd y bererindod gryn dipyn o
gyhoeddusrwydd ymlaen llaw yng Nghymru a thu hwnt.

Felly fe gychwynnodd criw o bererinion mewn bws o
Bwllheli yn gynnar ar fore Mawrth, gan godi rhagor yma ac
acw ar y ffordd i faes awyr John Lennon yn Lerpwl. Cyn nos

roedden nhw wedi glanio ym maes awyr Madrid a theithio eto mewn bws am dipyn dros gan milltir i ddinas hardd a hynafol Salamanca. I'r ddinas hon y daeth John Roberts i astudio, ac yma y cafodd ei ordeinio'n offeiriad yn 1602.

Salamanca oedd cartref y pererinion am y pum diwrnod nesaf. Yn ogystal â'i chyfoeth o eglwysi a cholegau, roedd ganddi'r fantais o fod yn lleoliad cyfleus ar gyfer ymweld â dinasoedd eraill cysylltiedig â John Roberts. Roedd rhaglen lawn o wasanaethau wedi eu trefnu mewn gwahanol eglwysi ar gyfer pob diwrnod, y cyfan drwy gyfrwng y Gymraeg, gyda chopïau o weddïau ac emynau wedi eu hargraffu ymlaen llaw. Y drefn arferol oedd bod yr Esgob Regan a'r Canon Andrew Jones yn arwain y gwasanaethau bob yn ail. Câi'r Esgob Regan ei gynorthwyo gan Dom Allan Jones, Cymro ifanc oedd yn gwasanaethu yn Milton Keynes lle mae bellach wedi ei ordeinio'n offeiriad. Cyfrannwr arall i'r gweithgareddau oedd y codwr canu Timothy Hughes, brodor o Lanfair Caereinion oedd bellach yn byw yn Chwilog ac a fu'n drysorydd y Cylch Catholig am gyfnod. Buan y daeth Cristnogion o wahanol draddodiadau i arfer ag amrywiaethau bach yn eu gwasanaethau. Er enghraifft, roedd fersiwn y Catholigion o Weddi'r Arglwydd yn gorffen ychydig yn gynt na'r un Brotestannaidd, ac roedd ystyr ac arwyddocâd y Cymun yn wahanol yn y ddau draddodiad. Ond yn ystod yr wythnos fe welwyd fod llawer mwy o dir cyffredin nag o wahaniaethau.

O blith y 41 o Gymry roedd tua'u hanner yn Gatholigion, a'r gweddill, yn ôl un adroddiad ar y pryd, yn cynnwys Anglicaniaid, Anghydffurfwyr 'ac o leiaf un anffyddiwr'. Doedd dim gorfodaeth ar neb i fynychu'r holl wasanaethau ac roedd dod i adnabod ei gilydd yn gymdeithasol yn elfen bwysig trwy'r wythnos. Caffaeliad yn hynny o beth oedd bod y Plaza Mayor, sgwâr enwocaf y ddinas, o fewn cyrraedd hwylus i'r gwesty, a bod *fiesta* yn digwydd cael ei chynnal yn y sgwâr ar y pryd. Yn nhraddodiad gorau Sbaen, doedd gwely cynnar ddim yn rhan o'r patrwm, ac roedd canu Cymraeg yn atseinio trwy rai o strydoedd Salamanca tan yr oriau mân.

Mae'n daith o ychydig dros awr mewn bws o Salamanca i Valladolid, dinas ddiwydiannol o tua'r un maint â Chaerdydd. Yma y gwelodd y pererinion y dystiolaeth gryfaf o bresenoldeb y Sant John Roberts. Sefydlwyd yr 'English College', gan yr Iesuwyr yn 1589 i hyfforddi darpar offeiriaid o Loegr a Chymru yn ystod y Diwygiad Protestannaidd. Doedd neb o'r myfyrwyr cynnar yn disgwyl byw yn hir ar ôl dychwelyd i wledydd Prydain. Cafodd 22 o'r rhain, gan gynnwys John Roberts, eu dienyddio ac mae peintiadau ohonynt i'w gweld ar wal Coridor y Merthyron yn y coleg hyd heddiw.

Profiad emosiynol i'r pererinion o Gymru oedd cynnal gwasanaeth yn yr un capel ac o flaen yr un allor lle byddai John Roberts yn addoli, a mwynhau pryd o fwyd yn yr union ffreutur lle byddai yntau, yn ôl y sôn, yn arfer diddanu ymwelwyr pwysig â'r coleg.

Bu'r pererinion hefyd ar daith undydd i Avila, dinas sy'n enwog am ei muriau hynafol, ei heglwysi ysblennydd a'i chysylltiadau â'r Santes Teresa.

Roedd yn daith diwrnod wedyn o Valladolid i Santiago de Compostela, un o ganolfannau pererindod prysuraf Ewrop. Wrth i'r bws ddynesu at y ddinas, roedd mwy a mwy o bobl o bob oed i'w gweld yn teithio ar droed i'r un cyfeiriad. Buasai llawer o'r rhain wedi bod yn cerdded am wythnosau o'r ffin â Ffrainc ar hyd y Camino de Santiago, 'Ffordd Sant Iago'. Ar fws y Cymry roedd un teithiwr yn hen gyfarwydd â'r profiad hwnnw. Ychydig flynyddoedd ynghynt roedd yr Esgob Regan wedi cerdded yr un ffordd ei hun.

'Fe wnes i'r daith pan oeddwn i'n 70 oed,' meddai. 'Cychwyn o Pamploma yng Ngwlad y Basg a cherdded i Santiago, 450 o filltiroedd i ffwrdd, mewn 33 o ddyddiau. Roedd yn brofiad da iawn, rhaid i mi gyfadde, wnes i fwynhau. Ro'n i ar fy mhen fy hun mewn un ffordd ond ar y llaw arall roedd llawer o bobl yn cerdded ar yr un llwybr a lot ohonyn nhw'n defnyddio'r Saesneg fel y *lingua franca*. Mi wnes i lawer o ffrindiau ar y ffordd, gŵr a gwraig o Ganada, dyn ifanc o Iwerddon oedd yn dysgu Sbaeneg, llawer o bobl o'r Iseldiroedd, o Ffrainc, o'r Almaen. Roeddwn i'n gwneud rhywbeth ysbrydol, a roeddwn i hefyd wedi hen arfer cerdded yn bell. Ro'n i wedi cerdded Ffordd Wainwright ar draws Lloegr, cerdded o Gaerffili i Gonwy dros y mynyddoedd, a'r West Coast Trail yn Vancouver Island. Ond roedd yn rhaid imi wneud yr un i Santiago, roeddwn i wedi dweud wrth yr esgobaeth y byddwn i'n gwneud hwnnw a roedden nhw'n rhoi lot o bwysau arnaf i. Yn yr eglwys gadeiriol fe wnes i gyflwyno fy hun fel esgob o Gymru ac mi ges i wahoddiad o fod yn brif offeiriad mewn offeren.'

Mae Galisia yn un o daleithiau swyddogol Sbaen gyda'i llywodraeth ddatganoledig. Sylwodd rhai o'r Cymry fod yr arwyddion ffyrdd yn ddwyieithog, Galiseg a Sbaeneg. Yn ôl rhai academyddion mae Galisia yn rhan o'r tylwyth Celtaidd, ond mae eraill yn anghytuno. Beth bynnag am hynny, roedd gan un o'r tywyswyr a fu'n adrodd peth o hanes y ddinas wrth rai o'r Cymry ddiddordeb mawr yn iaith a sefyllfa wleidyddol Cymru.

Ym mynachdy San Martino yn Santiago y cafodd John Roberts a Chymro arall, Leander Jones, eu derbyn yn ffurfiol i Urdd y Benedictiaid. Ychydig sydd ar ôl o'r mynachdy canoloesol ac mae'r safle bellach yn gartref i goleg diwinyddol, yn agos at un o eglwysi enwog y byd.

Mae mawredd ac ysblander Cadeirlan Santiago yn syfrdanol, yn enwedig i ymwelwyr a fagwyd yn nhraddodiad 'blychau sgwâr afrosgo' y Gymru anghydffurfiol. Codwyd yr adeilad presennol rhwng 1075 a 1122 ar safle ble dywedir fod gweddillion Iago, un o ddisgyblion Iesu Grist, wedi eu claddu. Y traddodiad hwnnw fu'n denu Cristnogion i'r ddinas ers y nawfed ganrif.

Am hanner dydd bob diwrnod bydd Offeren y Pererinion yn cael ei chynnal yn y Gadeirlan. Uchafbwynt y daith i'r pererinion o Gymru oedd bod yn y gynulleidfa enfawr wrth i'r Esgob Regan arwain yr Offeren honno – a gwneud defnydd o'r Gymraeg yn y gwasanaeth. Mwy byth o ryfeddod oedd bod yn dystion i'r defnydd o'r enwog *Botafumeiro* – llestr metel anferth â'i enw Galiseg yn golygu 'tasgwr mwg'. Er bod dyfeisiadau tebyg i'w gweld mewn eglwysi eraill does dim un mor fawr nac mor enwog â'r un yn Santiago. Mae'n cael ei godi i'r entrychion gan ddynion yn tynnu rhaffau dros bwli, a'i adael i chwifio fel pendil afreolus am bum munud neu fwy yn arogldarthu'r gynulleidfa. Doedd yr Esgob Regan ddim wedi cael golwg mor agos at y ddefod o'r blaen:

'Roeddwn i wedi ei weld e'n digwydd y tro cynt pan oeddwn i yn y gynulleidfa,' meddai, 'ond nawr dyma nhw'n ei ddefnyddio pan oeddwn i'n brif offeiriad. Tipyn bach yn ecsentrig, ond dyna ni!'

Cymer, 6 Mehefin 2010

I lawer a fu yno, yr Offeren awyr agored yn hen Abaty Cymer ger Dolgellau oedd yr achlysur mwyaf teimladwy o holl ddathliadau John Roberts. Hwn oedd y lleoliad agosaf at gartref y Sant, a chredir mai gan fynach oedd wedi ei droi allan o'r Abaty y cafodd ei addysg gynnar. Ar ôl bore glawog fe gliriodd y cymylau fel y dechreuai'r dorf ymgynnull, ac roedd awyrgylch dangnefeddus ymysg adfeilion yr hen abaty Sistersaidd.

Yn y dorf o fil o bobl roedd mynachod Benedictaidd o Valladolid, Douai a Downside, yn ogystal â lleianod Carmelaidd o leiandy caeedig yn Nolgellau, oedd wedi cael caniatâd i fynd allan o'u lleiandy am y trydydd tro erioed.

Roedd aelodau o holl enwadau Cymru'n bresennol, a daeth dau gôr at ei gilydd i ganu yn Lladin, sef Côr Schola Eglwys Sant Joseph, Pwllheli, a Chôr Castellnewydd Emlyn.

Roedd Cennad y Pab i Brydain yno a dywedodd mai dyma'r union fath o ganu y byddai'r Sant John Roberts wedi arfer ei glywed bedwar can mlynedd ynghynt.

Downside – Llundain – Rhydychen
15-18 Gorffennaf 2010

Gwasanaeth cydenwadol yng Nghadeirlan Westminster i ddathlu merthyrdod John Roberts oedd y digwyddiad mwyaf uchelgeisiol i'r Cylch Catholig erioed ei drefnu. Pan soniodd Sue Roberts am wahodd pennaeth byd-eang yr Eglwys Anglicanaidd i bregethu yn Gymraeg yn Eglwys Gatholig fwyaf Lloegr, syndod ac amheuaeth oedd ymateb llawer o aelodau'r Cylch. A fyddai'r awdurdodau Catholig a Phrotestannaidd yn fodlon cydweithio i goffáu'r cyfnod mwyaf gelyniaethus yn hanes y ddwy ffydd? A fyddai digwyddiad Cymraeg yng nghanol Llundain yn denu digon o gynulleidfa i lenwi eglwys oedd â 1,300 o seddi?

Ar ôl darbwyllo aelodau'r Cylch, y gamp nesaf oedd ennyn diddordeb y ddau Archesgob, Rowan Williams o Gaergaint a Vincent Nichol o Westminster, a'r sefydliadau eglwysig ar y naill ochr a'r llall. Cymerodd ddwy flynedd o ddyfalbarhad, a sawl taith i Lundain gan Sue a Wil Roberts, i gael y maen hwnnw i'r wal. Sue oedd yn gyfrifol am y trefnu, ac yn adrodd i bwyllgor ymgynghorol, cydenwadol, yn cael ei gadeirio gan Keith O'Brien o Lys Ednowain, Trawsfynydd, lle byddai'r grŵp yn cyfarfod. Ymhlith yr aelodau roedd yr Esgob Regan, y Canon Andrew Jones o'r Eglwys yng Nghymru a'r Tad Deiniol, mynach o'r Eglwys Uniongred oedd ag eglwys ym Mlaenau Ffestiniog.

'Mi lwyddon ni i berswadio Westminster ein bod ni'n mynd i allu llenwi'r eglwys – mater o ffydd oedd hynny – ac mi dderbynion nhw'r syniad mewn egwyddor, ' meddai Sue. 'Y peth anodd wedyn oedd cael dyddiad pendant allan o swyddfeydd Rowan Williams a Vincent Nichols. Roedd hynny bron fel chwarae plant ar iard ysgol. Doedd Nichols ddim yn fodlon rhoi gwahoddiad i Rowan Williams nes byddai Williams wedi dweud wrtho y byddai'n fodlon dod. A doedd Rowan Williams ddim yn fodlon rhoi dyddiad cyn iddo dderbyn y gwahoddiad. Aeth hyn ymlaen am fisoedd ac mi dorrwyd y peth i lawr i ddau ddyddiad ym mis Gorffennaf 2010. Yn y diwedd dwi'n credu i ysgrifenyddes Rowan Williams gymryd tosturi arna i wrth weld yr holl negeseuon yn mynd yn ôl a blaen. Dyma hi'n ffonio i ddweud mai dim ond ar un o'r ddau ddyddiad yr oedd yr Archesgob yn rhydd. Felly ro'n i'n gallu sgwennu at Vincent Nicholls i ddweud fod Rowan Williams yn awyddus iawn i ddod ar yr 17eg o Orffennaf. Mi gymerodd fis arall cyn i'r llythyr gwahoddiad gael ei anfon, ond roedd pethau'n haws ar ôl hynny.

'Es ati wedyn i wahodd holl Archesgobion ac Esgobion Cymru, Catholig a Phrotestannaidd, a'r unig un ddywedodd nad oedd e'n gallu dod oedd Esgob Tyddewi. O blith yr enwadau eraill, roedd yr Eglwys Uniongred wrth ei bodd. Mi allen ni fod wedi cael miloedd ohonyn nhw!'

****

Er mai'r gwasanaeth prynhawn Sadwrn yn y Gadeirlan oedd yr uchafbwynt, trefnwyd i'r pererinion o Gymru ymweld â nifer o leoliadau eraill cysylltiedig â John Roberts yn ystod eu taith i Lundain. Teithiodd dau lond bws o Gymru i Gaerdydd a threulio noson mewn gwesty yno cyn ymuno drannoeth â llond bws arall o'r de ar gyfer gweddill y daith. Ar ôl croesi Pont Hafren trodd y bws oddi ar y draffordd ac ar hyd ffyrdd gwledig Gwlad yr Haf i Abaty Downside ger Caerfaddon, mynachdy na fyddai'n bod oni bai am John Roberts. Y sant o Drawsfynydd oedd wedi sefydlu cymuned y Benedictiaid yn Douai yn Fflandrys yn 1605. Wedi i'r mynachdy hwnnw gael ei chwalu gan filwyr yn ystod y Chwyldro Ffrengig, treuliodd y mynachod gyfnod mewn carchar yn Ffrainc cyn symud i Loegr ar ôl cael eu rhyddhau. Hwy a gododd y mynachdy yn Downside, a gwblhawyd yn 1867. Hon oedd cymuned fynachaidd gyntaf y Benedictiaid ym Mhrydain ar ôl y Diwygiad Protestannaidd.

Mae enw John Roberts yn dal i gael ei glodfori yn Downside, a cherflun ohono i'w weld uwchben y brif fynedfa. Cafodd teithwyr o Gymru ginio yn y ffreutur yn Downside, a chyfle i weld y creiriau yn y crypt, sy'n cynnwys un arall o fysedd John Roberts.

****

Am bron i chwe chan mlynedd, roedd Tyburn yn enwog ac yn codi arswyd fel y prif safle dienyddio ym Mhrydain. Yma, ger safle presennol Marble Arch, wynebodd 50,000 o ladron, llofruddion, 'bradwyr' a throseddwyr eraill y gosb eithaf, mewn defod gyhoeddus oedd yn denu torfeydd anferth. Yn y blynyddoedd ar ôl y Diwygiad Protestannaidd cafodd nifer o Gatholigion a wrthododd wadu eu ffydd eu crogi, ac weithiau eu chwarteru a'u diberfeddu, ar y 'Tyburn Tree', crocbren trionglog uchel ar dair coes. Yma, ar y degfed o Ragfyr 1610, y dienyddiwyd John Roberts.

Heddiw mae plac ar gylchdro ger Marble Arch yn dangos lleoliad y 'goeden'. Mae'n nodi fod 105 o ferthyron Catholig wedi colli eu bywydau ar y safle rhwng 1535 a 1681. Cafodd plac arall gerllaw ei adnewyddu a'i ailgysegru gan yr Iesuwyr yn 2014.

Gerllaw hefyd mae lleiandy Tyburn, hafan dawel o fewn tafliad carreg i ddwndwr Oxford Street. Yma, ar ôl dathlu offeren, cafodd y pererinion o Gymru glywed un o'r lleianod yn adrodd peth o hanes merthyron Tyburn. Uwchben Allor y Merthyron yn y lleiandy mae model pren o'r Tyburn Tree, ac mewn cypyrddau gwydr o gwmpas waliau'r crypt mae creiriau rhai o'r merthyron. Yn eu plith mae cudyn o wallt, darn o ewin, lliain a staeniwyd gan waed pum Iesüwr a ddienyddiwyd gyda'i gilydd, ac un arall eto o fysedd John Roberts.

****

Dau o'r gloch brynhawn Sadwrn, a phenllanw'r ddwy flynedd o baratoi. Er mawr ryddhad i Sue Roberts roedd y rhan fwyaf o seddi'r gadeirlan wedi eu llenwi, a'r gynulleidfa'n gymysg o ran iaith, cefndir a chrefydd. Byddai trefn y gwasanaeth dwyieithog yn adlewyrchu'r amrywiaeth honno.

Dechreuwyd gyda gorymdaith trwy'r Gadeirlan gan fintai o arweinwyr crefyddol, y tu ôl i faner enfawr yn dangos llun o John Roberts. Ymhlith y gorymdeithwyr roedd pedwar Archesgob, wyth esgob a thua ugain o offeiriaid Pabyddol a Phrotestannaidd, Archesgob a nifer o esgobion o'r Eglwys Uniongred, a mynachod o hen gartref ysbrydol John Roberts yn Douai yn Fflandrys.

Croesawyd pawb gan noddwr y gwasanaeth, Archesgob

Westminster, a offrymodd y weddi agoriadol. Rhoddodd yr Arglwydd Dafydd Elis Thomas, Llywydd y Cynulliad Cenedlaethol a'r Aelod Cynulliad dros Ddwyfor Meirionnydd, amlinelliad o fywyd John Roberts. Cafwyd darlleniadau o'r Beibl gan Huw Edwards, prif gyflwynydd newyddion y BBC, a Guto Harri, darlledwr a newyddiadurwr oedd ar y pryd yn Gyfarwyddwr Cyfathrebu i Faer Llundain, Boris Johnson. Canodd Dafydd Iwan ei gân adnabyddus i Oscar Romero, offeiriad Catholig yn El Salvador a lofruddiwyd yn 1980. Fel John Roberts roedd wedi treulio'i fywyd yn sefyll dros y tlodion a'r gorthrymedig, ac fe'i daliwyd pan oedd ar ganol gweinyddu offeren.

Os oedd gwrando ar Dafydd Iwan yn brofiad cyfarwydd iawn i rai yn y gynulleidfa ond yn un cwbl newydd i eraill, roedd hynny'r un mor wir pan ddaeth merch ifanc i ganu cerdd dant. Canodd Mali Fflur, 12 oed o Landwrog ger Caernarfon, gywydd i John Roberts, i gyfeiliant y delynores Alwena Roberts. Roedd y cywydd wedi ei gomisiynu'n arbennig gan y Prifardd Dafydd Pritchard, ac yn gorffen gyda'r llinellau:

Fe fynnodd fod â'r tlodion,
ffydd ei waith oedd y ffydd hon;
ffydd ddi-ofn oedd ei ffydd o,
lle i'w fêr gael llafurio.
Yn ddiddiwedd gweddïwn;
marw hardd oedd marw hwn.

Roedd Brian Hughes, y cerddor enwog o Rosllannerchrugog, wedi cyfansoddi darn o gerddoriaeth arbennig ar gyfer yr achlysur. Fe'i canwyd gan Stuart Kale, y tenor o Gastell-nedd a Chôr Cadeirlan Westminster. Canodd Coral Cymry Llundain yr emyn 'Cofia'n Gwlad Benllywydd Tirion', gyda'r cyfansoddwr yn y gynulleidfa.

Y foment hanesyddol oedd wedi denu'r cyfryngau newyddion oedd gweld Rowan Williams, arweinydd 77 miliwn o Anglicaniaid y byd, yn esgyn i bulpud y Gadeirlan Gatholig. Yn ei lais tawel, ysgolheigaidd, traddododd ei bregeth yn Gymraeg ac yna yn Saesneg.

Dechreuodd trwy roi ei ddadansoddiad o ferthyron Cymru a Lloegr yng nghyfnod John Roberts. Roedd y rhain yn fwy na gwrthwynebwyr newid crefyddol yn unig, meddai. Roedd llawer ohonynt ar y blaen ym mudiadau newydd eu hoes, 'yn ddinasyddion Ewrop, yn gynefin â datblygiadau ysgolheigaidd, datblygiadau athronyddol a diwylliannol... yn blant y Dadeni, a phlant ailenedigaeth dychymyg a chreadigrwydd y cyfnod anarferol hwnnw.'

Yn Valladolid roedd John Roberts yn rhan o deulu mynachaidd â'i bwyslais ar fywyd mewnol, myfyrdod a hunan-adnabyddiaeth – dadeni gweddi yn gyfochrog â dadeni diwylliannol. Yn y ddau ddadeni roedd ysbryd dynol yn dod o hyd i ddyfnderoedd a phosibiliadau newydd. A phan ddychwelodd y sant i Loegr gallodd siarad a gweithredu allan o'r dyfnderoedd hynny – yn ei weinidogaeth i'r cleifion yn ystod y pla yn Llundain, yn ei gydymdeimlad â phawb, yn ei wasanaeth i dlodion y ddinas. Ac ar y diwedd gallai wynebu ei farwolaeth arteithiol ei hun allan o'r un dyfnderoedd, ar sylfaen distawrwydd a chariad ei brofiad mynachaidd.

Nid person yn dweud 'Na' wrth y byd yw'r merthyr, meddai'r Esgob:

Mae'r merthyr yn gweld cyfoethogrwydd y byd, cyfoeth bryd a dychymyg, cyfoeth diwylliant a phrydferthwch yr ysbryd dynol. Ac oherwydd bod y merthyr yn gweld y cyfan fel anrheg ac arwydd Duw, mae e'n gwybod bod prydferthwch y Rhoddwr yn ddiderfyn fwy na'r byd i gyd. 'Mwy trysorau sy'n dy enw / Na thrysorau India'i gyd' yng ngeiriau anfarwol Williams Pantycelyn... Ac felly y mae'r merthyr yn cychwyn ar y daith i'r 'India' nefol, gwlad rhyfeddodau, yn ei farwolaeth.

Dathliad yw busnes y merthyr, dathliad y groes a'r atgyfodiad, dathliad creadigaeth newydd. Does dim syndod fod hanes merthyron yr eglwys hynafol yn aml yn cael ei ddatgan mewn termau sy'n dod o ddiwinyddiaeth ewcaristaidd – y merthyr fel delwedd corff sacramentaidd Crist, yr anrheg oruchaf, yr arwydd digymar, 'gronyn gwenith' yr Efengyl heddiw. Dyma'r rheswm y gallwn ddathlu merthyron o eglwysi eraill – gydag edifeirwch, gyda diolchgarwch, Catholigion Rhufeinig yn dathlu merthyron y Diwygiad, a'r Eglwys Anglicanaidd, fel heddiw, yn dathlu'r rhai sydd wedi dioddef trwy ei ffyrnigrwydd a'i rhagfarn hi. Rwy'n hollol ymwybodol o ddarlun o esgob Anglicanaidd Llundain, George Abbott, a ddaeth wedi hynny'n Archesgob Caergaint, yn llywyddu ar dreial John Roberts. Ond heddiw, mae hi'n bosib o'r diwedd dathlu ynghyd – dathlu John Roberts fel arwydd o ysblander Duw ac felly arwydd nerth a rhyddid Duw sy'n ei ddatguddio mewn cymod cyffredinol.

Roedd yr Arglwydd Dafydd Elis-Thomas i fod i ddadorchuddio murlun newydd o Dewi Sant yn y Gadeirlan. Ond, fe'i disodlwyd gan y Pab Bened oedd yn galw yn y Gadeirlan ddiwedd y flwyddyn ar ei daith â Lloegr a'r Alban a bendithiodd y murlun. Roedd hon i fod yn fath o wobr gysur i Babyddion Cymreig a siomwyd am na fyddai'r Pontiff yn ymweld â Chymru yn ystod ei daith ym Mhrydain. Bendithio murlun Dewi oedd y tro cyntaf i Gymru gael cydnabyddiaeth barhaol yn y Gadeirlan, er y byddai hynny wedi digwydd flynyddoedd ynghynt petai'r Cylch Catholig wedi cael ei ffordd. Yn nyddiau cynnar y Cylch bu R. O. F. Wynne yn llythyru'n hir gyda'r awdurdodau i geisio cael capel Cymreig yn yr eglwys, gan ddadlau fod gan Iwerddon a'r Alban gapeli yno. Gwrthodwyd y cais, gan ddweud nad oedd lle i gapel ychwanegol yn y Gadeirlan, ond cafodd y posibilrwydd o furlun i Ddewi ei grybwyll cyn belled yn ôl â hynny. Roedd Menna, merch Robert Wynne, yn bresennol yn y dathliad yn Westminster.

Ar ôl y gwasanaeth cafwyd derbyniad bwyd a gwin, yn cael ei noddi gan Archesgob Caerdydd. Rhyddhad, yn fwy na gorfoledd, oedd prif ymateb y trefnwyr. Roedd yr holl baratoi manwl wedi talu ar ei ganfed, a'r holl weithgareddau wedi plethu i'w gilydd yn llyfn. Ond cafwyd un anffawd fach a allai fod wedi troi'r drol oni bai am Wil Roberts a'i feddwl effro mewn cyfyngder.

Roedd pedwar o blant o ysgolion Sul capeli Cymraeg Llundain i fod i gario dau lun mawr o Sant John Roberts i fyny i'r allor a'u cyflwyno i'r Archesgob Vincent Nichol a'r Archesgob Rowan Williams i gofio am y diwrnod. Ond pan gyrhaeddwyd yr eitem honno ar y rhaglen, sylweddolwyd nad oedd y lluniau yn yr eglwys. Yn lle hynny roedden nhw'n dal yng nghist y bagiau yn un o'r bysiau oedd wedi cario'r pererinion o Gymru, bws oedd bellach ar ei ffordd i faes parcio mewn rhan arall o Lundain. Ac nid y lluniau'n unig oedd yn absennol. Ar yr eiliad honno roedd Sue Roberts wedi ei galw allan o'r Gadeirlan i wneud cyfweliad gyda chriw teledu ITN. Dechreuodd y gynulleidfa anesmwytho a synhwyrodd rhai bod rhywbeth o'i le.

Dyna pryd y camodd Wil Roberts yn betrusgar i esgidiau ei wraig. Cafodd afael ar ddau blât pres gydag arysgrif yn adrodd hanes y lluniau: platiau wedi eu darparu gan ymgymerwr angladdau o Bwllheli, a oedd wedi eu gwneud yn wreiddiol i'w gosod ar eirch. Corlannodd Wil y plant a'u harwain i fyny'r grisiau i gyflwyno plât bob un i'r ddau Archesgob, a'u derbyniodd yn ddi-gwestiwn. Cyn i'r derbyniad wedi'r gwasanaeth ddod i ben roedd y ddau lun wedi cyrraedd, a chafodd y plant gyfle i'w cyflwyno i'r Archesgobion ar ddiwedd diwrnod bythgofiadwy.

****

Ar y ffordd adref ar y dydd Sul roedd un alwad arall i dri bws o Gymru. Yng Ngholeg Sant Ioan yn Rhydychen cynhaliwyd offeren i goffáu John Roberts, un o gyn-fyfyrwyr y Coleg. Sefydlwyd Coleg Sant Ioan yn 1555 gan fasnachwr cyfoethog, gyda'r bwriad o baratoi clerigwyr i gynnal Catholigiaeth ar ôl y Diwygiad Protestannaidd. Protestant oedd John Roberts yn ystod ei ddwy flynedd yno.

Dathlwyd Offeren yng nghapel y Coleg dan arweiniad yr Esgob Regan, gyda Schola Cantorum, cantorion enwog o Brifysgol Rhydychen yn canu plaengan Ladin y byddai John Roberts wedi bod yn gyfarwydd â hi.

Caerdydd, 10 Rhagfyr

I gloi blwyddyn dathliadau Sant John Roberts. Cafwyd Offeren yn Eglwys Gadeiriol Dewi Sant yng Nghaerdydd. Roedd y digwyddiad wedi ei hysbysebu yn y papurau esgobaethol a'r eglwys yn bur lawn, gyda nifer annisgwyl o Gatholigion Cymraeg. Roedd côr yr eglwys Gadeiriol yn wych, a chafwyd derbyniad wedyn yn yr United Reform Church yn Windsor Place.

Wedi'r dathlu

AR LAWER CYFRIF, dathliadau pedwar canmlwyddiant merthyrdod y Sant John Roberts oedd y cyfnod mwyaf llwyddiannus yn hanes y Cylch Catholig. Rhoddodd y gweithgareddau hynny ysbrydoliaeth a gobaith newydd i'r aelodau, cododd y cydweithredu gydag enwadau eraill i lefel uwch, a daeth llawer o bobl yng Nghymru a thu hwnt i wybod am y Cylch a'i amcanion am y tro cyntaf.

Wedi'r bwrlwm hwnnw roedd yn anochel fod pethau'n tawelu. Y prif weithgaredd ers hynny oedd enciliau blynyddol, a'r rheini'n cael eu cynnal bellach yn Abaty Llantarnam, ger Cwmbrân. Roedd 14 yn bresennol yn yr un a gynhaliwyd yno ddechrau Mai 2014. Bellach mae'r Cylch wedi penodi caplan iddo'i hun, y Tad Allan R. Jones, brodor o Faesteg sy'n byw yn Milton Keynes. Y Tad Jones fu'n arwain dau encil yn Llantarnam a phererindod ym Mhennant Melangell ger Llangynog yng ngogledd Powys. Roedd yr achlysur hwnnw yng Ngorffennaf 2014 i lecyn hudolus ym mryniau Maldwyn yng Ngorffennaf 2014 yn brofiad newydd yn hanes y Cylch, a daeth nifer yno oedd heb fod ar bererindodau'r Cylch o'r blaen. Cawsant eu croesawu gan y Parchedig Lynette Norman o'r Eglwys yng Nghymru, oedd yn falch o gyfle prin i groesawu pererinion trwy gyfrwng y Gymraeg. Yn y fan ble mae bedd Nansi Richards, Telynores Maldwyn, roedd yn addas fod y Cylch wedi dod â thelyn Geltaidd ar y bererindod, gyda Tim Hughes, brodor o Lanfair Caereinion ond bellach yn byw yn Eifionydd, yn cyfeilio i'r gweithgareddau ar ei delyn Geltaidd.

Un o broblemau parhaus y rhai sy'n ceisio hyrwyddo'r Gymraeg o fewn yr Eglwys Gatholig yng Nghymru yw prinder offeiriadon hyddysg yn yr iaith. Bellach mae hynny'n rhan o broblem ehangach denu dynion ifanc at yr offeiriadaeth. Roedd Iwerddon ar un adeg yn arfer darparu offeiriadon i'w 'hallforio' dros y byd, gan gynnwys rhai, fel y gwelsom, a fyddai'n gwasanaethu yng Nghymru ac yn ymddiddori yn y Gymraeg. Iwerddon, meddai'r Pab yn 1946, oedd y wlad fwyaf Catholig yn y byd. Yn 2014 roedd mwy nag 80 y cant o boblogaeth y Weriniaeth yn dal i ddisgrifio'u hunain fel Catholigion, ond cyfran isel iawn o'r rheini oedd bellach yn mynychu'r Offeren. Mae sgandalau di-rif ynghylch cam-drin plant, ynghyd â'r seciwlareiddio cyffredinol trwy Ewrop, yn golygu fod y genhedlaeth ifanc yn cefnu wrth y miloedd ar yr Eglwys. Mae nifer o offeiriadon Iwerddon yn dal i weithio yn eu hwythdegau, a fawr neb yn cymryd eu lle. Ym Maynooth, yr unig seminari sy'n dal yn agored, mae llai na deg o fyfyrwyr yn cael eu hordeinio bob blwyddyn.

Gyda'r ffynhonnell o'r Ynys Werdd a gwledydd Ewropeaidd eraill wedi sychu, mae plwyfi Catholig Cymru yn troi fwyfwy at wledydd tlawd y Trydydd Byd am eu hoffeiriadon. Er bod offeiriaid o wledydd Affrica'n cael croeso yn nhrefi a chefn gwlad Cymru, mae llawer o'r rheini'n cael anawsterau wrth wasanaethu yn Saesneg, heb sôn am y Gymraeg.

Ychydig iawn o offeiriaid rhugl eu Cymraeg sy'n gwasanaethu yn esgobaethau Wrecsam a Mynyw. Ac mae un o'r offeiriad mwyaf cefnogol i'r Gymraeg yn Archesgobaeth Caerdydd wedi gadael y swydd dan amgylchiadau trist. Penderfynodd y Tad Tony Hodges, oedd wedi gwneud cymaint i Gymreigio Eglwys Sant Philip Evans yn Llanedern, adael yr Offeiriadaeth yn 2013 pan fu anghydfod rhyngddo a phrifathrawes ysgol Gatholig yr oedd yn gaplan arni yn y plwyf. Yn ôl Tony Hodges roedd awdurdodau'r Archesgobaeth wedi gwrthod gwrando ar ei gwynion ei fod yn cael ei fwlio gan y brifathrawes a bu yn yr ysbyty ddwywaith oherwydd y straen. Mewn llythyr at yr Archesgob George Stack yn esbonio'i resymau dros ymddiswyddo, mae'n cyhuddo'r Archesgobaeth o wrthod ei gefnogi na chynnal ymchwiliad annibynnol i'r anghydfod. Nid oedd yn edifar iddo gael ei ordeinio, meddai, ac roedd wedi cael boddhad enfawr mewn gweinidogaethu i gymunedau ac unigolion. Ond roedd ei ymwneud gydag ochr sefydliadol yr Eglwys wedi torri ei galon a lladd ei ysbryd. Ar ôl gadael ei Urddau aeth i astudio yng Nghanolbarth Lloegr am radd Meistr ar bwnc yn ymwneud ag anifeiliaid gwylltion, gan ddal i fynychu'r Offeren.

Parhawyd i gynnal yr Offeren Gymraeg yn Eglwys Sant Philip Evans, Llanedern, gyda'r Tad Gareth Leyshon o Lanelli yn gweinyddu. Yn ddi-Gymraeg, roedd yn gallu ynganu'r iaith yn dda ac wedi ymdrechu i ddysgu'r geiriau.

Un newydd da i'r Cylch oedd fod darpar offeiriad newydd yn Archesgobaeth Caerdydd yn prysur ddysgu Cymraeg ac yn cyfranogi'n frwd yn y gweithgareddau. Yn Sais o Norwich, roedd Jonathan Stogdon wedi dod i astudio ym Mhrifysgol Caerdydd a gweithio gyda'r digartref yn y ddinas cyn teimlo galwad i fynd yn offeiriad. Roedd yn un o bump o Gaerdydd sy'n astudio am yr offeiriadaeth i fynd ar gwrs dysgu Cymraeg fel rhan o'u gwyliau haf. Yn Adroddiad Blynyddol y Cylch am 2014 mae'n disgrifio'i argraffiadau o weithgareddau'r Cylch:

Byddaf yn cofio'n hir iawn am Bennant Melangell fel y man lle bûm i, yn Sais, yn siarad Cymraeg gyda merch o Wlad Pwyl ar ôl Offeren Gatholig mewn Eglwys Anglicanaidd! Rwy'n teimlo fod Pennant Melangell yn enghraifft wych o sut y mae gan y Cylch Catholig rywbeth i'w gynnig i bawb.

Roedd hefyd wedi mwynhau'r encil blynyddol yng Nglanllyn, y pymthegfed yn olynol i'w gynnal yng Ngwersyll yr Urdd:

O bob rhan o'n cenedl, daeth criw o bobl ifanc rhwng 12 a 18 oed i brofi cyfeillgarwch a ffydd. Gallech weld cymaint o hwyl oedd y bobl ifanc yn ei gael. Fy hunan cefais amser gwych, defnyddio'r iaith i weddïo, i gymdeithasu a hyd yn oed i adrodd jôc – nid peth hawdd i ddysgwr! Ar ben hynny, dyma'r tro cyntaf i mi glywed Cymraeg y Gogs, felly roedd yn fedydd tân i mi! Roedd y Tad Ceirion yn diddanu pawb ac roedd yn wych cael yr Esgob Regan gyda ni: roedd hefyd yn braf dod i adnabod y ddau yn well ac i rannu profiadau cyfoethog.

Ymddeoliad yr Esgob Regan

AR ÔL 18 mlynedd yn Esgob Wrecsam, ymddeolodd yr Esgob Regan ym Mehefin 2012, ond daliodd yr un mor weithgar dros ei Eglwys. Ar ôl rhoi'r gorau iddi fel Esgob, gwireddodd ei ddymuniad i wasanaethu fel offeiriad plwyf mewn ardal Gymraeg, er mwyn cael ymarfer a gloywi ei Gymraeg ei hun. Mae'n gwneud hynny ym Mlaenau Ffestiniog, plwyf sy'n cynnwys Gellilydan, o bosib yr eglwys Gatholig fwyaf naturiol Gymraeg yng Nghymru.

Mae'n parhau'n gadeirydd y Cylch Catholig y bu'n ei wasanaethu am ddegawdau. I nodi ei ymddeoliad fel Esgob, cynhaliodd y Cylch nifer o weithgareddau i'w anrhydeddu, gydag Offeren yn Eglwys y Plwyf yn Nolgellau a chinio yn Rhiw Goch, hen gartref y Sant John Roberts, sydd bellach yn dŷ bwyta.

Roedd y Cylch yn awyddus i roi rhodd iddo, ac yn ymwybodol o'i hoffter o grwydro'r byd. Cynigiwyd talu am daith iddo i Batagonia yn cael ei harwain gan Elvey McDonald, ac roedd yr Esgob wrth ei fodd. Ysgrifennwyd i ofyn i bobl am gyfraniadau a chodwyd mwy na'r £4,500 angenrheidiol. Mwynhaodd yr Esgob ei hun ymhlith siaradwyr Cymraeg y Wladfa a chafodd gyfle i ymweld ag ysgolion Catholig.

Ym Mehefin 2012 cynhaliwyd aduniad ym Mhwllheli i rai oedd wedi bod ar bererindod Sant John Roberts i Sbaen ddwy flynedd ynghynt. Cafwyd Offeren yn Eglwys Sant Joseph gyda derbyniad i ddilyn yn nhŷ Sue a Wil Roberts.

Ymhlith y gwesteion roedd Bill Lazard, artist a cherflunydd o Lundain oedd wedi dysgu Cymraeg yn faciwî yn Rhydaman, ac a fu'n un o aelodau mwyaf ffyddlon y Cylch Catholig. Roedd Bill wedi dychwelyd i Lundain a chadw'i Gymraeg trwy fynychu un o gapeli Presbyteraidd Cymraeg y ddinas. Er bod ei wraig yn Babyddes, wnaeth Bill ddim ymuno â'r Eglwys tan 1972. Y flwyddyn honno cafodd eu merch ei hanafu'n ddrwg mewn damwain beic modur, a throdd Bill at y Catholigion oherwydd caredigrwydd ffrindiau Catholig ei wraig. Ond parhaodd i fynychu'r capel Cymraeg yn ogystal â'r Eglwys Gatholig, heb unrhyw wrthwynebiad o'r naill ochr na'r llall.

Roedd wedi gwneud cerflun arbennig yn anrheg i'r Esgob Regan. Wrth ei gyflwyno iddo ym Mhwllheli fe wnaeth araith Gymraeg:

Esgob Regan, ar achlysur fel hwn, teimlais fy Nghymraeg yn annigonol i fynegi fy ngwerthfawrogiad ohonoch am eich arweiniad fel Bugail drosom yma yng Nghymru. Yn anffodus, oherwydd rwy'n byw tu hwnt i hwntws ym mherfeddion Surrey, nid oes cyfle imi gyfrannu at achos 'Y Cylch Catholig'. Ond fel yr ydych yn amau, mae gennyf fwy na diddordeb arwynebol yn y Pethau Cymraeg a Chymreig, yn enwedig y ffordd y mae'n heglwys dirion wedi datblygu dros y cyfnod diweddar. Esgob, mi wn nad pwrpas ein heglwys yw cefnogi'r iaith Gymraeg; ond rhaid i bob un glywed y neges yn ei iaith ei hun.

Esgob, fel anrheg bychan, ar yr achlysur hwn i ddathlu eich ymddeoliad, a gaf i gyflwyno i chwi y symbol hwn o'ch gweledigaeth i gefnogi'r Gymraeg yn ein heglwysi, a'ch dyfalbarhad i gynrychioli ein Harglwydd Iesu Grist. Ar waelod y cerflun rwy wedi sgwennu 'Y Gwas Ffyddlon', geiriau addas iawn am eich ymdrechion di-baid dros y blynyddoedd.

Diolch yn fawr iawn, Esgob Regan, ar ran y Cylch Catholig Cymreig i gyd.

Y Llyfr Gweddi Bach

HYD YN OED gyda dwy iaith rhwng ei gloriau, mae llai na chan tudalen yn *Y Llyfr Gweddi Bach*, a'i bris yn ddim ond £2.50, ac eto mae'n un o gyhoeddiadau pwysicaf yr eglwys Gatholig fyd-eang. Mae ar gael ym mhob un o brif ieithoedd y byd, a bellach mae'r Gymraeg wedi cymryd ei lle yn eu plith.

Lansiwyd y llyfr Cymraeg-a-Saesneg yn dilyn Offeren yn Eglwys Gadeiriol Dewi Sant yng Nghaerdydd ar 22 Mai 2015. Wrth arwain y gwasanaeth dywedodd yr Esgob Regan, 'Mae hyn yn ddigwyddiad o bwys i ni, Gatholigion Cymraeg. Mae'n cynnwys prif weddïau'r Eglwys a chan fod y Gymraeg a'r Saesneg gyferbyn â'i gilydd, mae'n llyfryn delfrydol i'r rhai sy'n dysgu Cymraeg.'

'Mae'r galw am lyfryn fel hwn wedi tyfu dros y blynyddoedd,' meddai Sue Roberts, oedd bellach yn Gydlynydd y Cylch ac yn gyfrifol am farchnata'r llyfr. 'Yn wir, bu ymateb Ysgolion Catholig Cymru yn wych. Bydd nifer o'r ysgolion uwchradd yn cyflwyno copïau i'w disgyblion blwyddyn saith, hynny yw, y rhai sy'n cychwyn yn yr ysgol – bydd o ddefnydd gyda'u crefydd a chyda'r Gymraeg.'

Patrick Donovan, cyn-olygydd Geiriadur Prifysgol Cymru ac un o brif gyfieithwyr *Llyfr Offeren y Sul*, oedd yn bennaf cyfrifol am baratoi'r fersiwn Gymraeg, ac fe'i cyhoeddwyd gan y Catholic Truth Society. Allan o 2,000 o gopïau a argraffwyd, gwerthwyd 1,700 bron yn syth.

Dathliadau Cadfan Sant

YR ACHLYSUR OLAF i Sue Roberts ei drefnu cyn ymddeol fel Cydlynydd y Cylch Catholig oedd pererindod i Enlli yn 2016. Roedd yn 1,500 mlynedd ers i Cadfan Sant sefydlu'r fynachlog gyntaf ar yr ynys.

Pererindod dau ddiwrnod, gydenwadol, oedd hi yn cael ei harwain gan y Tad Allan R. Jones ar ran yr Eglwys Gatholig a'r Archddiacon Andrew Jones ar ran yr Eglwys yng Nghymru. Dechreuodd ar ddydd Sadwrn 18 Mehefin yn un o drysorau mwyaf cyfrin Llŷn, Felin Uchaf, canolfan eco sy'n swatio mewn glaswellt tal a choed nid nepell o Roshirwaun.

Yno, o dan do gwellt efelychiad cartref o'r seithfed ganrif, adroddodd yr Archddiacon Andrew Jones hanes taith Cadfan i Enlli. Roedd hynafiaid Cadfan yn rhan o'r chwalfa o bobl o Ynys Brydain, ganrif neu ddwy ynghynt, a setlodd yn Llydaw. Ond pan ddaeth Cadfan yn ei ôl i Dywyn, Meirionnydd, gallai weld Enlli ar draws Bae Ceredigion ac yno y setlodd yn y pen draw.

Yn y Canol Oesoedd, pan godwyd yr Abaty y mae ei holion i'w gweld heddiw, roedd tair pererindod i Enlli yn cael eu cyfrif cystal ag un i Rufain. Dyma'r cyfnod, hefyd, pan adeiladwyd Eglwys Hywyn Sant yn Aberdaron, yn wreiddiol fel eglwys Gatholig. Am ddim ond yr eildro ers y Diwygiad Protestannaidd ddechrau'r unfed garnrif ar bymtheg, dathlwyd Offeren Gatholig ynddi.

Ar y dydd Llun, croesodd y bererindod ddyfroedd

twyllodrus y Swnt i Enlli ei hunan, er cael a chael oedd hi. Cododd y gwynt y noson cynt ac, er ei fod wedi gostwng erbyn y bore, roedd gormod o ymchwydd yn y tonnau i groesi'r peth cyntaf. Bu'n rhaid aros tan bron amser cinio cyn y gallodd cwch Colin groesi dair gwaith i gario'r pererinion i gyd yno.

Oherwydd y llanw, dim ond tair taith yn ôl ac ymlaen bob dydd mae'r cwch yn gallu croesi, a dim ond un cwch sydd â hawl i lanio ar Enlli. Oni bai am hynny, byddai dwywaith neu dair yn fwy o bererinion yno. Ond, erbyn cyrraedd, yn yr awyr agored yn adfeilion yr hen Abaty roedd yn heulwen danbaid dechrau Mehefin, a daeth y bererindod i ben gydag Offeren arall.

'Profiad cyfan gwbl wefreiddiol' meddai Sue Roberts. 'Mae Enlli'n lle mor arbennig. Ac mae'n briodol ein bod yn cofio mai'r ynys hon oedd un o'r mannau pwysicaf pan oedd Cristnogaeth yn dechrau bwrw'i gwreiddiau yma yng Nghymru, fil a hanner union o flynyddoedd yn ôl.'

... a dathliadau Padarn Sant

Gwta flwyddyn yn ddiweddarach, fis Ebrill 2017, roedd aelodau'r Cylch yn ardal Aberystwyth yn dathlu sefydlu Eglwys y Plwyf gan Padarn Sant, eto fil a hanner o flynyddoedd yn ôl.

Cafwyd diwrnod cyfan o ddathlu. Ar ôl Boreol Weddi a myfyrdod ar Padarn Sant o dan arweiniad y Tad Allan R. Jones, arweiniodd Gerald Morgan, gŵr y Parch Enid Morgan, cyn-ficer plwyf Llanbadarn, daith i ddarn o dir yng Ngogerddan, ger Bow Street, lle mae olion Cristionogol cynnar. Ar y tir hwnnw, mae'n debyg, y sefydlodd Padarn Sant yr eglwys Gristnogol gyntaf yn yr ardal yn 517AD.

Daeth y diwrnod i ben gydag Offeren yn Eglwys Llanbadarn Fawr, sydd ar safle'r drydedd eglwys i Padarn Sant ei sefydlu. O dan arweiniad yr Esgob Edwin Regan gyda'r Esgob Tom Burns, Esgob Mynyw a'r Tad Allan Jones a'r Tad Adrian Edwards, Caer, hon mae'n debyg oedd yr Offeren Gatholig gyntaf i gael ei dathlu yn yr eglwys er y Diwygiad Protestannaidd, bron i hanner mileniwm yn ôl.

Pwyllgor ar y cyd o Gatholigion ac aelodau'r Eglwys yng Nghymru oedd yn trefnu, a bwriedir cynnal Offeren Gatholig yn flynyddol i gofio am Padarn Sant.

Hanner llawn
ynteu hanner gwag?

WRTH EDRYCH YN ôl ar bron i ganrif o fodolaeth y Cylch Catholig, byddai'n hawdd rhestru rhes o lwyddiannau a methiannau. Yn sicr roedd breuddwyd y sylfaenwyr o droi Cymru yn ôl at yr Hen Ffydd yn afreal o'r dechrau; bron mor afreal â delfryd Saunders Lewis o greu Cymru annibynnol yn seiliedig ar yr hen werthoedd Catholig, canoloesol. Ond go brin y byddai neb wedi darogan ganol y ganrif ddiwethaf y secwlareiddio a ddigwyddodd trwy Ewrop, y colli diddordeb mewn crefydd yng Nghymru, a'r dadrithiad gyda'r Eglwys Babyddol mewn rhannau o'r byd. Yn wyneb ffactorau felly, dichon ei bod hi'n wyrth fod y Cylch Catholig yma o hyd.

I Sue Roberts, sy'n dal i symbylu'r rhan fwyaf o weithgareddau'r Cylch, y siom fwyaf oedd methiant yr ymdrech i gael arian gan Fwrdd yr Iaith i gyflogi swyddog iaith a rhedeg swyddfa am dair blynedd. Petai hynny wedi digwydd, meddai, byddai'r Cylch wedi cael yr adnoddau i gael gwell dealltwriaeth o anghenion siaradwyr Cymraeg oddi mewn i'r Eglwys Gatholig.

Fel sawl corff crefyddol arall, mae'r Cylch hefyd yn bryderus fod yr aelodau'n heneiddio. O blith yr aelodau a holwyd ar gyfer y gyfrol hon, dywedodd sawl un nad oedd eu plant yn ymddiddori llawer yn yr Eglwys nac yng ngweithgareddau'r Cylch. Heb bobl ifanc does fawr o ddyfodol i'r Cylch nac i'r Eglwys. Eto, bu'r gwersylloedd ieuenctid yng Nglan-llyn yn llwyddiannus iawn, ac fel y crybwyllodd y darpar offeiriad Jonathan Stogdon mewn pennod flaenorol, fe gytunodd Archesgob Caerdydd i dalu i bum myfyriwr o'r Archesgobaeth dreulio'u gwyliau haf yn dysgu Cymraeg ar gwrs carlam.

Aflwyddiannus, ar y cyfan, fu'r ymdrechion i ddylanwadu ar hierarchaeth yr Eglwys Gatholig i wneud yr iaith Gymraeg a gweithgareddau'r Cylch yn rhan o brif ffrwd yr Eglwys. Y teimlad o hyd yw mai rhywbeth atodol i'r Eglwys yw'r Gymraeg, consýrn i'r Cylch a neb arall.

Mae cytundeb mai blwyddyn dathliadau'r Sant John Roberts oedd llwyddiant mwyaf y Cylch. Ond mae teimlad hefyd, ar ôl y cyd-dynnu a'r cydweithio a dyfodd rhwng yr enwadau yr adeg honno, na fanteisiodd yr Eglwys Gatholig ar y cyfle i gynnal a datblygu hynny i'r dyfodol.

Un o gyfraniadau pwysicaf y Cylch fu darparu llu o gyhoeddiadau Cymraeg ar gyfer yr Eglwys. Heb hynny buasai'r Gymraeg wedi ei gadael ar ôl yn sgil y newid yn iaith yr Offeren yn yr 1960au. Ac mae'r gwaith hwnnw'n dal i fynd yn ei flaen, gyda chyhoeddi'r *Llyfr Gweddi Bach* yn 2015.

Beth bynnag yw cyflwr Cymreictod yr Eglwys Gatholig heddiw, buasai'n ganmil gwannach oni bai am y Cylch Catholig. Fuasai dim oll o hyn wedi digwydd oni bai i Saunders Lewis a'i gyfeillion ddod at ei gilydd mewn cyfarfod di-sôn-amdano i sefydlu mudiad newydd ym Medi 1941.

Hefyd gan yr awdur:

Hanner canrif o fywyd Cymru mewn llun a gair

Cymru Geoff Charles

IOAN ROBERTS

y Lolfa

£14.95

£12.95

Cyfanfyd y Cymro o fewn un cae

Eisteddfodau Geoff Charles

Ioan Roberts

y Lolfa

£12.95

Photographs of a lost way of life, 1930s–1970s

Geoff Charles: Wales and the Borders

IOAN ROBERTS

y olfa

£14.95

£19.99

£5.95

Holwch am bris argraffu!
www.ylolfa.com